DIE GROSSEN WEISSAGUNGEN DES NOSTRADAMUS

Prophetische Weltgeschichte bis zum Jahr 2050

Übersetzt und gedeutet
von N. Alexander Centurio

Wilhelm Goldmann Verlag

1. Auflage Dezember 1981 · 1.–30. Tsd.
2. Auflage Dezember 1981 · 31.–50. Tsd.
3. Auflage Februar 1982 · 51.–82. Tsd.

Made in Germany
Genehmigte Taschenbuchausgabe

Umschlaggestaltung: Atelier Adolf & Angelika Bachmann, München
Verlagsnummer: 6392
Druck: Presse-Druck Augsburg
Herstellung: Sebastian Strohmaier
ISBN 3-442-06392-2

Inhaltsverzeichnis

TEIL I

TEIL II

TEIL III

Geleitwort

Am 2. Juli 1966 jährte sich zum 400. Male der Todestag von Michael Nostradamus. Aus diesem Anlaß fanden in Salon de Provence, der Altersheimat des Pestarztes und Propheten, große Feiern statt. Ein neues Denkmal wurde in Salon für ihn errichtet. Ein eigenes Monument, das dauernder als Erz und Stein ist, setzte sich Nostradamus in seinen berühmten Centurien.

Das hier vorliegende neue Werk will dieses prophetische Dokument, das seit jeher die Gemüter seiner Freunde wie seiner Gegner bewegte, in seiner Einmaligkeit den Lesern nahebringen und interpretieren. Auch für unsere Generation und weit über sie hinaus enthält das prophetische Werk des südfranzösischen Pestarztes eine Fülle von wunderbarer, in die Zukunft weisender Substanz. Wir finden hier wissenschaftliche Angaben und ein Wissen auf historischem, politischem, kirchlichem, medizinischem, sprachwissenschaftlichem, geografischem, technischem, chronologischem, astronomischem, astrologischem und kabbalistischem Gebiet, von denen noch vieles der Klärung und Aufhellung harrt.

Da ich selbst nach einem nahezu 30jährigen Studium dieser Materie die Grenzen kenne, die der Seher selbst allen Forschern gezogen hat, bin ich dankbar für die Hilfe, die mir von vielen Lesern durch Anregungen, aber auch durch Kritik zuteil wurde. Ich freue mich, daß mir nicht nur Zustimmung, sondern auch manche Klarheit von andern Denkern und Forschern geschenkt wurde. Aus dieser großen Zahl möchte ich den Altmeister der Nostradamusforschung. Prof. Dr. H. H. *Kritzinger*, einen verdienten Astronomen und Ballistiker in Achern (Baden), sowie den bedeutenden Bibliografen Carl Graf *Klinckowstroem*, München, ferner den weithin bekannten Kosmologen Willy *Bischoff*, Berlin-Tempelhof, der die Leser dieses Buches mit einem Horoskop des Sehers beschenkte, herausheben. Eine besondere Freude war es mir, daß mich der amerikanische Nostradamusexperte Herr Alexis *v. Sabler*, der meine Interpretationen in amerikanischen Zeitungen mit hoher Anerkennung bekannt machte, im Sommer 1966 besuchte. Unvergessen bleibt mir der 1955 verstorbene Geheimrat Prof. Dr. Wolfgang *Goetz*, Ehrenvorsitzender der Berliner Schriftstellervereinigung, der das Geleitwort zu meinem vergriffenen Buche „Nostradamus, der Prophet der Weltgeschichte“, erste deutsche Gesamtausgabe, schrieb. Seine Worte leuchten noch immer wie freundliche Sterne über meiner Arbeit. Mein Dank gebührt auch meiner Frau Friedel, die mir bei der Niederschrift des neuen Werkes treu zur Seite stand.

Das hier vorliegende Buch will in konzentrierter Form die Mission meines im Verlag Schikowski, Berlin, in 4. Auflage vergriffenen Nostradamus-Buches fortsetzen. Auch Bücher haben ihr Schicksal. Es geht ihnen wie vielen Autoren, die nach ihrem Tode über kurz oder lang vergessen werden und im Dunkel versinken. Das wird bei den Prophezeiungen des Nostradamus niemals der Fall sein. Als der Seher starb, gingen sie in die Unsterblichkeit ein, es wird niemals um sie stille werden, weil *in ihnen Gottes Geist zu uns redet.*

Dr. Centurio

MOTTO

Du treibst mit den Propheten, welche Gott
Aus deinen Kindern wählt, nur deinen Spott.
Du lachst, wenn sie das Wehe dir verkünden,
Das in der Zukunft Tagen dich wird finden.
Sei es, daß Gottes unbegrenzte Macht
Die Flamm' ihm der Begeisterung angefacht,
Sei's, daß der gute, daß der böse Geist
In dem Gehirn des Nostradamus kreist,
Daß die Natur die Schwungkraft ihm gegeben,
Bis zu den Himmeln sich empor zu heben;
Sei's, daß sein Geist von Schwermut fast erdrückt,
Im trüben Dunst Phantasmen nur erblickt,
Sei's, was es will: er ist nun, was er ist!
In schwanken Worten wußt' auf lange Frist
Er wie Orakel aus der Vorzeit Tagen,
Das Los der Zukunft uns vorher zu sagen.
Ich glaubt ihm nicht, stünd nicht auf seinen Seiten
Der Himmel stets, der alles zu entscheiden!

Der Dichter Ronsard über seinen Zeitgenossen
Michael Nostradamus

„So viel ist gewiß, daß in besonderen Zuständen die Fühlfäden unserer Seele über ihre körperlichen Grenzen hinausreichen können, und ihr ein Vorgefühl, ja auch ein wirklicher Blick in die nächste Zukunft gestattet ist."

(Goethe zu Eckermann.)

„Das Kreuz bedeutet Friede, wenn man die Gebote Gottes erfüllt."
(Nostradamus in Centurie 4, Vers 5.)

Teil I

LES

PROPHETIES
DE M. MICHEL
NOSTRADAMVS.

Dont il y en a trois cens qui n'ont encores iamais esté imprimées.

Adioustées de nouueau par ledict Autheur.

A LYON,

PAR BENOIST RIGAVD.

1568.

Auec permission.

Titelblatt der ersten Gesamtausgabe der Prophezeiungen des Nostradamus bei Benoist Rigaud — Lyon, aus dem Jahre 1568. Nähere Angaben siehe Seite 262.

Michael Nostradamus:

Lebenslauf — Lebenswerk — Persönlichkeit

Geburtstag — Geburtsort und Elternhaus

Michael Nostradamus wurde nach dem julianischen Kalender am Donnerstag, 14. Dezember (Nikasiustag) 1503 in St. Remy in der Provence geboren, und zwar als Sohn des Notars Jacques Nostradamus und der Renée de St. Remy. Sein Geburtshaus blieb erhalten. Die Vorfahren der Mutter hatten stets eine große Begabung für Mathematik und Medizin bewiesen. Einer derselben, Johann de St. Remy, war Leibarzt des Herzogs von Kalabrien. Auch unter den Ahnen des Vaters finden wir Ärzte, darunter einen Peter Abraham Salomon, der den Grafen René von der Provence und Titularkönig von Jerusalem auf einem Kreuzzug begleitete. Die Familie des Vaters war jüdischer Abkunft und gehörte dem Stamm Isaschar an, dem besondere prophetische Gaben zugeschrieben werden.
Der Name *Nostradamus* = de nôtre Dame weist auf die Tatsache hin, daß der Vater in einer Kirche unserer lieben Frau, also der Maria, zum katholischen Glauben übertrat. Im Nostradamus-Museum in Salon im Schlosse de l'Emperi findet sich eine Kopie aus dem Archiv des Malteserordens, aus der hervorgeht, daß die Familie des Notars Jacques gegen eine Auflage von 20 Dukaten getauft wurde. Nach der Sitte der damaligen Zeit wurde dann der Name nôtre Dame latinisiert in Nostradamus. Wahrscheinlich waren die Vorfahren des Sehers von der Vaterseite her sephardische Juden, die vor der Verfolgung durch Ferdinand den Katholischen (1479—1516) und Isabella von Kastilien (1474—1504), vor dem Fanatismus der Spanier und dem Wüten der Inquisition nach der Provence geflohen waren, wo größere Glaubensfreiheit gewährt wurde. Die Vorfahren hatten die ärztliche Kunst und auch den Sinn für die uralte Kabbalistik von den Arabern übernommen. Der glänzendste Vertreter der Kabbalistik war der portugiesische Rabbi Abarbanel, der 1508 starb, also ein Zeitgenosse des Vaters unseres Sehers war.

Zu einem Großvater mütterlicherseits, Johann de St. Remy, fühlte sich der junge Nostradamus besonders hingezogen. Dieser Ahne erweckte in ihm die Liebe zu den Sternen, so daß ihn die Nachbarn und Freunde schon damals den kleinen Sternenfreund (astrophile) nannten.

Student in Avignon und Montpellier

Nach dem Tode des von ihm besonders geliebten Großvaters ging der Jüngling nach Avignon, um die humanistischen Wissenschaften zu studieren. Avignon gehörte dem Papst; aber unter den Renaissancepäpsten herrschte dort völlige Freiheit. Gewiß galt nach wie vor offiziell die Theologie als Königin der Wissenschaften, aber unter dem Einfluß der Renaissance konnte sie nur ein Scheinkönigtum behaupten. Hinzu kam die Verweltlichung der katholischen Kirche. Allerorten waren Untaugliche, Unberufene ohne Prüfung, ohne Wahl in die geistlichen Ämter gelangt, die sie sich für Geld kaufen konnten.
Der Humanismus erweckte die echte Philosophie der Alten. Die Araber hatten die Originale übersetzt, aber dabei hatten sich Fehler über Fehler eingeschlichen; sie deuteten die Astronomie zur Astrologie um, sie lehrten nicht Philosophie, sondern Theosophie und bauten ein phantastisches Weltbild auf. Von diesem Weltbild löste sich der junge Nostradamus durch das Studium des Humanismus. Er drang in den ursprünglichen Geist der Antike ein, und wir können beobachten, daß ihm die heitere Götterwelt der Griechen und Römer ebenso vertraut wurde wie die Gottheit und die Heiligen des Christentums. Im Alter von 22 Jahren siedelte Nostradamus an die Universität in Montpellier über, die einen besonderen Ruf als medizinische Hochschule hatte.

Im Kampf gegen den schwarzen Tod

Durch die Räume der Universität Montpellier hallte der Schrekkensruf: „Auf, auf, flieht, der schwarze Tod ist da, der ‚große Sterbende‘ ist im Land!“ Hier zeigte sich die Erbanlage des jungen Humanisten in seiner ganzen Vielseitigkeit. Er floh nicht vor der Pest, sondern hielt in der Pestluft aus und stellte sich freiwillig zum Kampf gegen die furchtbare Seuche. Im Jahre

1546 bekämpft er als erfahrener Arzt die große Pestseuche in der Stadt Aix, der Hauptstadt der Provence. In einem Buche, das 1557 in Antwerpen erschien und von dem Dr. der Medizin Martius in Augsburg 1572 übersetzt wurde, schildert uns Nostradamus ebenfalls die furchtbaren Verheerungen, die die Pest in Aix anrichtete. Hieraus einige Sätze:

> „Der schwarze Tod war so heftig gegen die Bewohner in Aix verbittert, daß sich selbst die Eltern nicht mehr um ihre Kinder kümmerten. Wenn sie die Anzeichen der Krankheit spürten und sahen, verließen die Väter Weib und Kind. In ihrem Wahnsinn stürzten viele in die Brunnen, etliche von den Fenstern hinab auf die Erde. Schwangere brachten ihre Kinder zu früh in die Welt. Die Kinder aber starben noch viel schneller, und ich sah, wie ihr ganzer Leib mit Pestflecken bedeckt war. Die Menschen waren schrecklich von der Pest vergiftet, so daß einer, der mit der Seuche noch nicht behaftet war, die Kranken bloß anzuschauen brauchte, schon hatte er sich angesteckt. Ob jemand auch Gold oder Silber besaß, er mußte trotzdem sterben, niemand war da, der ihm einen Trunk Wasser reichte ..."

Inmitten dieser furchtbaren Tragödie behielt Nostradamus ein festes Herz und half. Als ein bedeutender Pharmazeut hatte er ein Mittel gegen die Pest erfunden, dessen Rezeptur er in dem vorerwähnten Büchlein angibt. Es ist ein aus Kräutern zusammengesetztes Aromatikum, das Gesunde und von der Ansteckung Bedrohte in den Mund nehmen mußten. Mit dieser vorbeugenden Arznei rettete Nostradamus vielen Hunderten das Leben. Wenn er später nach Aix kam, mußte er sich einschließen, um den Dankesbezeugungen der Geretteten und deren Angehörigen zu entgehen.
Ein Vierzeiler (5, 72) läßt den Schluß zu, daß Nostradamus auch eine andere große Volksseuche, die Syphilis, die 1484 auftauchte und Triumphe über die unwissende Menschheit feierte, bekämpfte. Während der Pestseuche wurde die Universität Montpellier geschlossen. Nostradamus kam in dieser Zeit nach Narbonne, Toulouse und Bordeaux, überall als Kämpfer für das Leben der Seuche Widerstand leistend. Er blieb gesund und legte im Jahre 1529, als die Pest erloschen war, in Montpellier sein Doktorexamen mit größter Auszeichnung ab. Er war dann kurze Zeit Universitätsdozent der Medizin.

Praktischer Arzt in Agen — Frau und Kinder starben — Weite Reisen

Während seines Aufenthaltes in Südfrankreich hatte Nostradamus Freunde gewonnen, und so kam er 1530 als praktischer Arzt nach Agen, einem Städtchen an der Garonne. Hier trat er in Beziehung zu dem namhaften Humanisten seiner Zeit Julius Cäsar Scaliger. Hier ging Nostradamus eine Ehe ein, der ein Knabe und ein Mädchen entsprossen. Da starben ihm an einer bisher unbekannten Seuche Frau und Kinder, wahrscheinlich an Diphtherie, die damals zum ersten Male auftrat. Der Tod seiner Angehörigen hatte ihn aufs tiefste erschüttert. So begab er sich auf eine große Reise durch Frankreich und Italien; ebenso wie sein großer Kollege und Zeitgenosse Paracelsus wurde er fahrender Arzt. Mit der Beweglichkeit und Aufnahmefähigkeit seines Geistes, aber auch mit kritischem Blick hat er auf diesen Reisen viel beobachtet und viel dazugelernt.
Da rief ihn seine Heimatprovinz zurück. Ein Bote erreichte ihn unterwegs und rief ihm zu: „Komm' und hilf uns, denn bei uns herrscht die Pest!" In den Jahren 1546—1548 hat dann Nostradamus, wie bereits erwähnt, als Stadtarzt von Aix dem schwarzen Tod viele Opfer abgerungen.

Der faustische Teil seines Lebens: Zweite Ehe in Salon de Provence — prophetische Begnadung — königlicher Besuch — Tod des Sehers

1548 bat man ihn nach Salon de Craux (heute Salon de Provence) zu kommen, da sich dort einige Pestfälle ereignet hatten. In diesem ländlichen Ort verheiratete er sich zum zweiten Male mit einer vornehmen begüterten Dame, mit Anna Ponce (Pontia) Gemella.
In *Salon* beginnt der zweite große Lebensabschnitt des Sehers, den ich den „faustischen" nennen möchte. Eine geheime Macht drängte ihn dazu, in die Geheimnisse einer höheren Sphäre einzudringen. Wie aus seinem, den ersten 7 Centurien vorangesetzten Briefe an seinen Sohn Cäsar hervorgeht, überfiel ihn beim Lesen okkulter Schriften, die er dem Feuer übergab, die erste Inspiration. Flammen des Geistes erhellten das ganze Haus; plötzlich hatte Nostradamus die Fähigkeit, Ereignisse der Zukunft zu erkennen und niederzuschreiben. Nostradamus führt

seine Gabe auf Gott zurück; alles andere, wie astronomische Berechnungen und im gewissen Umfang die judizielle Astrologie dienen ihm nur zur Kontrolle und Bestätigung seiner durch den Engel Gottes ihm zugehauchten Orakel.

Doch betrachten wir weiter seinen Lebenslauf. Er hatte sich überall als Pestarzt Ruhm erworben, und die geheilten Patienten vergötterten ihn. Nun brachte ihn die Gabe der Weissagung mit den Größten seiner Zeit in Berührung. König Heinrich II. von Frankreich ließ Nostradamus, nachdem 1555 die erste Serie seiner Centurien erschienen war, an seinen Hof kommen. Am 15. August 1556 traf der Seher in Paris ein. Die Königin Katharina von Medici erforschte von ihm das Schicksal ihres Hauses. Wie schwer muß es dem Seher, der bereits das tragische Ende des Königs und des Königshauses der Valois in seinen Centurien verhüllt vorausgesagt hatte, gefallen sein, der Katharina von Medici Tröstliches zu sagen! Auch der König empfing ihn zu einer Audienz. Nostradamus warnte ihn, ebenso wie der damals berühmteste Astrologe Lucas Gauric, Bischof von Civita, vor einem Zweikampf, da seine Augen gefährdet seien. Der König schlug die Warnung in den Wind. Aber die Prophezeiung des Nostradamus traf ein. Am 1. Juli 1559 verlor König Heinrich II. in einem Turnier sein rechtes Auge und starb an den Folgen dieser Verletzung am 10. Juli 1559. Nach ihm bestiegen, wie Nostradamus prophezeit hatte, seine drei Söhne, Franz II., Karl IX. und Heinrich III., nacheinander den Thron.

Nach der Sitte der Zeit hat auch Nostradamus Horoskope gestellt. Aber die eigentlichen Kenntnisse des Schicksals der großen Potentaten und ganzer Länder verdankt er nicht astrologischen Berechnungen, sondern dem Charisma der *Divination*, das er empfangen hatte. Der Seher verstand es aus Menschenfreundlichkeit, die Vorhersagen in wunderbarer Weise zu verhüllen. Nach seiner Rückkehr aus Paris besuchte ihn die Herzogin von Savoyen, die ihn über das Geschlecht und Schicksal ihres zu erwartenden Kindes befragte. Der Meister antwortete, daß sie einem Knaben das Leben schenken würde, und daß dieser ein großer Feldherr werden würde. In einem bestimmten Jahre könnte er eine schwere Verletzung an den Beinen erleiden. Er würde sterben, wenn eine Neun vor eine Sieben käme. Tatsächlich gebar die Herzogin einen Knaben, der später als Karl von Savoyen ein bedeutender Feldherr wurde. In dem Jahre, in dem ihm Nostradamus die schwere Beinverletzung prophezeit hatte, saß der Herzog mit einem Freunde zusammen und spottete über die Unsicherheit aller Zukunftsprognosen. Selbst der berühmte, nunmehr schon verstorbene Nostradamus habe sich geirrt. Sein Freund äußerte, er würde wohl die Jahreszahl verwechselt haben. Karl von Savoyen stand auf, um ein Schriftstück herbeizuholen. Er stieß dabei einen schweren Eichenschrank um, der ihm auf den Fuß fiel und ein längeres Krankenlager nach sich zog. Nun hoffte der Herzog, daß er 97 Jahre alt würde, weil ihm Nostrademus den Tod in einem Jahre prophezeit hatte, wo eine Neun vor einer Sieben kommt. Er starb aber im Alter von 69 Jahren, denn auch da kommt eine Neun vor eine Sieben (70)!

Seine zweite Ehe in Salon verlief glücklich. Seine Frau gebar ihm drei Söhne und drei Töchter. Der älteste Sohn hieß Cäsar. Auf ihn setzte Nostradamus die größten Hoffnungen. Cäsar wurde kurz vor 1555 geboren. Im Jahre 1564 wurde Nostradamus eine besondere Ehre zuteil. Die Königinwitwe Katharina von Medici besuchte ihn zusammen mit ihrem Sohne König Karl IX. in Salon de Provence. Am 18. Oktober 1564 wurde der Seher im Schlosse de l'Emperi empfangen. Der Maler Denis Valverane hat in einem Bild, das im Museum des Schlosses aufbewahrt wird, diese berühmte Szene dargestellt. Die Königin sitzt in einem Sessel, hinter ihr steht ihr jugendlicher Sohn Karl IX. Nostradamus hatte sich erhoben und legte eine Hand auf ein aufgeschlagenes Buch, die andere auf den Kopf eines unbekleideten Knaben. Dieser Knabe ist der Prinz Heinrich von Navarra, der spätere König Heinrich IV. von Frankreich. Ihm prophezeite Nostradamus, daß er noch einmal die Krone Frankreichs tragen würde, was 1590 nach dem Erlöschen des Hauses Valois im Mannesstamme eintraf. Diese Szene ist historisch beglaubigt. Karl IX. ernannte Nostradamus zu seinem Leibarzt und beschenkte ihn mit 200 Goldtalern. Katharina fügte noch 100 Goldtaler hinzu.

Dem Schüler und Freunde des Sehers, Jean Aimé de Chavigny, verdanken wir in seinem Buche: „La premiere face du Janus Francois“, erschienen 1594 bei den Erben des Pierre Roussin in Lyon, nähere Angaben über die Gestalt und das Wesen des Sehers. Nostradamus war etwas unter Mittelgröße, kräftig im Körperbau, von munterem Wesen und stets gut gelaunt. Er hatte eine hohe Stirn, eine gerade Nase, graue Augen, einen sanften Blick, der im Zorn Flammen sprühen konnte. Hinter seinem Ernst verbarg sich ein schalkhafter Humor, er lachte gern und oft. Der Seher hatte rote Wangen, sein Augenlicht blieb gut bis

zuletzt. Nach der Sitte der damaligen Zeit trug er einen Vollbart, sein Gebiß war vollständig. Das beste Bild hat sein Sohn Cäsar von ihm gemalt. Es ist heute noch in Salon erhalten.
Bis in die letzten Lebensjahre erfreute sich der Seher guter Gesundheit. Nach dem Besuche des Königs fing er an zu kränkeln. Ein Gichtleiden, das Herzasthma nach sich zog, plagte ihn. Seine geistige Situation war keine leichte. Man verdächtigte ihn mit Unrecht der Hinneigung zum Calvinismus. Das Schwert der Inquisition hing ständig über seinem Haupte. Nur die Freundschaft mit dem Königshaus bewahrte ihn vor dem Schlimmsten. Nach seiner Rückkehr aus Arles fühlte Nostradamus den Tod nahen. Er schrieb damals in der Vorhersage 141:

„Zurückgekehrt legt ich des Königs Gabe nieder.
Die Arbeit ist vollbracht — ich geh' zu Gott!
Mir nah'n Verwandte, Freunde, Blutesbrüder:
Auf einer Bank an meinem Bett werd' ich gefunden tot."

Am 1. Juli 1566 fühlte sich der Seher verhältnismäßig wohl, sagte jedoch am Abend zu seinem Freunde Chavigny: „Mit Sonnenaufgang findest Du mich nicht mehr am Leben!" Am Morgen des 2. Juli 1566 verließ der Seher sein Bett, um einem Herzasthmaanfall zu entgehen. Er brach tot auf einer Bank zusammen. Als man ihn fand, erkannte man, daß er eines schnellen und friedlichen Todes gestorben war. Der Tag seines Hinscheidens war ihm bekannt, denn Ende Juni desselben Jahres trug er für den 2. Juli in einem Exemplar der Ephemeriden des Stadius die Worte ein: „Hic prope mors est" (Hier ist der Tod nahe).
Die sterbliche Hülle des Sehers wurde in einem Sarkophag in der Franziskaner-Minoritenkirche zu Salon, links vom Hauptportal im Innern der Wandung beigesetzt. Die Ruhestätte bezeichnete eine Grabschrift, die der des großen römischen Geschichtsschreibers Titus Livius nachgeahmt ist:

Hier ruhen die Gebeine des Michael Nostradamus,
Dessen beinahe göttliche Feder, von allen geachtet,
Würdig war zu schreiben und den Menschen mitzuteilen
Die nach dem Einfluß der Sterne kommenden Ereignisse
Rund auf dem ganzen Erdball.
Gestorben zu Salon de Craux in der Provence

Im Jahre 1566 am 2. Juli im Alter von 62 Jahren, 6 Monaten und 17 Tagen.
Nachwelt störe ihn nicht in seiner Ruhe.
Anna Pontia Gemella wünscht ihrem Gatten
Die ewige Seligkeit.

Trotz der Bitte, die Ruhe des Toten nicht zu stören, wurde im Jahre 1791 das Grabmal des Nostradamus geschändet. Ein Jakobiner zündete die Franziskanerkirche an und verstreute die sterblichen Überreste des berühmten Sehers. Am nächsten Tage fand man diesen Revolutionär in einem Gebüsch in der Nähe von Lançon erschlagen auf. Man dachte sofort an eine Prophezeiung des Sehers, der in der Centurie 9,7 gesagt hatte: „Unheil wird dem widerfahren, der mein Grab öffnet!" Was von des Nostradamus' Gebeinen noch erhalten war, sammelte der Bürgermeister von Salon in einer Urne. Diese ist jetzt in der Kirche St. Laurent beigesetzt. Auch die alte Grabplatte ist noch erhalten. Viele Besucher aus aller Welt treffen in der Gegenwart täglich ein, um das Andenken des großen Hellsehers in Salon zu ehren.
Die Stadt Salon hatte Nostradamus ein Denkmal gesetzt, das zugleich als Brunnen diente. Am 2. Juli 1966, dem 400. Todestag des Sehers, brachte ein Hubschrauber ein neues, allerdings sehr stilisiertes Denkmal nach Salon, ein Werk des Bildhauers François Bouché von Marseille.
Der älteste Sohn des Sehers erfüllte die Hoffnungen seines Vaters. Cäsar wurde ein vielseitiger Gelehrter und schrieb eine Geschichte der Provence. Ein Exemplar dieses Buches befindet sich in der Universitätsbibliothek Halle/Saale. Ludwig XIII. ernannte Cäsar Nostradamus zum Ritter und Kammerherrn. Der zweite Sohn des Sehers, der wie der Vater Michael hieß, betätigte sich als Astrologe, aber ohne Glück. Er sagte den Brand der in den Hugenottenkriegen belagerten Stadt Le Pourzin voraus. Als seine Prognose nicht eintraf, legte er selbst dort Feuer an, wurde ergriffen und 1574 hingerichtet. Der dritte Sohn Andreas trat in den Orden der Kapuziner ein. Die älteste Tochter Madelaine heiratete den Ritter Paul de Chouquin; Anna und Diana Nostradamus blieben unvermählt. Nostradamus hinterließ ein bedeutendes Vermögen. Darüber hinaus hatte der Seher, bereits in seinem Jahrhundert vorbildlich sozial denkend, einem Ingenieur Adam de Capronne bedeutende Summen zur Verfügung gestellt, mit denen dieser große Sumpfgebiete im angrenzenden

Rhônedelta, der Landschaft Craux, trockenlegte und so 18 blühende Dörfer schuf. Die Stadt Salon hat auch ihm ein Denkmal errichtet.

Das literarische Lebenswerk des Sehers — Nostradamus, ein begehrter Autor.

Nostradamus war zu seinen Lebzeiten ein angesehener Autor. Besonders die Almanache, Kalender mit Voraussagen für die Landwirtschaft, in die Nostradamus getarnte Prophezeiungen hineingeheimnist hat, wurden sehr begehrt. Diese Monatsorakel aus den Jahren 1555—1566 und posthum bis zum November 1567 sind uns als 141 Présages (Vorhersagen) erhalten. Zusammen mit einer 11. Centurie, die aus 58 Sechszeilern und 2 Vierzeilern besteht und einer 12. Centurie mit nur 11 Vierzeilern, gelten sie als Nachlaß des verstorbenen Meisters. Dieses literarische Erbe wurde von dem Verleger Vincent Sève aus Beauçaire, einem Nachkommen des Nostradamus, im Jahre 1605 dem König Heinrich IV. als Geschenk dargeboten. Obwohl die 11. Centurie mit den Sechszeilern (Sixains) ein ganz anderes Klangbild bietet, und bisher ungewohnte Symbole gebraucht, ist an einem echten Kern, der auf Nostradamus zurückgeht, nicht zu zweifeln.
Neidisch auf die Erfolge des Sehers fälschten habgierige Drucker die Kalenderpraktiken (Almanache). Die Folge war ein großer literarischer Streit, in dem man versuchte, Nostradamus „giftige Bißwunden" zuzufügen.

Die unsterblichen Centurien — ein Bestseller der prophetischen Literatur.

Konnten wir die Vielseitigkeit des Nostradamus als Schriftsteller feststellen, so ist darüber hinaus sein prophetisches Lebenswerk, die Centurien, nicht nur in die Literaturgeschichte, sondern in die Unsterblichkeit eingegangen. Es ist ein Bestseller der prophetischen Weltliteratur und hundertfach nachgedruckt worden. Der Leser findet in der Bibliographie Seite 262 f Informationen über das Schicksal dieses einzigartigen Buches. Die erste *Gesamtausgabe* bei Benoist Rigaud in Lyon aus dem Jahre 1568 gilt heute als eine bibliophile Kostbarkeit, die nahezu unbezahlbar ist.

Die *Centurien* sind kompositorisch aus neun Hundertschaften mit je 100 Vierzeilern (die 7. nur mit 42 Vierzeilern) zusammengesetzt. Außerdem enthalten sie *zwei Vorreden,* die erste vor den sieben Centurien, die Nostradamus seinem Sohn Cäsar gewidmet hat. Die zweite Vorrede vom 27. Juni 1558 ist die Einleitung zur 8.—10. Centurie. Sie ist dem König Heinrich von Frankreich, dem Glücklichen, zugeeignet. Diese Vorrede, ein prophetisches Meisterwerk in Prosa, ist aus zwei Teilen zusammengefügt, aber nicht völlig harmonisiert.
Der Seher hat die historische Kette der Centurien aus Besorgnis, der Inquisition, dem Prototyp der späteren Staatspolizei, in die Hände zu fallen, zerrissen und in eine zeitlich chaotische verwandelt. Nach seinen eigenen Worten in der Vorrede an seinen Sohn Cäsar gibt es ein „Erbwort“ (Schlüssel), mit dessen Hilfe man die ursprünglich historische Reihenfolge wiederherstellen kann. Bisher hat kein Forscher diesen Schlüssel in einer Form gefunden, die wirklich zur Rekonstruktion der historischen Kette brauchbar wäre. (Der Leser möge darüber das Kapitel: „Das Problem des Zeitschlüssels“ nachlesen.) Ich halte die von mir in der prophetischen Konkordanz zur Weltgeschichte vom Jahre 1945 bis 2050 gewählte historisch-kritische Methode als die anschaulichste. Hier sind die einzelnen zerstreuten Mosaiksteinchen zu einem Ganzen zusammengefügt. Mag dies auch ein Notbehelf sein, so ergibt sich doch ein anschauliches Bild nicht nur des Werkes, sondern auch der Persönlichkeit des Sehers.

Nostradamus sieht in Gott die Quelle des inneren Lichtes — Das Ungeborene wird Wirklichkeit.

Der französische Nostradamus-Interpret Le Pelletier sagt, daß bei Nostradamus alles zwiespältig sei: „Der Mensch, die Gedanken und der Stil.“ Diese Beobachtung ist nicht unrichtig. Schließlich gilt für jeden Menschen das Bekenntnis, das der Dichter C. F. Meyer dem Ulrich von Hutten in den Mund legt:

„Ich bin kein ausgeklügelt Buch,
Ich bin ein Mensch mit seinem Widerspruch.“

Der mit den Nöten des Erdendaseins behaftete Mensch trägt eine Maske. Nostradamus mußte zwei tragen. Dieser Zwiespalt kam bei ihm nicht aus seinem Charakter, sondern aus dem Konflikt, die ihm offenbarten Geheimnisse der Zukunft einesteils zu enthüllen, andererseits zu verhüllen. Nostradamus als Humanist, hervorragender Diagnostiker und Prognostiker sah es als seine Pflicht an, die der Menschheit bevorstehenden Heimsuchungen nicht in ihrer ganzen Wucht und Schrecklichkeit zu verkünden, sondern sie, soweit es möglich war, gnädig zu verhüllen.

Der Seher sah die Quelle seiner Begnadung „in dem übernatürlichen Lichte in seinem Innern; „denn alle Prophezeiungen werden durch den Hauch der göttlichen Majestät mit Hilfe des Geistes der Engel dem prophezeienden Menschen ins Herz gelegt. Dieser salbt ihn mit dem prophetischen Charisma, erleuchtet den Propheten und führt seiner Phantasie Kraft zu, stärkt in ihm die prophetische Gewißheit, die unter der Kontrolle der Astronomie steht, eng verbunden mit der biblischen Vorhersage der Zukunft". Diese Worte aus der Vorrede an Cäsar Nostradamus wiederholt der Seher in der zweiten Vorrede: „Die Weissagungen geschehen durch den Mund des heiligen Geistes, der die höchste Macht in der Ewigkeit besitzt, verbunden mit der himmlischen Gewalt. Daher haben einige aus der Zahl der Söhne und Töchter große und wunderbare Ereignisse vorausgesagt. Ich lege mir nicht den Titel eines Propheten zu, da sei Gott vor, *bekenne aber, daß alles von Gott kommt!*"

Hohes Selbstbewußtsein, verbunden mit der Seelenkraft seines Charisma, setzte Nostradamus instand, in Kontingenten und Kontinenten zu denken. Daher überschaute er die Zusammenhänge der Menschheitsgeschichte besser als mancher Historiker, Soziologe und viele der zünftigen Politiker. Treffend charakterisiert er in seinen Vorhersagen die Taten und Untaten der großen Figuren der Weltgeschichte, ehe noch der große Genius der Zeit den Vorhang vor der Bühne des Welttheaters aufzieht und ihnen das Stichwort zum Auftritt gibt. Wo es sich um zukünftige Ereignisse handelt, steigt der begnadete Geist des Nostradamus wie „Faust" die steilsten Stufen zu den Müttern hinab: in ein Reich, von dem selbst Mephisto nur mit Schaudern spricht. Damit deutet Goethe an, was er von den letzten Geheimnissen ahnt. Nicht umsonst hat ja der Dichter im ersten Teil seines „Faust" den Namen Nostradamus aufklingen lassen. Dem Erleuchteten von Salon wurde das Ungeborene, noch im Schoße der Zeit Ruhende offenbart. Sprachgewaltig gab er diesem Gestalt, Blut und Leben. Propheten entdecken täglich eine neue Welt, nein — sie entdecken sie nicht, sie schaffen sie mit, sie sind an ihrem Entstehen schöpferisch beteiligt.

Kontakt mit dem Weltgeist.

So stand der Seher in unmittelbarem Kontakt mit dem Weltgeist. Aus der Offenbarung Johannis im 2. Kapitel erfahren wir, daß jede Gemeinde einen Engel hat, der seine schützenden Hände über die Gläubigen breitet. Warum sollte es nicht einen Erzengel für unseren Erdenstern geben, wenn wir ihn auch nicht mit dem Demiurgos der Gnosis gleichsetzen? Dieser von Gott eingesetzte große Regent und Regisseur der Weltgeschichte ließ Nostradamus in sein Konzept blicken und Neuland der Zukunft entdecken; so wie Kolumbus aus geografischen und nautischen Erwägungen einen neuen Erdteil entdeckte und damit den Horizont der Menschen im 16. Jahrhundert erweiterte.
Freilich müssen die Pioniere des Fortschrittes ein besonderes Organ besitzen und ein weitvorausfühlendes Herz. Als „Kristallseelen“ bewirken sie eine telepathische Aufnahmefähigkeit, wie wir sie nur noch bei Naturvölkern finden. Nach einem Worte von Schleich ist das *sympathische* Nervensystem (Sonnengeflecht) die „Markoniplatte“ des menschlichen Körpers, mit deren Hilfe er kosmisch-seelische Ausstrahlungen des Alls einsaugt. Nostradamus hält nach den ersten beiden Versen der Centurien einen „Zweig“, gleichsam als Antenne in der Hand. Durch diesen empfängt er den Kraftstrom aus der Ewigkeit, der sein ganzes Individuum, Seele, Körper und Geist durchdringt und überflutet; er ist die Brücke, durch die ein höheres Wissen einströmen kann. Die Geisteswissenschaft erblickt in der *Hypophyse,* einem erbsengroßen Organ an der Schädelbasis über der Nasenwurzel, das *dritte Auge* des Menschen, das besonders schöpferisch organisierte Personen instandsetzt, nicht nur optisch, sondern „metaoptisch“ zu schauen. Davon wußte der Seher mehr als wir alle.

Nostradamus verkündet reale Ereignisse der Weltgeschichte.

Nostradamus nimmt unter den Propheten eine Sonderstellung ein. Als Künder weltgeschichtlicher Ereignisse geht es ihm nicht um den Kampf in einer überirdischen Welt. Er bleibt bei seinen Vorhersagen mit beiden Füßen auf der Erde. Alles spielt sich im irdischen Raum ab. Männer und Mächte, die er Jahrhunderte vorher verkündet und charakterisiert, werden Wirklichkeit, Realität. Es ist z. B. ein *geschichtliches* Faktum, daß nach 1607 — diese Zahl nennt der Seher in 8, 71 — infolge der Erfindung des Fernrohres die Zahl der Astronomen wuchs und Galilei vor ein Priestergericht gestellt wurde. Franco und Rivera, sowie Roosevelt sind oder waren unsere Zeitgenossen (9, 16 und 5, 96). Auch die mit transparenten Decknamen bezeichneten Persönlichkeiten wie Hitler (Hadrie) und Stalin (der große Führer von Armenien und Kaisergeneral) lebten unter uns. Seit den Zeiten des Sehers hat daher die Weltgeschichte unter viele Prophezeiungen des Nostradamus das gültige Siegel der Wahrheit und Erfüllung gesetzt.

Gotteswille und Menschenwille.

Geschichte ist nach unserer christlichen Weltanschauung der Weg, den Gott mit uns während des Lebens geht. Gott bedient sich keiner übernatürlichen Wunder, sondern der Menschenwerke, um sein Ziel zu erreichen. „Seine Gedanken sind nicht unsere Gedanken und seine Wege sind nicht unsere Wege." Dennoch fällt jedem von uns eine Aufgabe bei der Gestaltung des Schicksals zu, der wir uns nicht entziehen können. Nun geben uns die Prophezeiungen des Sehers, weil sich viele im Laufe der Jahrhunderte eindeutig erfüllt haben, ähnlich wie die Sphinx vor Theben, Lebensrätsel auf. Wie nun, wenn die Zukunft feststeht, die Zeit ein geschlossenes unteilbares Ganzes ist und nicht nach unserer menschlichen Erfahrung in Vergangenheit, Gegenwart und Zukunft zerfällt? Wenn alles bis in die kleinsten Einzelheiten vorher geplant ist und unabänderlich feststeht, können wir dann unserem Schicksal noch entfliehen? Müssen wir demnach nicht den Völkern recht geben, die an Fatalismus, Determination und Prädestination glauben? Nach dieser Seite hin würden die Prophezeiungen des Nostradamus unser Weltbild, das uns Kraft und Hoffnung zum Überleben schenkt, erschüttern.

Vergessen wir jedoch nicht, daß Gott uns den *freien Willen* und damit das Recht gegeben hat, zwischen Gut und Böse, Licht und Schatten, Krieg und Frieden zu *entscheiden*. Gerade unsere Generation muß in einer der gefährlichsten Krisen eine wichtige

Entscheidung treffen, ob wir die unermeßlichen Energien des *Atoms* zu friedlichen Zwecken oder zur Zerstörung unserer gesamten Kultur einsetzen wollen. Um das Richtige zu finden, brauchen wir nicht nur die Vernunft, sondern auch die Hilfe der Propheten, die mehr und weiter sehen als wir. In jedem Jahrhundert erweckt Gott Propheten als Mahner und Lehrer auf unseren Erdenwegen. Zu ihnen gehört auch Nostradamus. Aber auch er erlebte das Kassandraschicksal, daß die Menschen nicht auf ihn hörten.

Die Willensfreiheit des Menschen, ein großes, aber gefährliches Geschenk, hat da eine Grenze, wo der Menschenwille nicht mit dem Willen Gottes übereinstimmt. Darum gehört das Lichtbündel der Centurien in die Hände der Mächtigen und Verantwortlichen, damit sie den richtigen und schmalen Weg zum Leben und zum Wohle der Völker finden.

Die Sprache des Propheten

Der Prophet sieht es von jeher als sein gutes Recht an, seine Weissagungen in das Gewand einer dunklen zwiegesichtigen Sprache zu kleiden. Das gilt für die alt- und neutestamentlichen Propheten ebenso wie für Michael Nostradamus. Dieser bestätigt selbst in der Vorrede an seinen Sohn Cäsar die Tatsache mit den Worten: „Ich habe davon mehr Gebrauch gemacht als alle anderen Propheten, erst *unter einer Wolke* kann man das Verständnis für meine Vorhersagen gewinnen."

Es ist möglich, daß Nostradamus seine Visionen, deren Inhalt nicht nur optisch, vielleicht auch metaoptisch, sondern auch akustisch war, zuerst in der lateinischen Sprache, der Umgangssprache der Humanisten, niederschrieb und sie dann erst in „holprige Verse unter Vernachlässigung der Regeln der Poesie" zwängte. Die Konstruktion der Sätze in den einzelnen Vierzeilern ist lateinisch, manchmal wählt der Seher wie ein moderner Reporter den Telegrammstil, als ahne er die moderne Kurzschrift voraus. So zum Beispiel in 8, 66, wo er DM für „Duce Mussolini" gebraucht. Paris kürzt er mehrfach in Par ab, ferner in 9, 20 Cap für das Königsgeschlecht der Capetinger, oder in 8, 67 Pol Mansol für manens solus, gemeint ist der Papst, der allein bleibt. Ebenso in 8, 97 VAR = Unie arabe republique (Vereinigte arabische Republik).

Nun gehörte die Provence, die Heimat des Propheten, zum Sprachgebiet des alten Gallia Narbonnensis. Hier vollzog sich der allmähliche Übergang aus dem romanischen Dialekt, der noch viele Elemente des Lateins, der Weltsprache des einstigen Imperium Romanum, bewahrt hatte, in das ursprüngliche keltische Idiom. Mit feinem Sprachgefühl hat Nostradamus daher mehrfach Frankreich als das „Keltenland" bezeichnet. Außerdem war die Provence im 4. und 5. Jahrhundert griechisches Kolonialland. Darum nennt Nostradamus mehrfach Marseille mit seinem alten Namen Phocäa und gebraucht in den Centurien Worte aus der griechischen Sprache. (2, 22, 4, 20, Vorhersagen 31 und 33).

Der Seher sprengte, um noch mehr Geist und Sinn seiner Vorhersagen zu verhüllen, Brocken aus der lateinischen, griechischen, hebräischen, arabischen, ja sogar der jiddischen Sprache in das Urgestein des altfranzösischen Textes ein. Seinem prophetischen Geist waren Worte und Begriffe bekannt, die erst Jahrhunderte später in den Sprachgebrauch übergingen. So spricht er in der Vorrede an seinen Sohn Cäsar „vom Kommen des Kommunismus" oder in 2, 30 „von den Journalen", die erst im 18. Jahrhundert gebräuchlich wurden. Er erwähnt in 6, 49 den „Rubel", eine Münze, die erst um 1700 in Rußland in Umlauf kam. Das Wort „nonseggle" = nicht säkularisiert, wurde erst nach dem Wiener Kongreß 1815 zum Schlagwort, als die Kirchengüter in staatlichen Besitz übergingen. Auch Eigennamen nennt der Prophet sogar aus unserer Zeit wie Franko und Rivera in 9, 16 in einem Atemzug.

Warum aber diese apokryphe Leistung? Wieder verweise ich auf die Gefahren, die Nostradamus von der Inquisition drohten. Was wäre ihm geschehen, wenn die Väter dieser Institution seine Weissagungen hätten deuten können, in denen er die Verfolgung der Kirche in der französischen Revolution und die Gefangennahme der Päpste durch Napoleon voraussagt? Als die Centurien 1781 auf den Index der verbotenen Bücher vom Vatikan gesetzt wurden, ruhte der Prophet längst in seinem Sarkophag in der Franziskanerkirche in Salon.

Leibniz hat den Satz aufgestellt, daß unsere Seele ein Spiegel des Universums sei, und daß es eine prästabilisierte Harmonik der Geschichte gäbe. Selbst der Materialist Haeckel hat von „Kristallseelen" gesprochen. Daß diese Thesen der Wahrheit entsprechen, bestätigt voll und ganz die systematische Form der Prophezeiungen des Nostradamus. Auch sie beweist, daß die Weltgeschichte nicht aus Zufällen besteht, und kein Schattenspiel aus dem Nichts in das Nichts ist, sie ist die von dem großen schöpferischen Genius vorhergedachte und gelenkte Entwicklung der Menschheit mit dem Ziele einer einstigen Vollendung nach der psychischen und physischen Seite hin.

Mit den Worten „Der Prophet hat Anteil an der Ewigkeit" bestätigt Nostradamus diese Erkenntnis. So war es ihm möglich, überzeitlich in Kontingenten und Kontinenten zu denken und in der Dimension der Zeit den archimedischen Punkt nicht nur in der Vergangenheit und Gegenwart, sondern auch in der Zukunft zu finden.

Der Seher nennt uns auch *Jahreszahlen,* die für die Weltgeschichte von Bedeutung sind. In der Vorrede an Cäsar geht er von der

Zahl 1555, dem Höhepunkt seines Lebens aus und zählt 177 Jahre hinzu. Damit kommt man auf das Jahr 1632, den Höhepunkt des dreißigjährigen Krieges. Für diese Zeit sagt Nostradamus voraus: „Es wird sich niemand finden, der sich der Felder annimmt, da es nur noch wenig Menschen gibt." Tatsächlich sank durch die Verheerungen dieses Krieges die Bevölkerungszahl Deutschlands von 12 auf 3 Millionen Einwohner. In 8, 71 nennt Nostradamus 1607 im Zusammenhang mit der Zunahme der Astronomen. In diesem Jahr wurde das Fernrohr erfunden, das den kosmischen Horizont erweiterte, so daß die Menschheit ein neues Weltbild und Weltgefühl erhielt. Eine sehr wichtige Zahl, nämlich 1792, „wo man glauben wird, dies sei der Zeitpunkt der Erneuerung des Zeitalters", erwähnt Nostradamus in der Vorrede an Heinrich den Glücklichen. Dieses Jahr war der Höhepunkt der französischen Revolution, und trotz des Blutvergießens der Anfang einer sozialen Umgestaltung in Europa mit dem Ziel, der Menschheit die drei großen Güter: Freiheit, Gleichheit und Brüderlichkeit zu schenken. Dann noch eine Zahl, die nur noch 32 Jahre von uns entfernt ist, nämlich der 11. 8. 1999, die Erneuerung des französischen Königtums.

Der neue König ist Heinrich der Glückliche, die Schlüsselfigur des 21. Jahrhunderts, der unseren Kontinent von allen Fremdmächten befreit. In 3, 94 sagt Nostradamus voraus: ‚wenn man 500 Jahre zu seiner Lebenszeit (1555) hinzuzählt, wird die Menschheit „die große Klarheit" erleben. Damit kommen wir auf das Jahr 2055, in dem die Welt bereits zwei Jahrzehnte der in 10, 89 von dem Seher verkündeten 57jährigen Friedenszeit durchlebt hat. — Daß zwischen diesen Zahlen ein gewisser Rhythmus besteht, und hier nach des Sehers eigenen Worten die Zyklen der Gestirne wirksam sind, sei hier nur erwähnt. Vor allem aber ist ein Satz in der Vorrede an Cäsar besonders wichtig. In diesem bestätigt Nostradamus, daß seine prophetischen Bücher (die Centurien) *lückenlose Prophezeiungen* vom Datum ihrer Abfassung, dem 1. März 1555, bis zum Jahre 3797 (dem Beginn des tausendjährigen Friedensreiches) enthalten. Er bemerkt ferner, daß er imstande sei, seinem Sohn sämtliche Prophezeiungen zu erklären.

Für diese Lückenlosigkeit ist der beste Beweis, daß der Seher *die Reihe der französischen Herrscher von seinen Lebzeiten bis in das 21. Jahrhundert hinein kennt* und diese mit Charakternamen belegt:

Heinrich II. (1547—1559) „Der alte Löwe" in 1, 35.

Franz II. (1559—1560) „Der Phy-be" in 10, 55.

Karl IX. (1560—1574) „Der wilde König" in 4, 47.

Heinrich III. (1574—1589) „Der roi — roi" (er war Doppelkönig von Frankreich und Polen) in 7, 35 und Présage 58.

Heinrich IV. (1589—1610) „Der große Mandosus" (Herzog von Vandôme) 9, 45, 9, 50.

Ludwig XIII. (1610—1643) „Der Dauphin" in 9, 18.

Ludwig XIV. (1643—1715) „Der Aemathion" (ein Halbgott, der dem Phöbus die Sonnentore öffnete) in 9, 93, 10, 7, 10, 85.

Ludwig XV. (1715—1774) „Der Unzüchtige" in 5, 38.

Ludwig XVI. (1774—1793) „Der erwählte Kapetinger" in 9, 20, oder „Der Gutmütige", oder „Ludwig" Vorhersage 88.

Ludwig XVII. „Das Kind ohne Hände" in 1, 55, 9, 77.

Napoleon I. (1799—1815) „Der Mann mit dem militärischen Haarschnitt" in 1, 88, „Der Verderber" (Ne apollyon) in 1, 76.

Ludwig XVIII. (1814—1824) „Der Gourmand" in 10, 16.

Ludwig Philipp (1830—1848) „Philipp" oder „Der Mann im Bürgerrock" in 4, 64, 5, 92, 9, 89.

Napoleon III. (1852—1870) „Der große Neffe" (des großen Napoleon) 6, 22, 8, 42, 10, 30.

Dann folgt nach 5, 40 das „untermischte Blut", womit Nostradamus die Präsidenten des französischen Staates als Bürgerliche meint.

Heinrich der Glückliche (1981 bis etwa 2070) wird von dem Seher mit vielen Beinamen geschmückt. So z. B.: „Der große König von Angoulême" in 10, 72; „Der Halbmondbesieger" (Selin) in 4, 77, 6, 27 u. a.; „König und Heerführer zugleich" in 10, 80; „Der Sieger und Führer der Welt" in 6, 70; „Der König von Europa" in 10, 86; „Der große Jovialist" in 10, 73; „Der große Herkules" in 10, 70.

Ich führe jetzt Charakternamen (Anagramme) für Männer und Mächte an:

Roosevelt	=	„Die Rose der Welt" in 5, 96
Churchill	=	„Der alte Herzog" in 5, 99
Mussolini	=	„Der neue Leopard" in 6, 20, „Der Duce" in 8, 66
Hitler	=	„Der Braune" in 6, 65, „Der Wahnsinnige" in Vorhersage 72, „Der Kapitän von Großdeutschland" in 9, 90, oder „Hadrie" in 1, 8, 1, 9, 2, 55, 3, 11 und 10, 38
Goebbels	=	„Der Hinkende" in 3, 73
Himmler	=	„Der neue Nero" in 9, 53

Stalin = „Der große Führer von Armenien" in 5, 94 „Der Kaisergeneral" in 11, 13, „Der große Priester des Mars" in 6, 49

Der Bolschewismus = „Die roten Parteien" in 9, 51, „Das Gesetz des (Thomas) Morus" in 3, 95

Rußland = „Der Bär" in 10, 38, oder „Die vereinten Völker (Sowjets) am nördlichen Pol" in 6, 21, oder „Slavenvolk" in 1, 14, 5, 26

England = „Die Inseln" in 2, 100, „Der Allmächtige" in 10, 100, „Der Neptun" in 1, 77

Die USA = „Der große Neptun" in 3, 1, „Der Langmütige" in 3, 5, Présage 81, „Die Normannen" in 6, 97; „Amerika" in 10, 66

Deutschland = „Der gelehrte Feind" in 6, 99, „Germanien" in 10, 31, „Die Cimbern" in 3, 8, oder „Das Adlerland" 8, 15, 10, 86, 2, 68, 5, 59, 8, 85

Frankreich = „Gallien" in 10, 33 oder „Narbonne" in 1, 99, oder „Der Tempel", „Der Hahn" in 5, 68

Israel = „Die Synagoge" in 8, 96

Die Araber = „empire Arab" in 4, 39 und „Var" (Vereinigte arabische Republik) in 8, 97

Österreich = „Die überfremdete Nation" (nation estrange) in 3, 83 u. a. oder „Pannonien" in 6, 49, 8, 15, 9, 90

China = „Das große Kamel" in 5, 68, „Die Kräfte Asiens" in 4, 50, „Der Ehrgeizige" in 4, 51

Der Papst = „Der heilige Vater" oder „Hieron" oder „Mansol" (Erklärung siehe oben), „Der Schlüssel", „Das Schiff", „Die Barke", „Der Ring".

Der Seher wählt als Symbolnamen auch Tiere: Den Adler für die nordischen Länder, den Widder für Deutschland, den Bär für Rußland, den Elefant für Asien, das Kamel für China, die Schlange für Ägypten, den Löwen für England, den Wolf für Italien, den Hahn für Frankreich, die Biene als Wappentier der Familie Bonaparte. Die Sterne, die der Seher so sehr liebte, sind für ihn Macht — und Kraftquellen im irdischen Raum, z. B. die Sonne steht für die Monarchie, Jupiter ist das Zeichen der Machtfülle, Neptun für die Beherrschung der Meere, Merkur der Schutzpatron des französischen Volkes.

Neuland der Zukunft I:

Blick in das letzte Drittel des 20. Jahrhunderts

Ein Prophet besitzt durch seine Begnadung das, was seine Zeitgenossen erst durch ein Studium in einem langen Leben erwerben können: die Erfahrungen von Jahrhunderten als beste Lehrmeister, und das richtige Augenmaß für das Geschehen in der Zukunft. Darum können wir getrost Nostradamus, einem Propheten von Format, in das unbekannte Land der Zukunft folgen.

Bereits das Jahr 1967, hochexplosiv mit Spannungen geladen, stellt uns die Frage: was wird uns das letzte Drittel unseres Jahrhunderts bringen, was kommt auf uns zu?

Eng damit ist eine zweite Frage an uns verbunden: was bringen wir der noch verhüllten Zukunft entgegen? Klammern wir uns ängstlich an längst brüchig gewordene Vorstellungen, verlassen wir uns einseitig auf materielle und technische Positionen und Errungenschaften, oder dringen wir unerschrocken vorwärts und bejahen unser Schicksal voller Mut, Gott- und Selbstvertrauen? Erst im Ringen um das Werdende wird uns klar, wer wir sind, und ob wir etwas schaffen und erreichen, das „aller Zeiten höchste Tat" sein wird.

Nach Michael Nostradamus prophetischer Weltgeschichte erwarten uns schwere Prüfungen. Das erste große Examen hat schon begonnen:

1. Der Kampf des jungen Staates Israel um seine Existenz. Wird Israel vernichtet, wird ein *arabisches Empire* — diesen Begriff prägte der Seher in 4, 39 — nicht nur zum ständigen Unruheherd im Nahen Osten, sondern im Laufe seiner Expansion dem „weichen Unterleib Europas" einen schweren Stoß versetzen und große Landesteile der südeuropäischen Länder erobern. Dies gelingt ihm vermutlich durch ein Bündnis mit dem „Großen aus Asien", dem zur Weltmacht aufgestiegenen *China.*
2. *Ein atlantischer Bruderkrieg* zwischen Frankreich und England und der USA bringt Frankreich eine schwere Niederlage

und Demütigung. Damit scheitert der Plan, schon in diesem Jahrhundert ein vereintes Europa zu schaffen.
3. In einem Krieg mit *China* wird die *USA* ein Vordringen Chinas in den Stillen Ozean vereiteln. Die Chinesen drücken nunmehr immer stärker nach dem Westen. Am Ende dieses Jahrhunderts erreichen die *„gelben Horden"* den Ural und bedrohen die Sowjetunion, den Torhüter unseres Kontinentes.
4. Ein wiedervereintes Deutschland wird Monarchie. Auch das „heilige Reich" entsteht in Deutschland, allerdings erst im kommenden Jahrhundert.

Das arabische Imperium

Nach den Vorhersagen des Sehers wird dieses Gebilde im Laufe der kommenden Jahrzehnte politische Wirklichkeit. Es ist schon heute ein Wunschtraum des größenwahnsinnigen Nasser, ein arabisches Großreich, dem alle arabischen Staaten angehören, zu bilden. Unter seiner Führung als neuer Pharao versucht er vor dem Forum der Weltmächte sein unterentwickeltes Land Ägypten mit den Allüren eines Herostraten aufzuwerten. Darüber Nostradamus in 4, 39:

> L'empire Arabe revalera son cours,
> Par Hesperies la cause redressee."
> (Das arabische Reich wird seine Laufbahn verstärken,
> Durch die Hesperier (Westmächte) wird die Angelegenheit berichtigt.)

Das geschah zum ersten Male im Herbst 1956, als Nasser den Suezkanal sperrte, um den Ölhahn den Westmächten zuzudrehen. Auch über die Weltmacht Öl weiß Nostradamus Bescheid. Vor 400 Jahren sagte er in 5, 16 voraus:

> „Die Preise für die sabäischen Tropfen erreichen ihren höchsten Stand.
> Menschenfleisch wird während des Sterbens zu Asche verbrannt:
> Die Insel Pharos (heute Pharillon) wird durch (Luft)kreuzer zerstört,
> Dann, wenn sich in Rhodos ein hartnäckiges Gespenst zeigen wird."

Die „sabäischen Tropfen" sind das Erdharz (Erdöl), das die Ägypter vor Jahrtausenden aus dem Reiche der sagenhaften

Königin von Saba einführten, um damit ihre Toten zu balsamieren. Heute ist das *Erdöl*, das in den arabischen Ländern gefördert wird, das Blut der modernen Industrie, die ohne dieses zum Bankrott verurteilt würde. Nasser sperrte im Oktober 1956 für Frankreich und England den Suezkanal, diese wichtige Lebensader nach dem fernen Osten, weil die beiden obengenannten Mächte im Alleinbesitz des Aktienkapitals waren und England eine Schutztruppe in Ägypten unterhielt. In einem Blitzkrieg griffen nun England und Frankreich Ägypten an, Napalbomben fielen auch auf die Insel *Pharillon* in der Nähe von Alexandria. Menschenfleisch wurde bei der Explosion dieser Bomben zu Asche verbrannt. — Im Mittelmeer erscheint zu gleicher Zeit ein „hartnäckiges Gespenst", die Zypernkrise. Bekanntlich beanspruchen die Griechen die Herrschaft über diese Insel. (Wenn Nostradamus hier von Rhodos spricht, so nimmt er das Recht des Propheten in Anspruch, einen Teil für das Ganze zu setzen.) Bereits vor elf Jahren war der junge Staat Israel mit England und Frankreich verbündet. Die tapferen Israelis drangen bis zum Suezkanal vor. Durch die USA, eine der hesperischen (westlichen) Mächte wurde England und Frankreich, sowie Israel im November 1956 zurückgepfiffen, weil Chruschtschow drohte, in den Konflikt einzugreifen. Die Vorhersage des Sehers, daß die Angelegenheit durch die Westmächte berichtigt würde, erfüllte sich damals in vollem Maße.

Nasser fälschte diese übereilte Aktion der Westmächte in einen Sieg Ägyptens um und gedenkt nun nach elf Jahren Rache an dem siegreichen Israel zu nehmen. Unter der Parole: „Tod und Vernichtung für den Staat Israel, Ausrottung der Juden", gelang es ihm 1967, die zerstrittenen Araberstaaten zu einigen und für einen Großangriff zu gewinnen.

Klüger als die Staatsmänner sieht Nostradamus in der Errichtung des Staates Israel im Heiligen Land einen gefährlichen neuralgischen Punkt im Nahen Osten. Hören wir ihn in 8, 96:

„La Synagogue sterile sans nul fruit
Sera recue entre les infideles
De Babylon la fille du porsuit
Misere & triste lui tranchera les aisles."
Die Synagoge, unfruchtbar und ohne Erfolg,
Wird Aufnahme finden zwischen den Ungläubigen:
Von der Tochter Babylons droht ihr Verfolgung,
Elend und traurig wird sie ihr die Flügel abschneiden.

Das Wort Synagoge gebraucht der Seher bewußt, weil die Entstehung des jungen Staates Israel inmitten der Ungläubigen, d. h. der Islamiten, auf die zionistische Bewegung zurückgeht, die durch die Balfour-Deklaration 1917 von England sanktioniert wurde. Die Frage ist nur, ob der Bestand Israels inmitten der Araber auf die Dauer garantiert werden kann.
Vor unseren Augen vollzog sich am 5. Juni 1967 der erste Akt der Aggression der arabischen Staaten gegen Israel. Als Nassers Armeen in den ersten Junitagen 1967 eine jämmerliche Niederlage erlitten und sich von dem großen Bruder in Moskau enttäuscht fühlten, lautete die Parole in Kairo: Kämpft weiter, denn 700 Millionen *Chinesen* stehen hinter euch! Es wird *vermutlich* gelingen, auch diesmal wieder einen Kompromiß zwischen den Westmächten und den Sowjets herzustellen, indem man den siegreichen Israelis einige Zugeständnisse macht. Sollte aber diese Vereinbarung nur eine Notlösung auf Zeit sein, so wird der Unruheherd im vorderen Orient nicht beseitigt und das Kriegsfeuer nur auf kurze Zeit gelöscht. Denn Nasser hat schon 1956 erklärt: „Das vereinigte Großarabien wird sich einst vom Atlantischen Ozean bis zum Persischen Golf erstrecken!" Daher werden diese 100 Millionen in Haß vereinten Araber nicht nur Israel, sondern auch Südeuropa vor eine schier ausweglose Situation stellen.
Diese Entwicklung sagt Nostradamus voraus. Aus dem Vierzeiler 4, 68 können wir entnehmen, daß die beiden Größten von Asien und Afrika ein Bündnis gegen Europa schließen werden, also daß es den Chinesen gelingt, den arabischen Nationalismus und Fanatismus für sein Ziel einzuspannen, Europa und dessen abendländisch-christliche Kultur zu vernichten und sich selbst zur größten Weltmacht aufzuschwingen.
Die arabische mit China verbündete Aggression erobert den südeuropäischen Mittelmeerraum. Frankreich begeht nationalen Selbstmord und öffnet dem Islam die Tür. England erleidet *schwere Niederlagen an den Grenzen von VAR (Mittelmeer).*
Auch Moskau hat diese Entwicklung klar erkannt. In einer Entschließung des Plenums des Zentralkomitees der sowjetischen KP vom 21. Juni 1961 heißt es: „Der Kampf muß gegen die verleumderische Kampagne der Gruppe Mao-Tse-Tung geführt werden, die das Vertrauen zwischen den Völkern der arabischen und kommunistischen Staaten untergraben will." Tschu-en-lei, Außenminister der chinesischen Volksrepublik, war bereits bei Nasser, um mit ihm Kontakt aufzunehmen, allerdings ohne Er-

folg. Als er in Daressalam landete, wurde er höflich aufgefordert, auf einem zweiten abfahrbereiten Flugzeug heimzukehren. Alexis Adschubej, der Schwiegersohn Chruschtschows und ehemaliger Chefredakteur der „Prawda“, äußerte bei einem Besuch in Deutschland auf die Frage von Journalisten, ob Rußland noch einmal an einen Krieg gegen die Westmächte denke: „Rußland hat die Aufgabe seit Jahrhunderten und auch heute noch, Europa vor den gelben Horden zu schützen“.

Es mag ein Jahrzehnt unseres Jahrhunderts, vielleicht noch ein zweites vergehen, dann ist es so weit, daß unter dem Nachfolger Nassers, einem fanatischen Islamiten, mit Unterstützung chinesischer Waffen und Soldaten das Vereinigte Arabische Großreich zum Stoß gegen den „weichen Unterleib Europas“ — wie Churchill die südlichen Provinzen unseres Kontinents genannt hat — antritt. Von dem Erfolg dieser Aggression erfahren wir in 5, 55 *und* 3, 68:

> „In einer Gegend des glücklichen Arabiens wird ein Mächtiger geboren,
> Der sich zum Islam bekennt:
> Er wird Spanien quälen und Granada wiedererobern.
> Noch mehr erreicht er auf dem Meere gegen das Volk von Ligurien (Italien).“
> „Das Volk ist ohne Führer in Italien und Spanien,
> Es gibt Tote und zu Boden Gestreckte im Chersonnes (Griechenland).
> Ihre Führung wurde verraten durch Leichtsinn und Tollheit,
> Das Blut schwimmt überall umher in den Schiffspassagen.“

Chaos und Anarchie herrschen in den Mittelmeerstaaten. Ohne Führung sind die südlichen Völker der arabischen Expansion und Aggression preisgegeben und zu einem ständigen Unruheherd geworden.

Auch der *Papst* gerät durch die arabische Aggression in große Gefahr. Der Herr der katholischen Christenheit wird ins Exil gehen, wenn die arabischen Heere Rom nahen. Wir erfahren dies aus 5, 25:

> „Der Fürst von Arabien wird das Regiment über die Kirche
> Über das Meer hinweg zu Boden werfen,
> Mars, Sonne und Venus stehen im Löwen.“

Erst Heinrich der Glückliche führt den Nachfolger des Heiligen Vaters nach Rom zurück, etwa 2025.
Wie aber verhält sich *Frankreich?* In einer Rede im Juni 1967 verurteilte de Gaulle den Staat Israel als Aggressor und stimmte so mit den Plänen Kossygins überein. Das ist ein Beweis, daß dem großen alten Manne in Paris hier das Augenmaß fehlt. Diese Kurzsichtigkeit ist künftig verhängnisvoll. Frankreich mißt, wenn die arabische Aggression gegen die südeuropäischen Staaten beginnt, dieser keine Bedeutung bei. Ja, das Arabische wird in diesem von der Mode gelenkten Lande leidenschaftlich aufgegriffen werden. Ein Araberfürst auf Libyen veranlaßt die Franzosen, Arabisch zu lernen. Nostradamus sagt dazu in 3, 27:

„Ein libyscher Fürst, der Macht hat im Westen,
Wird die Franzosen stark für das Arabische begeistern:
Die Schriftgelehrten wird er willfährig machen,
Daß sie die arabische Sprache ins Französische übersetzen."

Wie ist das möglich? Nach Nostradamus' Vorhersagen herrscht zwischen Frankreich und England und der USA nicht nur Verstimmung, sondern eine gefährliche Spannung. Diese wird sich in einem atlantischen Bruderkrieg entladen und zu einem nationalen Unglück für Frankreich werden. Im Blick auf die beiden Seemächte überhört Frankreich auch diesmal die Mahnung seines großen Propheten und nimmt die arabische Aggression nicht ernst, zumal dann in Paris eine kommunistenfreundliche Regierung an der Macht ist. Die Folgen erfahren wir in 1, 18:

„Durch Zwietracht vernachlässigt Frankreich (die Außenpolitik),
Dadurch wird die Tür dem Islam geöffnet:
Die Erde trieft von Blut, ebenso das Adriatische Meer.
Der Hafen von Phocäa (Marseille) ist mit Schiffen überfüllt."

Die letzte Zeile weist darauf hin, daß viele Schiffe auf der Flucht vor den Arabern Zuflucht in Marseille suchen.

8, 97

„Aux fins du V A R changer le Panpotens,
Près du rivage les trois beaux enfans naistre,
Ruyne au peuple par aage competans
Regne au pays changer plus croistre."
„An den Grenzen von V A R ändert sich das Schicksal des Allmächtigen (Englands),
Nahe der Küste werden drei schöne Kinder geboren:
Der Untergang für das Volk (kommt), da die Zeit reif ist,
Die Regierungsform im Lande wird sich ändern, später mehr wachsen."

England, bei Nostradamus der Allmächtige, verliert an den Grenzen der Vereinigten Arabischen Republik drei Schlachten. Die erwähnten „drei schönen Kinder" sind drei Siege für die Araber. Als innenpolitische Folge stürzt daraufhin in England die Monarchie, die später wieder in ihre Rechte eingesetzt wird.

An das Wunderbare grenzt es, daß Nostradamus in 8, 97 die in der deutschen Sprache gebräuchliche Abkürzung *VAR* für die Vereinigte Arabische Republik anführt. In der ersten Gesamtausgabe bei Benoist Rigaud sind diese drei Buchstaben gesperrt gedruckt. — Kurz vor Beginn des Krieges mit Israel im Juni 1967 ließ Nasser eine Briefmarke herstellen, die ihn in siegreicher Pose darstellt. Sie ist in der Illustrierten „Stern" in Nr. 31 abgedruckt. In der oberen linken Ecke stehen die Worte *UAR* = United Arabian Republic. — Die Drucker der vorhin erwähnten Gesamtausgabe von 1568 setzten nach dem damaligen Brauch die Type U für V. Das kann man hundertfach feststellen, z. B. daß statt Ravenne Rauenne, oder fleuue statt fleuve steht. Setzen wir also auch ein U statt ein V, so kommen wir, in die französische Sprache übertragen, auf „Unie arabe republique", abgekürzt *UAR* bzw. *VAR*. In dieser Form mag Nostradamus in einer seiner Sternstunden diese Abbreviation empfangen haben.

Der Prophet beherrschte auch die systematischen Bezeichnungen für staatliche Gebilde. So ist England nach ihm 300 Jahre das große *Empire* (10, 100). Die Macht dieses allmächtigen Englands bröckelt nach demselben Vierzeiler ab, als große Truppen aus der USA Land und Meer passieren und die Portugiesen (wie im zweiten Weltkrieg) diese Landung nicht mehr zulassen. Auch hierin hat Nostradamus richtig gesehen. Ich zitiere 10, 100:

„Das große Empire wird bei England bleiben,
Allmächtig wird es mehr als 300 Jahre sein:
Dann passieren große Truppen über Meer und Land,
Die Portugiesen werden nicht mehr damit einverstanden sein."

Durch diese drei Niederlagen Englands nach 8, 97 ist es möglich, daß das *arabische* Großreich immer stärker wird und eine dauernde Gefahr für Europa darstellt, die erst im kommenden Jahrhundert bzw. Jahrtausend durch Heinrich den Glücklichen beseitigt wird. Dieser stoppt die arabische Expansion, befreit Spanien und die südeuropäischen Mittelmeerländer von der arabischen Okkupation, erobert Konstantinopel, das in die Hände der Araber gefallen ist, zurück und kämpft den Suezkanal (bei Nostradamus in 10,78 „die Straße von Memphis nach Sumatra") frei. Als König von Europa unternimmt er einen letzten Kreuzzug gegen die Araber, um die jüdisch-arabischen Streitprobleme mit Hilfe von Truppen zu lösen, die sich aus Soldaten des vereinten Deutschlands zusammensetzen.

Bis dahin hat der Staat Israel noch einen schweren Leidensweg zu gehen. Das geht auch aus 8, 96 hervor, wo Nostradamus voraussagt, daß die Tochter Babylons d. h. die Araber der Synagoge (dem Staat Israel) die Flügel abschneiden werden, also ihm jegliche Bewegungsmöglichkeit rauben. Das ist die verhängnisvolle Folge, wenn es den Westmächten zusammen mit der UNO und Rußland nicht gelingt, einen festen Frieden in Nahost zustandezubringen.

Wir sind zu der Frage berechtigt, wie sich das Weltgewitter im Mittelmeer auf *unser* Vaterland auswirkt. Die Bundesrepublik steht als Festlanddegen und Mitglied der NATO auf Seiten der USA und der Engländer. Sie bleibt Frankreich gegenüber in der kommenden Auseinandersetzung mit den Seemächten neutral. Im Freiheitskampf um Europa *nach* dem Jahre 2000 weilen jedoch deutsche militärische Kontingente in Spanien, um dort die arabische Aggression zu bekämpfen. Diese Truppen werden nach 5, 59 von dem Befehlshaber der anglikanischen Besatzungsarmee in Südfrankreich in Stich gelassen. Daß die arabische Aggression und der Krieg im Mittelmehr wirtschaftliche Rückschläge für alle Länder Europas bringt, besonders hinsichtlich der Ölbelieferung, braucht nicht besonders hervorgehoben zu werden.

Die berühmte Hellseherin Jeane *Dixon* in Washington (USA), die Persönlichkeiten im Weißen Haus erfolgreich berät, berichtet über eine seltsame Vision: Sie sah den Körper einer großen Schlange,, die sich um ihren Leib ringelte. Augen und Kopf dieser Schlange waren nach *Osten* gerichtet, als wollte sie andeuten, daß auch sie, die Seherin nach Osten blicken müsse, wenn sie etwas von Gottes weisen Lenkungen in der Zukunft erfahren wolle. (Vgl. Ruth Montgomery: „Ich sehe die Zukunft — die Voraussagen der Jeane Dixon", Mosaik-Verlag, Hamburg.) Merkwürdig, daß auch Nostradamus in 1, 40 von der „ägyptischen Hydra" spricht, jener sagenhaften *Schlange* mit vielen Köpfen, die immer nachwuchsen, wenn man ein Haupt abschlug: ein treffendes Gleichnis für die Vielfalt des arabischen Großreiches, das sich aus vielen Staaten zusammensetzt. Erst, als Herkules die Stümpfe ausbrannte, starb die Schlange. Die Uräusschlange, ein Symbol des von den *Ägyptern* verehrten Sonnengottes, zierte das Diadem der Pharaonen. — Jedenfalls kann man in der Vision der Jeane Dixon eine Mahnung sehen, das arabische Problem sehr ernst zu nehmen und mit größter Gewissenhaftigkeit nach einer dauerhaften Lösung des Nahostkonfliktes zu suchen, um den Frieden in Europa zu retten.

Der atlantische Bruderkrieg

In meinem Buche: „Nostradamus, der Prophet der Weltgeschichte" (in vierter Auflage vergriffen), führte ich im Jahre 1953 folgendes an: In dem Augenblick, als im Juni 1919 die deutschen Minister Bell und Müller in der großen Stunde des Tigers Clemenceau den Vertrag von Versailles unterschrieben, rief der französische Botschafter Jules Cambon aus: „Von nun an ist Frankreich eine Macht zweiten Ranges!" Eine der verhängnisvollsten Folgen dieses Diktates war die Entstehung des Nationalsozialismus, der viel Unglück über Frankreich brachte. Auch *de Gaulle* hatte bereits als Führer einer Partei die Befürchtung, daß sein Land eine *Kolonie* der USA und England werden könne und damit als Großmacht für immer ausscheide. Zweimal hatten die USA Frankreich aus schwerster Bedrängnis herausgepaukt, aber keineswegs umsonst. Die Vereinigten Staaten sicherten sich nach dem zweiten Weltkrieg Häfen und Flugplätze an der französischen Atlantikküste, die sie auf Grund eines sogenannten Pacht- und Leihvertrages in Besitz nahmen. Im

September 1963 bot die amerikanische Heeresleitung der deutschen Bundeswehr ohne Wissen des Präsidenten de Gaulle diese militärisch wichtigen Stützpunkte zur gemeinsamen Benutzung an. Das empfand der Präsident als einen Schlag ins Gesicht für Frankreich. Darum hielt de Gaulle am 23. Juni 1964 eine vielbeachtete Rede, in der er betonte:

> „Amerika treibt auf Kosten der kleinen Länder eine gemeinsame Interessenpolitik mit der Sowjetunion. Diese Zweiteilung der Welt entspricht nicht mehr der Realität. Europa kann sein eigenes Leben führen und unabhängig werden, wenn es seine Kraft erkennt. Es hat ausreichende Werte und eigene Mittel. Die führende Rolle, die die USA im Westen gespielt hat, ist zu Ende."

Nunmehr ist es dem französischen Regierungschef gelungen, die Räumung dieser Stützpunkte durch die USA bis zum 30. Juni 1967 zu erreichen. Als französischer Patriot hat Nostradamus immer wieder sein Vaterland vor kolonialen Abenteuern gewarnt. In 3, 24 ruft er aus: „Frankreich, du wirst noch einmal an mein Wort denken!" Er kennt auch die verzweifelte Lage Frankreichs vor der Neuordnung durch General de Gaulle in 9, 52:

> „Von der einen Seite naht sich der Friede, von der anderen der Krieg,
> Niemals gab es eine solche Hetzjagd von so großem Ausmaß:
> Beklagt die Männer und die Frauen und das unschuldige Blut auf der ganzen Erde!
> Ja, es wird geschehen, daß Frankreich jeder Partei ausgeliefert ist."

Treffender könnte die verzweifelte Situation Frankreichs während der Kriege in Ostindien und Algier, sowie seine innenpolitisch ausweglose Situation mit den nicht abreißenden Regierungskrisen von einem Zeitgenossen nicht geschildert werden, als es hier Nostradamus in prophetischer Schau tut.

Eine neue gefährliche Entwicklung bahnt sich durch den Austritt Frankreichs aus dem Atlantikpakt und die dauernde Verschlechterung der Beziehungen zu der USA an. Auch die Zurückhaltung Frankreichs gegenüber einem Beitritt Englands zur EWG bringt neue Spannungen. Da sich aber de Gaulle nicht nur von dem Prestige, sondern auch von politischer Weisheit leiten läßt, ist ein offener Bruch Frankreichs mit England und der USA gegenwärtig nicht zu befürchten. Was geschieht aber, wenn de Gaulle nicht mehr an der Spitze Frankreichs steht? Seine mit Moskau angebahnte Freundschaft könnte dazu führen, daß Deutschland, das gespaltene Herz Europas, zwischen zwei kommunistische Blöcke gerät und damit nicht nur die Wiedervereinigung, sondern auch die Verwirklichung eines vereinten Europas in Gefahr gerät. Der Seher schildert uns, was in diesem Falle folgt, wenn der große alte Mann Frankreichs von der Regierung abtritt: ein *atlantischer Bruderkrieg* zwischen Frankreich und den Seemächten!

Ich skizziere hier kurz den Verlauf dieses Krieges, der zu einer Katastrophe und Demütigung für Frankreich führt. Es beginnt mit gegenseitigen Überfällen (2, 1), dann rückt eine anglikanische Flotte gegen la Rochelle vor. Diese winkt noch einmal mit dem Ölzweig, aber Frankreich nimmt das Friedensangebot nicht an (5, 35). Die feindliche Flotte läuft in die Girondemündung ein (5, 34). Die Anglikaner setzen sich in Südfrankreich fest und nehmen dieses Gebiet unter dem Namen „Angli-Aquitanien", d. h. *Angelsächsisch Südfrankreich* (9, 6) in Besitz.

Während Deutschland in dieser kriegerischen Auseinandersetzung neutral bleibt, greift Italien auf Seiten der Angelsachsen ein. Es entsteht also ein Krieg zwischen den beiden lateinischen Schwestern. In *Italien* hat sich inzwischen ein Diktator emporgeschwungen, den der Seher „den Mann mit dem krausen und schwarzen Haar" nennt. Er spielt später noch bei der Befreiung Europas eine zweifelhafte Rolle. Nostradamus beschwört sein Vaterland, es nicht auch noch mit seiner lateinischen Schwester Italien aufzunehmen. Aber wieder verhallen seine Mahnungen umsonst. Darum tritt das ein, was dem Seher schon vor 400 Jahren einen großen Schmerz bereitet:

> „Das große Grabmal des französischen Volkes
> Wird in der Nähe von Toskana sein.
> Fliehe die Römer Frankreich, wenn du geschlagen bist!
> Nahe am Tessin und am Rubikon ist eine Schlacht unentschieden."
> (3, 32 und 2, 72)

Diese schwere Niederlage Frankreichs in dem atlantischen Bruderkrieg hat verhängnisvolle Auswirkungen. Diese nennt uns Nostradamus in 1, 73:

> „Frankreich wird von fünf Seiten her auf einmal infolge seiner Nachlässigkeit überfallen,
> Tunis und Algier werden durch die Perser (Araber) aufgewiegelt:
> Leon, Sevilla und Barcelona fallen,
> Es wird keine Flotte mehr im Gebiet der Venezier geben."

Demnach wird Frankreich nicht nur von den angelsächsischen Mächten im Norden und im Westen und von Italien im Südosten, sondern wahrscheinlich an zwei Stellen von den Arabern überfallen. Vielleicht erleidet auch seine Flotte eine Niederlage in der Adria. Spanien ist schon zu einem großen Teil der arabischen Aggression zum Opfer gefallen. Darüber hinaus wird eine Einigung Europas illusorisch und in weite Ferne gerückt.

Krieg zwischen USA und China — Beginn der gelben Expansion

Seit Jahrtausenden quält die Bewohner Europas der Alptraum, daß unserem Kontinent vom Osten her eine große Gefahr droht und daß Gog und Magog (in diesem Namen sehen manche sogar einen Anklang an Mao) nach den Prophezeiungen der Apokalypse (Kap. 20) zum Streit gegen uns antreten werden „mit einem Heer, dessen Zahl wie Sand ist". Diese Furcht ist besonders groß, wenn die Völkerwelt vor einem Umbruch und Neuanfang steht, wie es im Jahrhundert des Nostradamus der Fall war. Albrecht *Dürer*, einer der größten Maler der Welt mit einem die Zeichen der Zeit erfühlenden Herzen, schuf das Bild der vier apokalyptischen Reiter, die auf ihren gespenstigen Rössern alle erdenklichen Heimsuchungen über die Welt bringen. Ist das eine Ausgeburt der Phantasie? Wenn es nur das wäre! Denn auch Phantasie kann durchaus schöpferisch sein.
Ein Zeichen unserer Zeit, die in vielem als Neuanfang dem 16. Jahrhundert gleicht, ist die *Weltangst.* Jene Angst, die uns befürchten läßt, daß uns die Kontrolle über die Auswirkungen des Atoms, der größten Erfindung aller Zeiten, entgleitet und daß dieses Kleinste zu einer gigantischen Gefahr heranwächst, die alles verschlingt. Wie furchtbar, wenn dieses crescendo sich noch zu einem Triumphgefühl steigert, wie es am 18. Juni 1967 geschah, als *Mao* aller Welt verkündete: Wir haben die H-Bombe! Die Chinesen brannten Freudenfeuer ab und jubelten; ein makabrer Tanz über dem eigenen Grab!
China, mit Rußland und ebenso mit den USA verfeindet, wird nach 1, 87 in einem Krieg gegen die USA die Atombombe einsetzen:

> „Wenn der Erderschütterer Feuer aus der Erde hervorbrechen läßt,
> Wird er die Umgebung der neuen großen Stadt erzittern lassen:

> Zwei große Felsen werden lange den Krieg führen.
> Dann wird Arethusa einen neuen Fluß mit Blut färben."

Der Erderschütterer, der die Erde beben läßt, ist nach der griechischen Sage der Meergott Neptun (Poseidon). Das Ereignis hat demnach mit einer Unternehmung auf dem Meere zu tun. Ich nehme an, daß ein chinesisches U-Boot Atomraketen auf die große neue Stadt, in diesem Falle New York, abfeuert. Zwei große Felsen, die USA und China werden einen langen Krieg führen, dessen Beginn wir bereits heute in den Kämpfen in Vietnam erleben. Auf diese chinesische Aggression hin wird *Arethusa* einen neuen Blutstrom eröffnen. Arethusa ist zwar nach der griechischen Sage eine harmlose Nymphe in Sizilien. In unserem Vierzeiler jedoch enthält dieses Wort eine geheime Bedeutung: Areth heißt auf Hebräisch Erde. In Verbindung mit USA bedeutet dies, daß die Völker der Erde an diesem Ereignis engagiert sind. Areth klingt auch auf Ares an, den Kriegsgott, so daß auch eine Deutung „Ares et USA" möglich ist. — In diesem weltweiten Krieg, der nach meiner Überzeugung noch in diesem Jahrhundert stattfindet, vertreibt die USA mit noch stärkeren Atomwaffen den chinesischen Aggressor aus dem Großen Ozean. Der Sieg über China führt dann die USA als großen Neptun, d. h. als den Beherrscher der Meere und der Luft auf den Gipfel der Macht. Das erfahren wir aus 3, 1:

> „Nach Kampf und Seeschlachten
> Hat der große Neptun den höchsten Gipfel seiner Macht erreicht.
> Der rote Gegner (China) wird vor Furcht erbleichen,
> Wenn er (die USA) den großen Ozean in Schrecken setzt."

Die Fluktuation der Völkerwelt ist eine geschichtliche Tatsache. Sie entsteht aus der Not eines Volkes oder der Völker, denen es an Lebensraum und Existenzmöglichkeit fehlt. Allerdings können auch machtpolitische Gründe zu einer Völkerbewegung führen und das Weltbild verändern. Als im Jahre 1904 Rußland von Japan besiegt wurde und dadurch die Einflußsphäre im Fernen Osten verlor, versuchte es sein Machtpotential nach Westen zu erweitern. Dies gelang ihm nach dem zweiten Weltkrieg und wir, ebenso wie die Satelliten, leiden unter der Tatsache, daß Rußland seine Expansion bis nach Mitteleuropa ausdehnte.

Jedoch nach einem ungeschriebenen Gesetz der Geschichte baut der göttliche Regisseur immer wieder eine größere Macht hinter einer großen auf. Der Druck Chinas nach Westen zu, um Lebensraum zu gewinnen, ist nach einer Niederlage durch die USA nicht mehr aufzuhalten. Bereits in den 50er Jahren forderte Mao von Chruschtschow halb Sibirien. Dies war der Anfang des Zerwürfnisses zwischen den beiden kommunistischen Staaten. Darüber hinaus wurde deutlich, wie gefährlich die Absicht Stalins war, China in sein Imperium einzuverleiben, um damit auch Asien zu beherrschen. Denn die Chinesen sind trotz der Lehren eines Marx nationalbewußt, sie sehen in den Angehörigen der weißen Rasse, der auch das europäische Rußland zugehört, „fremde Teufel".
Auch die in China herrschende Bevölkerungsexplosion, die immer im Falle eines Krieges Verluste ausgleicht, wird der Ellenbogen sein, mit dem sich dieses fernöstliche Reich nach Westen zu Platz macht. Ende dieses Jahrhunderts setzen sich chinesische Riesenheere in Bewegung, um über Sibirien nach Westen zu marschieren, eine große Gefahr für Rußland, den Torhüter Europas am Ural. Inzwischen sind im Reiche der Sowjets die 73 Jahre Aufstieg, von denen Nostradamus in 6, 74 spricht, abgelaufen. Der russische Staat wird vor ernste Entscheidungen gestellt werden, ob er dann noch angesichts der Bedrohung aus dem Fernen Osten an seiner Ideologie festhält, oder sich in dieser Schicksalsstunde Europas den westlichen Staaten als seinen gegebenen Bundesgenossen anschließt, um mit ihnen die Gefahr für unseren Kontinent gemeinsam abzuwehren. Daß europäisches Denken auch bei Sowjetführern möglich ist, beweist folgende Tatsache. Chruschtschow, der seit 1964 nicht mehr der Herr im Kreml ist, äußerte vor kurzem zu einem Journalisten, der ihn befragte: „Mao hat mir im Falle, daß ich die USA angreifen wollte, nicht nur hundert, sondern tausend Divisionen seiner Soldaten zur Verfügung stellen wollen." Chruschtschow lehnte ab.
Der Angriff gegen den Westen erfolgt nicht nur über Sibirien, sondern nach Nostradamus auch über den Vorderen Orient und das Mittelmeer. Es ist eine Schreckensbotschaft, in der der Seher die ganze Größe der Gefahr umreißt (Vorhersage 40):

> „Die Könige des Morgen- und Abendlandes, alle auf der Flucht,
> Man wird seine ehemaligen Eroberer unterjochen."

Und in 5, 25 berichtet Nostradamus:

„In der Nähe von Persien stehen gut und gern eine Million Soldaten bereit,
Sie werden über Byzanz und Ägypten eine Invasion mit Würmern und Schlangen beginnen."

Bei den Würmern kann man an einen Bakterienkrieg denken, bei den Schlangen an die Feldschlangen (coulevrine), wie man in der Zeit des Sehers die Kanonen bezeichnete.

Deutschland wird Monarchie

„Nachher wird kommen von den fernsten Gegenden
Ein deutscher Fürst, der den goldenen Thron besteigt.
Abhängigkeit besteht nach den Zusammenstößen auf den Meeren,
Die Dame dient, ihre Zeit wird nicht mehr angebetet." (2, 87)

Mit diesen Worten sagt Nostradamus die Wiederherstellung der Monarchie in Deutschland voraus. Ein Prinz aus einem der alten deutschen Herrschergeschlechter, der im Ausland lebt, besteigt den goldenen Thron. Diese Formulierung bedeutet, daß er ein wohlhabendes Land vorfindet. Indirekt gibt auch der Seher die Zeit an: Denn mit der „Dame" ist Marianne, also Frankreich gemeint, das infolge des unglücklichen Ausganges im atlantischen Bruderkrieg am Boden liegt und dem die arabische Invasion sehr zu schaffen macht.

Wie soll das möglich sein, werden viele Leser angesichts dieser Prophezeiung ausrufen! Wir schicken uns an, endlich wirkliche Demokraten zu werden und Nostradamus sagt eine Monarchie in Deutschland voraus? Hierauf möchte ich auf Grund von persönlichen Erinnerungen antworten. Im Jahre 1913 erlebte ich von der Universität aus den Einzug des Zaren Nikolaus an der Seite Kaiser Wilhelms II. Noch einmal erschien das deutsche Kaiserreich in seiner Glorie und Machtfülle, ehe ein Jahr später der Weltkrieg ausbrach. Hätte damals 1913 jemand geäußert, daß nach einem Menschenalter im Jahre 1945 russische Soldaten auf der zerstörten Prachtstraße „Unter den Linden" in die deutsche Reichshauptstadt einziehen würden, man hätte solchen Schwarzseher für geisteskrank erklärt.

Wir müssen uns damit abfinden, daß hinter unserem Leben, wie hinter der Weltgeschichte der stete Wechsel steht, wenn sich auch in ihr die Wandlung erst in Generationen vollzieht. Doch, der es Abend werden läßt, hat es so geordnet, daß es wieder Morgen werden soll! Das trifft einmal auch für *Berlin* zu. Mit gespaltenem Herzen trägt diese Stadt das Kreuz für ganz Deutschland. Fünf schwere Jahre harrten seine tapferen Bewohner in den „unterirdischen Festungen". den Luftschutzkellern, aus, wie Nostradamus in 11, 3 sagt. Er verkündet aber in demselben Sechszeiler: „Es wird alles wieder an seinen richtigen Platz gestellt." Nach 22 Jahren kalten Krieges ist Berlin, „des gebeugten Vaterlandes ungebeugte Stadt" geblieben und wieder auferstanden. Stalin, der nach 5, 94 Berlin berannte, aber nicht eroberte, liegt unbeachtet in einem Grab an 'der Kremlmauer. Berlin aber lebt und ist sich seiner Kraft und einer großen Zukunft gewiß. Es wird einst wieder Hauptstadt eines vereinten Deutschlands werden. Darauf können wir mit Gewißheit hoffen! (Der Leser möge auch den Exkurs über Berlin nach dem Vierzeiler 5, 94 auf Seite 212 f beachten.)

Das heilige Reich wird in Deutschland entstehen (10, 31)

„Le sainct empire viendra en Germanie,
Ismaelites trouveront lieux ouverts.
Ames voudront aussi la Carmanie,
Les soustenans de terre tous couverts."
„Das heilige Reich wird in Deutschland entstehen,
Die Araber werden offene Orte finden:
Auch die Seelen wollen ihre Wiedergeburt,
Die Stützen der Erde werden alle bedeckt (bewohnt) sein."

(Zum französischen Text bemerke ich, daß in verschiedenen Ausgaben im Anfang der dritten Zeile *Anes* steht. Das gibt keinen Sinn. Ich habe daher Ames gesetzt (Seelen), zumal in dem letzten Wort der dritten Zeile Carmanie sich das Wort Karma verbirgt. Ich sehe in Anes einen Druckfehler, der sich in das Werk des Sehers eingeschlichen hat.)

Paul de Lagarde hat einmal gesagt: „Nationen werden von Gott eingesetzt, sie werden geschaffen. Sie sind nicht durch einen Zufall ins Dasein getreten, der Schöpfer hat mit ihrer Erschaffung einen Zweck verbunden und dieser ist ihr Lebensprinzip. Die Anerkennung dieses Zweckes ist zugleich eine Anerkennung des göttlichen Willens, welcher diesen Zweck erreicht haben will ..." Diese Worte sind die beste Erklärung für die Verheißung des Sehers in 10, 31, wenngleich sich beide erst nach der Mitte des kommenden Jahrhunderts erfüllen werden. Das vereinte Deutschland wird sich dann an der Spitze der Weltmächte für eine gerechte Verteilung des Lebensraumes auf dieser Erde einsetzen und die politische Befriedung aller Völker herbeiführen. Die Menschen werden wieder nach dem Heil der Seelen fragen. Auch die arabische Frage wird mit Hilfe eines wiedervereinten Deutschlands gelöst, wie aus 10, 86 hervorgeht:

„Wie ein Greif wird der König von Europa kommen,
Begleitet von den Völkern aus Aquilon (Deutschland):
Eine große Truppe, aus Roten und Weißen zusammengesetzt,
wird er anführen und marschieren gegen den König von Babylon (die Araber)."

Wenn dies auch erst etwa um 2030 geschieht, so hat doch eine Wiedervereinigung des geteilten Deutschlands spätestens in den letzten Jahrzehnten unseres Jahrhunderts stattgefunden, als die Bedrohung Europas durch die arabische, von China unterstützte Aggression immer gefährlicher wurde und eine dringende Notwendigkeit entstand, sich eng zusammenzuschließen, um das Abendland und seine Kultur zu retten.

Dem deutschen Genius ist nun nach Nostradamus vorbehalten, *ein heiliges Reich*, einen Staat des Geistes, erfüllt von verinnerlichter Religiosität und veredelter Humanität, zu begründen.

In der Steiermark wurde 1800 *Jakob Lorber* geboren. Er ergriff den Beruf eines Musiklehrers, hörte jedoch im Jahre 1840 in seinem Inneren eine Stimme: „Nimm deinen Griffel und schreibe!" Als tiefgläubiger, gottgehorsamer Mensch folgte er diesem Befehl. Auf diese Weise entstanden 25 Bände, die im Lorber-Verlag, Bietigheim/Württ., veröffentlicht wurden. Lorbers Hauptwerk ist das „Große Evangelium Johannis". In diesem verheißt *Jesus* ein „Neues Jerusalem" mit den Worten:

„Hier (in dem alten Jerusalem), wo ich von den Juden des Tempels wie ein Verbrecher verfolgt wurde, werde ich nicht wieder auftreten. Wohl aber in den Landen eines anderen Weltteils, die jetzt von den Heiden bewohnt sind. Dort werde ich ein neues Reich gründen: ein Reich des Friedens, der Eintracht, der Liebe und des lebendigen Glaubens. Die Furcht vor dem Leibestode wird nicht mehr unter den Menschen sein, die in meinem Lichte wandeln und im steten Verkehr mit den Engeln des Himmels stehen werden . . ."

Diese Prophezeiung einer geistigen Wiederkunft Christi stimmt sinngemäß mit den Vorhersagen des Nostradamus in 10, 31, 2, 13 und 10, 42 überein. Möge sich Deutschland in der Zukunft würdig erweisen, daß dieses kommende Reich des Friedens, der Eintracht, der Liebe und des lebendigen Glaubens einst in seinen Grenzen gegründet wird!

Das 21. Jahrhundert

Auf der prophetischen Landkarte des Nostradamus erscheint ein durch Heinrich den Glücklichen von Frankreich von allen Fremdmächten befreites und vereintes Europa — Heinrich rettet unseren Kontinent in der größten Schlacht aller Zeiten vor der gelben Invasion und den antichristlichen Kräften Asiens — Als Präsident der Vereinten Nationen Europas und Führer einer Weltregierung schenkt er den Völkern der Erde 57 Jahre Frieden.

„A genio lumen"

In 6, 70 verkündet der Seher:

„Führer der Welt wird der große Heinrich sein,
Über seinen Tod hinaus von der Nachwelt geliebt, geehrt und gefürchtet.
Sein Ruf und Ruhm wird seine Zeit überdauern
Und mit dem einzigen Titel „Sieger" wird er sich begnügen."

Diese prophetischen Worte mögen als Prolog über dem Leben und den Taten dieses einzigartigen Mannes stehen.

Die Geburt Heinrichs des Glücklichen

Heinrich, in dem Nostradamus nach 11, 48 den Phönix des guten Königs Heinrich IV. sieht, wird bei le Mans geboren (4, 95 und 7, 10). Diese Stadt liegt fast genau auf dem Schnittpunkt des 0. Längengrades und des 48. Breitengrades. Über seine Familie berichtet der Seher in 11, 4:

„Als Kind eines Adlers und einer Lilie wird ein sehr großer Prinz geboren,
Der bald und doch spät in seine Provinz kommen wird.
Saturn steht in der Waage erhöht,
Das Haus der Venus in abnehmender Zeugungskraft.
Die Dame trägt nachher einen männlichen Keim unter ihrer Haut,
Um dadurch das glückliche Blut der Bourbonen fortzusetzen."

Mit dem Worte rond (abgekürzt aus dem italienischen rondone, kleiner Adler) bezeichnet man im Sprachgebrauch einen Landedelmann (hobereau). Demnach ist also der Vater des neugeborenen Kindes ein kleiner Adliger. Die Mutter entstammt dem alten Königsgeschlecht der Bourbonen, das auf eine Ahnenreihe von 17 Ahnen zurückblicken kann (5, 71). Daß auch der Vater aus dem Bourbonengeschlecht stammt, wird erst später entdeckt, nachdem der junge König zu hohen Ehren gekommen ist. Er läßt nach 9, 84 einen Marmorsarg, wahrscheinlich im Vatikan, öffnen und findet zu seiner großen Freude eine plombierte Urkunde, die ein „großer Römer" ausgestellt hat. Das Wort in dieser „Medusine" = Deus in me (Gott in mir) ist ein Hinweis, daß dieses Dokument von einem Papst stammt und feststellt, daß Heinrich ein Angehöriger der Bourbonenfamilie ist. Möglicherweise war sein Ahnherr jener Herzog Karl von Bourbon, genannt der Connétable, der als Feldherr Karls V. am 6. Mai 1527 bei einem Sturmangriff auf Rom fiel. In Présage 38 betont Nostradamus noch einmal, daß der König, der später als Sieger und Imperator ausgerufen wird, aus dem Blute *Aemathions*, also des Bourbonen Ludwig XIV., stammt. Bemerkt sei, daß der Vatikan in seinem Archiv geheime Dokumente über die Bourbonenfamilie bewahrt. Man nahm an, daß auch Papst Pius XII. dieser Familie angehörte, aber der Vatikan öffnete nicht in den 50er Jahren das Testament der Prinzessin von Angoulême, der Schwester des unglücklichen kleinen Prinzen, Ludwigs XVII., das gegebenenfalls Klarheit über noch unbekannte geschichtliche Ereignisse der Französischen Revolution zur Kenntnis gebracht hätte.

Geheimnisvolle Vorbedeutungen werden nach 4, 93 bei der Geburt Heinrichs wahrgenommen, „von dem alle Fürsten bezeugen: der ist uns vom Himmel gesandt!". Über Tag und Jahr dieses für unseren Kontinent und die Weltgeschichte bedeutungsvollen Ereignisses kann man aus 10, 71 und 10, 73 vorsichtige Schlüsse ziehen. Der Wiener Gelehrte Dr. W. Kestranek hat als Geburtsdatum den Donnerstag, den 21. Januar 1981, also einen Tag noch in unserem Jahrhundert errechnet (siehe beigefügtes Horoskop). Nach 10, 73 und der Présage 38 ist Heinrich ein „Jovialist", ein Jupitermann. Daher seine königliche Haltung und sein Edelmut seinen Gegnern gegenüber (4, 93). In diesen großherzigen Charaktereigenschaften gleicht er Alexander dem Großen. Gleich dem Macedonier hat der große überirdische Lenker der Weltgeschichte dem jungen Bourbonen eine Aufgabe zugewiesen, die die zwölf Arbeiten des Herkules, mit dem der Seher ihn vergleicht, bei weitem übersteigt. Bei der Vollendung seiner militärischen, sozialen und friedlichen Ziele wird Heinrich nach 10, 72 durch ein gutes Horoskop unterstützt.

Geburtshoroskop

Beschreibung siehe Rückseite

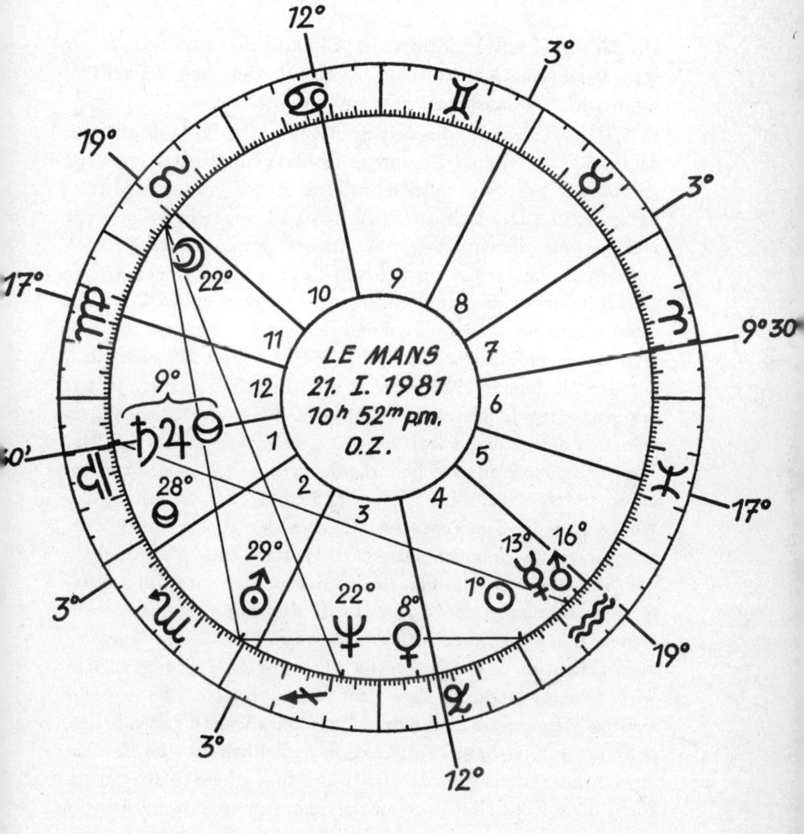

Geburtshoroskop

Die Geburtsdaten Heinrichs des Glücklichen hat Nostradamus ebenso wie den Geburtsort des Königs in mehreren Vierzeilern, wenn auch verklausuliert, bekannt gegeben.

In 5, 41 erfahren wir die Zeit der Geburt. Der Vers spricht von dem unübertrefflichen Regenten, der das Jahrhundert erneuert, „geboren in geheimnisvoller nächtlicher Stunde" (also um Mitternacht herum). Der Geburtstag ist in 10, 71 angegeben: Die Erde und die Luft, die ein sehr großes Wasser gefrieren lassen, deuten auf den 21. Januar hin, an welchem Tag die Sonne an der Grenze zwischen Steinbock und Wassermann (zwischen einem Erd- und einem Luftzeichen) steht. Demnach kann als Geburtstag des Königs, der jedenfalls vor dem Jahr 1999 zur Welt kommen wird, nur der 21. Januar 1981 gemeint sein, denn nur der 21. Januar des genannten Jahres ist ein Mittwoch. Es ist also „die Zeit, da man sich aufmachen wird, um den Donnerstag zu ehren." Der Angabe des Nostradamus über die Geburtskonstellation entspricht unter anderem auch in 11, 4 die Stellung des Saturn in der Waage und die der Venus im „Zeichen der abnehmenden Zeugungskraft" (Steinbock). Das Jahr 1981 ist auch schon deshalb von besonderer Bedeutung, da in diesem Jahr eine Jupiter-Saturnkonjunktion in der Waage stattfinden und genau am Ascendenten des königlichen Geburtshoroskopes zu stehen kommen wird (Heinrich d. G., der große „Jovialist"). Und 4, 50: „Man wird sehen wie die Waage den Westen regiert." So wie die meisten Männer, die als Leitbild ihres Zeitalters zu gelten haben, mit einer Jupiter-Saturnkonjunktion im Zeichen oder im Element ihres Äons geboren wurden, so trägt auch dieser Wassermannkönig diese Konstellationen an der Spitze seines Ascendenten — eine Konstellation, die in seinem Geburtsjahr die seltene Erscheinung der dreimaligen Gestirnung der beiden Großplaneten zeigen wird, ähnlich wie bei der Geburt Jesu Christi, nur diesmal im Luftzeichen Waage und nicht im Wasserzeichen Fische. Auch mit diesem himmlischen Manifest ist die hervorragende Persönlichkeit Heinrichs d. Gl. charakterisiert.

Dr. Wilhelm Kestranek — Wien

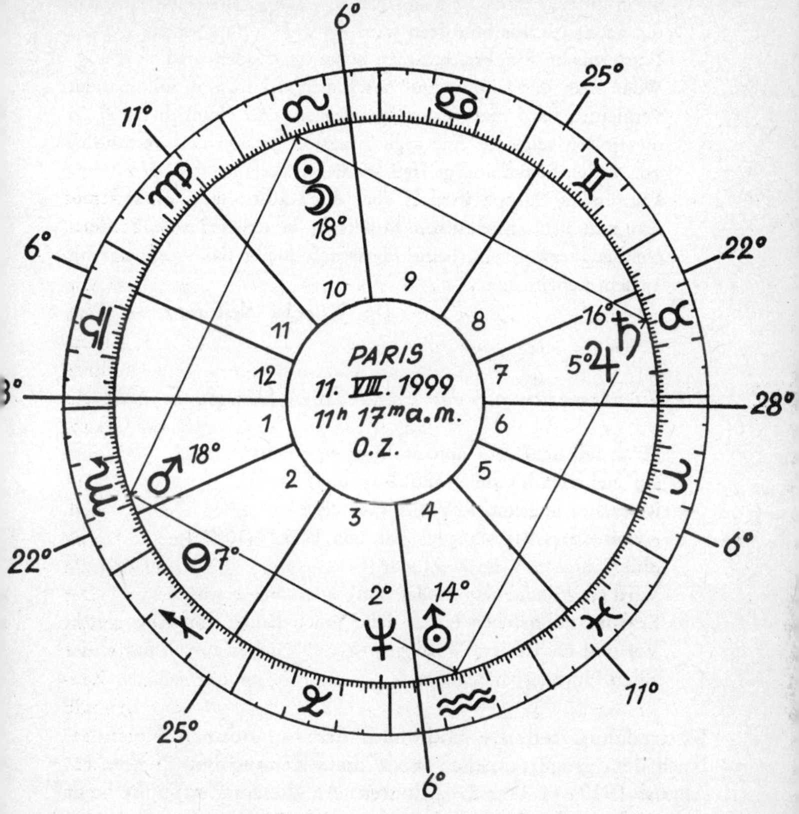

Ereignishoroskop

Die Bedeutung der *Sonnenfinsternis* von 1999 kann man daran erkennen, daß Nostradamus dieses Datum in Centurie 10, 72 genau angibt. Die Finsternis ist als äußerst kritisch zu bewerten, da sie eine totale ist und die verfinsterten Lichter mit Mars, Saturn und Uranus in einem geschlossenen Quadrat stehen, dabei der Kriegsplanet, der Revolutionsplanet und die verfinsterte Son-

ne in ihren eigenen Zeichen. Daß in erster Linie Frankreich von der großen Krisis betroffen wird, ist daraus zu ersehen, daß die Finsternis im Frankreichzeichen Löwe stattfinden wird.
Wenn man das König- und das Finsternishoroskop miteinander vergleicht, wird man feststellen können, daß Heinrich d. Gl. in dieser Zeit selbst in eine arge Situation geraten und vermutlich von vielen Seiten angegriffen wird. Im Verlaufe des Befreiungskampfes in Europa wird er aber die Macht wieder an sich reißen und den anfänglichen Mißerfolg in einen Triumph ohnegleichen verwandeln. Seine Herrschaft bleibt dann gefestigt bis an sein Lebensende.

Dr. Wilhelm Kestranek — Wien

Die Wiederaufrichtung des französischen Königtums.

„L'an mil neuf cens nonante neuf sept mois
Du ciel viendra un grand Roy d.effrayeur!
Resusciter le grand Roy d'Angolmois,
Avant après Mars regner par bon heur." (10, 72)
„Im Jahre 1999 im 7. Monat
Wird am Himmel ein großer Schreckenskönig erscheinen:
Er wird auferstehen lassen den großen König von Angoulême,
Vor und nach einem Weltkrieg (Mars) wird er auf Grund seines guten Horoskopes regieren."

Nostradamus rechnete noch nach dem julianischen Kalender. Nach dem gregorianischen weist diese Zeitangabe auf den 11. August 1999, 11 Uhr 08 Minuten. An diesem Zeitpunkt steht der große „Schreckenskönig", die größte *Sonnenfinsternis* unseres Jahrhunderts am Himmel. Im 16. Jahrhundert sah man in einem solchen kosmischen Ereignis eine Gefahr für die ganze Menschheit. Es ist ein Zeugnis für die astronomischen Kenntnisse des Sehers, daß er zu seiner Zeit diese Sonnenfinsternis errechnet hat, die wir noch erleben werden. Sie fällt zusammen mit der Wiederaufrichtung des französischen Königtums. Angoulême ist eine französische Königsstadt, dem preußischen Potsdam vergleichbar.
Am 11. August 1999 wird Heinrich auf den französischen Thron erhoben und wird „auf Grund eines guten Horoskopes vor und nach einem Weltkrieg regieren" (siehe beigefügtes Horoskop). Er folgt dem letzten Präsidenten Frankreichs, das durch den

atlantischen Bruderkrieg und die arabische Aggression im Mittelmeer sich in einer fatalen Lage befindet, nunmehr als König nach (4, 14). Im Jahre 1964 berichteten französische Zeitungen, daß de Gaulle als seinen Nachfolger den Grafen von Paris, also einen Bourbonen, bestimmen wolle. Angesichts des ewigen Wechsels auch in der Weltgeschichte erscheint es nicht undenkbar, daß die Monarchie, wenn auch in gemäßigter Form, wieder an Boden gewinnt. Verkündet doch Nostradamus in 2, 87, daß in Deutschland wieder ein Fürst „den goldenen Thron“ besteigt.
Vor dem jungen König türmt sich eine fast unlösbare Aufgabe auf: Die Befreiung Europas aus dem Chaos wartet auf diesen kaum dem Knabenalter entwachsenen Jüngling. „Sehr jung, aber noch nicht zu spät“, heißt es in 4, 14, tritt Heinrich seinen Weg als Regent an, der ihn nach Présage 38 „durch ein Meer von Blut und Tränen führt“.

Fünf Kriegsschauplätze.

1. Spanien, Nordafrika und Vorderer Orient.
2. Südfrankreich, die Riviera, Mittelfrankreich.
3. England.
4. Italien.
5. Fränkisch-schwäbisches Juragebirge.

Trotz seiner Jugend ist Heinrich in militärischen Dingen hochbegabt. Unterstützt von den anglikanischen Mächten, und in deren Auftrag, weil ihnen die Aggressivität des Islam und des mit China verbündeten arabischen Empires unheimlich wird, vertreibt der junge König von Frankreich die Araber aus Spanien (10, 95). In dem „König Kraushaar“, einem italienischen Diktator, findet er einen Bundesgenossen und besiegt mit Hilfe neukonstruierter Waffen die Araber im östlichen Mittelmeer, die sich der Türkei und Konstantinopels bemächtigt haben (2, 79). Diese Stadt, die Napoleon „als Schlüssel der Welt“ bezeichnet hat, wird dem siegreichen jungen Feldherrn zu Ehren in „Heinrichstadt“ umbenannt (Présage 34). Diese Ehrung hat Nostradamus noch bei seinen Lebzeiten seinem Freunde und Schüler Aimé Chavigny, der später das Leben seines Meisters beschrieb, anvertraut.
Dennoch zieht sich der Kampf gegen das arabische Empire über die ersten beiden Jahrzehnte des kommenden Jahrhunderts bzw. Jahrtausends hin. Die Ägypter haben unter einem neuen Pharao

den Suezkanal für die Westmächte gesperrt. Wie wir aus 10, 79 erfahren, wird dieser von dem „jungen Herkules“ (Heinrich dem Glücklichen) freigekämpft, so daß die Passage zwischen Memphis (Ägypten) und Sumatra (Ostasien) wieder geöffnet wird. Heinrich, dessen Herrschaft über alle Könige des Orients — gemeint sind die Araberfürsten — wachsen wird (10, 47), kehrt mit einer siegreichen Armee nach Frankreich zurück. Er wird dort als „Halbmondbesieger“ (Selin) gefeiert. Dieses Wort Selin ist vom Griechischen silene (Mond) abgeleitet. Auch heißt Selin rückwärts gelesen „Niles“ (Nil).

Die anglikanischen Mächte USA und England, deren Besatzungstruppen in Südfrankreich stehen (9, 6), begrüßen mit Genugtuung die Erfolge des jungen Herrschers im Mittelmeer und im Vorderen Orient. Damit haben sie aber nicht gerechnet, daß der siegreiche Heinrich als französischer Patriot sich auch gegen die unerwünschten Besatzungsmächte wenden könne. Sie sind sorglos. Da greift plötzlich Heinrich den englischen General in Nîmes an. Dieser ist derartig erschrocken, daß er in der Verwirrung einen taktischen Fehler begeht, der nicht mehr gutzumachen ist (5, 59, 5, 65). Heinrich mit seiner sieggewohnten Armee richtet den anglikanischen General und dessen Truppen zu Lande und auf dem Meere entsetzlich zu. In seiner Not ruft er zwar Hilfstruppen herbei, darunter ein deutsches Kontingent, das als Festlanddegen der Seemächte in Spanien noch gegen restliche Widerstandsnester der Araber kämpft, aber auch dieses kann nichts mehr retten (4, 71).

Wie ein moderner Kriegsberichterstatter beschreibt Nostradamus im Telegrammstil des 16. Jahrhunderts die gigantische Schlacht um Europas Freiheit in der Provence und an der Riviera. Die Hölle ist los, das große Reich des Todes steigt aus der Unterwelt empor (10, 87). Heinrich landet in der Nähe von Nizza mit einer Flotte. „La Pille (Bille) wird alles entseelen.“ Mit dieser Bezeichnung, die von dem lateinischen pila (Ball oder Pfeiler), im Englischen heute atom pile genannt, abzuleiten ist, bezeichnet Nostradamus ohne Zweifel eine Atombombe. Im Jahre 1529 hatte Albrecht Dürer einen furchtbaren Traum, dessen Inhalt er nach dem Erwachen zeichnete. Man sieht eine ungeheure Rauchwolke, aus der ein Pfeiler emporragt, das spektakuläre Bild der Atomexplosion, wenn auch in umgekehrter Form.

Die Kämpfe ziehen sich bis zum Mont Cénis hin. Es regnet Blut (10, 87). Die anglikanischen Mächte unterliegen auf dem

Meere (5, 62). In das vorher evakuierte, nunmehr befreite Marseille zieht der poil (poilu) wieder ein. Also kannte Nostradamus den Spitznamen des französischen Soldaten des „unrasierten, bärtigen Frontschweins" aus dem ersten Weltkrieg (10, 88)! Die Verluste des Gegners sind ungeheuer: „Lauf und Verfolgung bis nach Lyon, eine Million Tote und Gefangene (1, 72)." Dem Zauber der Persönlichkeit des jungen Königs gelingt es, Nordfrankreich, das noch immer dem Zugriff der anglikanischen Mächte offen liegt, für sich zu gewinnen. Heinrich verliert keine Zeit. Vom Artois aus greift er *England, den Allmächtigen über 300 Jahre* (10, 100) mit einer unübersehbaren *Unterwasserflotte*, die submergée, d. h. untergetaucht schwimmt, an (2, 22). Nostradamus weiß auch von der ungeheuren Wirkung ferngelenkter Raketen, die er „Blitze im Bogen" nennt, und die den Reichtum Londons zerstören (3, 13). In England ist alles in furchtbarer Aufregung, die Kinder werden aufs Land geschickt und die Städte geräumt, aber Heinrich landet als erster seit Wilhelm dem Eroberer wieder auf dem Boden der Insel. Er bricht die Tore zu den Häfen auf (10, 80). England hatte bereits, ehe Heinrich in den Kampf eingriff, drei große Schlachten an den Grenzen von V A R verloren. Und durch die neue Niederlage geht die dreihundertjährige Hegemonie Englands auf dem Meere und über Europa zu Ende. Die 300jährige Epoche, in der seit dem Beginn des 18. Jahrhunderts das Inselreich nach den Siegen über Holland und durch die Gründung der Englisch-Ostindischen Handelskompagnie (1712), mit deren Hilfe sich England die Reichtümer Indiens aneignete, zu einer Vormachtstellung aufstieg, wird nun durch König Heinrich in einem hochbedeutsamsten geschichtlichen Augenblick beendet. Das Abbröckeln dieser Hegemonie auf den Weltmeeren und über Europa begann schon — auch das hat Nostradamus über Jahrhunderte hinweg in 10, 100 vorausgesagt —, als England zweimal Truppen, „die über Meer und Land kamen", also Flotte und Heeresmacht der USA 1916 und 1943 zu Hilfe rief. Nachdem Heinrich in England gelandet ist, stürzt die Monarchie, wird aber später wieder aufgerichtet. England scheint sich dann im Laufe der zweiten Hälfte des 21. Jahrhunderts vom Festland Europas zu isolieren. Wir finden es im 22. Jahrhundert nach 10, 66 als Bundesstaat von *Amerika*. Wörtlich heißt es da:

> „Das Haupt (Lordmayor) über London wird durch Amerika eingesetzt,

Die schottische Insel wird über das Eis (Fluglinie über Island und den Nordpol) regiert."

(Hierzu eine wichtige Bemerkung: Nach einem Zeugnis von Alexander von Humboldt wurde „Amerika" als geografischer Begriff erst um die Mitte des 17. Jahrhunderts von einem Kartografen Waldseemüller, um Amerigo Vespucci zu ehren, in die Landkarten eingesetzt!)
Trotz der Niederlage Englands gibt sich *Italien* als Verbündeter der Seemächte nicht zufrieden. Dort spielt noch immer der Diktator Kraushaar, ein früherer Verbündeter und nunmehr Neider des Ruhmes des jungen Königs, eine zwielichtige Rolle. Eine österreichische Agentin hat darüber hinaus eine deutschsprechende Allianz, aus Deutschen, Österreichern, Südtirolern und Schweizern bestehend, zusammengebracht (4, 74). Schnell entschlossen wirft Heinrich mit einem Sprung (Blitzkrieg) Oberitalien nieder, besiegt die obenerwähnten Deutschen, Österreicher und Schweizer, die über den Brenner hinab kommen, und erobert Mailand (4, 37). Der österreichische General gerät in Gefangenschaft. Er wird nach 4, 34 mit einer „goldenen Kette" gefesselt, dem siegreichen Heinrich vorgeführt und von ihm ehrenvoll behandelt. Eine „rote Flotte", die von China ausgesandt wird, um das Schicksal zu wenden, wird an der Rivieraküste vernichtet (4, 37, 4, 68). Trotz dieser Siege kommt Heinrich der Glückliche nicht zur Ruhe. Die härteste Probe, die je einem Staatsführer und Feldherrn zugemutet wurde, steht ihm und seiner sieggewohnten Armee bevor. Das fernöstliche Gewitter, dessen unheilschwangere Wolken schon lange Zeit den politischen Horizont der Menschheit verdunkelten, entlädt sich über Europa.

Die gelbe Invasion erreicht Europa — Heinrich rettet unseren Kontinent und die Christenheit in der größten Schlacht aller Zeiten bei Ulm.

In den Ausführungen im vorigen Abschnitt über den Krieg zwischen der USA und China wies ich darauf hin, daß die USA als „großer Neptun" den roten Gegner aus dem Pazifik vertreiben wird (3, 1). Chinas Versuch, nach der Okkupation Tibets über die Himalajamauer nach Indien vorzudringen, um die Herrschaft über dieses südasiatische Riesenreich zu ergreifen, ist in jüngster Vergangenheit gescheitert. Es ist nicht ausgeschlossen, daß Maos Nachfolger noch einmal diesen Versuch machen werden. Der weltumspannende prophetische Geist des Nostradamus weiß auch darüber Bescheid und berichtet in 4, 51 von Kämpfen am Ganges:

> „Ein ehrgeiziger Führer wird seinen Feind verfolgen,
> Er wird trotz Gegenangriffen in das Land des Gegners einrücken:
> Zu Fuß vorwärts hastend, wird man den Verfolgten so nahe kommen,
> Daß eines Tages der Kampf sich nahe am Ganges entspinnt."

Für „ehrgeizig" steht in der Urausgabe das Wort cupide, lateinisch cupidus (rerum novarum), das bedeutet revolutionär, also ein Hinweis auf das rote China. „Zu Fuß vorwärts hastend" erinnert daran, daß man in den unwegsamen Bergen Tibets und Nepals keine Kraftwagen verwenden kann, also alles in Fußmärschen bewältigen muß. Der Seher spricht von Kämpfen am Ganges, wahrscheinlich an seinen Quellflüssen; eine Prophezeiung auf die Eroberung Indiens ist in dem obigen Vierzeiler nicht enthalten.
Der Weg ist damit den Chinesen in den Indischen Ozean verschlossen. Daß die fernöstliche Großmacht über Vietnam in diesen Ozean gelangt, hat bisher die USA unter ungeheuren Opfern an Menschen, Material und Geld — bisher 100 Milliarden Dollar — verhindert. Darum bleibt Mao oder seinen Nachfolgern für ihr großes Ziel, sich zur ersten Weltmacht nach der Eroberung von Europa emporzuschwingen, nur ein zweifacher Weg offen. Der eine: im Bunde mit den Arabern über den Vorderen Orient und das Mittelmeer von Süden her in Europa einzudringen, oder der zweite, weit gefährlichere, nach der Eroberung Sibiriens und einem Durchbruch am Ural über den Kaukasus an den südlichen Ufern des Schwarzen Meeres entlang nach Konstantinopel zu gelangen, um von dort aus über den Balkan und durch den Donauraum Mittel- und Westeuropa zu erreichen. Das europäische Rußland wird dann schwer für den verhängnisvollen politischen Mißgriff Stalins büßen müssen. Ihm fehlte das Augenmaß, als er sich mit China nach 1945 verbündete, um damit später ganz Asien, in dem zweidrittel aller Menschen wohnen, in sein Imperium einzuverleiben. Auch der Marxismus - Leninismus, auf den sich die Chinesen jetzt berufen, erwies sich nicht als Bindemittel zwischen einer europäischen

Macht und einer fernöstlichen, deren Geisteshaltung, Kultur und Rasse diametral entgegengesetzt sind. Schon in der Gegenwart ist die Situation Rußlands an der chinesischen Grenze sehr ungemütlich. 22 sowjetische Divisionen sind dort postiert. Aufklärungsflugzeuge bewachen aus 30 km Höhe das chinesische Atomzentrum in der Provinz Sinkiang, in dem monatlich eine H-Bombe hergestellt wird. Mao versucht seinem Volk einzureden, daß die radioaktiven Strahlen der Atomexplosionen ungefährlich seien. Die Drohung des gelben Zyklopen, mit Atomklötzen um sich zu werfen, ist durchaus ernst gemeint. Freilich wird es noch Jahrzehnte dauern, in deren Verlauf China, das sich von der Niederlage gegen die USA erholen muß, etappenweise in Sibirien eindringt. Aber eines Tages im kommenden Jahrhundert stehen chinesische, mit den Arabern verbündete Riesenheere, nachdem sie Rußland, den Torhüter Europas am Ural, überrannt haben, am Ufer des Kaspischen Meeres. Sie ziehen über den Kaukasus, in dem noch heute Reste des germanischen Stammes der Alanen leben, und durch Georgien (Armenien) bis zum Schwarzen Meer und an dessen südlicher Küste entlang nach Konstantinopel. Dort richten sie ein Blutbad an und ziehen weiter nach Mitteleuropa, um von da aus ihren gefährlichsten Gegner, Heinrich den Glücklichen von Frankreich, zu vernichten. Inzwischen sind arabische Armeen über Italien ebenfalls in Mitteleuropa eingedrungen. Beide gigantische Heeressäulen treffen sich am Rhein und an der Donau. Nostradamus, scheinbar auch ein hervorragender Stratege, beschreibt dieses künftige Ereignis in den folgenden drei Vierzeilern:

5, 54

„Vom Schwarzen Meer und aus der großen Tartarei (Zentralasien)
Wird ein König kommen, der sich aufmachen wird, um Frankreich zu erblicken:
Durchbohren wird er die Länder der Alanen und der Armenier.
In Byzanz wird er seine blutbefleckte Knute zurücklassen."

2, 29

„Der Orientale (die Araber) wird seinen Wohnsitz verlassen.
Er wird die Apenninen passieren, um Frankreich zu sehen:
Durchbohren wird er vom Himmel aus Gewässer und Schnee (Gebirge),
Und ein jeder wird mit seiner Knute schlagen."

4, 68

„In dem Jahre sehr nahe, und doch noch entfernt von der Venus,
Werden die beiden Größten von Asien und Afrika,
Wie man melden wird, vom Rhein und von der Donau her angekommen sein,
Schreie und Tränen in Malta und an der ligurischen Küste.“

Ungeheurer Schrecken, der alle apokalyptischen Phantasien übersteigt, bemächtigt sich der europäischen Völker. Besonders ist die Angstpsychose in Frankreich groß, weil es das Ziel der gelben Invasion ist, deren blutige Spur bereits zum Rhein und zur Donau führt. Nostradamus gibt dieser Furcht beredten Ausdruck in der Vorhersage 40:

„Die Könige des Morgen- und Abendlandes, alle auf der Flucht.
Man wird seine ehemaligen Eroberer unterwerfen.“

Doch wo Gefahr ist, wächst das Rettende auch! Wieder ist es der siegreiche Heinrich der Glückliche, der sich in der größten Schlacht aller Zeiten dem „großen Kamel“ entgegenstellt und es in der Nähe der Alpen vernichtet. Das Kamel ist ein asiatisches Tier, das im 14. Jahrhundert v. Chr. aus der Mongolei nach Arabien eingeführt wurde, ein treffendes Symbol für die nun verbündeten Chinesen und Araber.
Am Fuße des fränkisch-schwäbischen Jura findet *die größte Schlacht aller Zeiten bei Ulm* statt, das biblische *Harmagedon,* von dem die Offenbarung Kap. 16 spricht.

Nostradamus beschreibt diese apokalyptische Schlacht in 5, 68 und 8, 34:

„Vom Rhein wird es kommen, um in der Donau zu trinken,
Das große Kamel wird sich daraus kein Gewissen machen:
Es zittern die Anwohner der Rhone und noch mehr an der Loire,
Dicht bei den Alpen wird der Hahn (Frankreich) es vernichten.“

„Nach dem Siege des Löwen im Tierkreiszeichen des Löwen
Findet unterhalb des Juragebirges eine Hekatombe statt:
Gefallen und umzingelt 7 Millionen.
Der Löwe von Ulm findet auf päpstlichem Gebiet (bei Avignon) Tod und Grab.“

Heinrich, der Löwe von Ulm, rettet damit Europa, wenn auch die Verluste von noch nie dagewesenem Ausmaß sind, vor der Zerstörung seiner christlich-abendländischen Kultur. Nach diesem einzigartigen Sieg wird er in Rom zum „König von Europa“ erwählt, er stirbt in Avignon in sehr hohem Alter.

Der Antichrist im Bunde mit der gelben Invasion.

Die gelbe Invasion, im Bunde mit der arabischen Aggression, hatte sich zum Ziel gesetzt, den christlichen Glauben im christlichen Abendland an der Wurzel zu zerstören. „Der altböse Feind“, der Satan, erwählte die ostasiatischen Völker und die fanatischen Islamiten zu seinem Werkzeug. Hätten sie gesiegt, so würde das das Ende Europas und der Christenheit bedeutet haben. Der Angriff auf die Seele des abendländischen Menschen begann schon zu den Lebzeiten des Nostradamus. Im Mittelpunkt der mittelalterlichen Frömmigkeit stand Gott. Wie wären sonst die Kreuzzüge denkbar, von denen einige in Salon, der Heimat des Propheten, ihren Ausgang nahmen, oder der Bau der herrlichen Dome inmitten selbst kleinerer Städte als steinerne Zeugen von Ewigkeitsgedanken, die nach oben zu Gott weisen, und für die Generationen Opfer brachten.
Doch zu Beginn des 16. Jahrhunderts, der Neuzeit, erfolgte ein Großangriff der widergöttlichen Mächte, verkörpert in dem Antichristen, wie ihn Albrecht Dürer und Lukas Cranach bildlich darstellten. Martin Luther ist der erste, der diesem dämonischen widergöttlichen Geist, der sich mit viel List unter der Herrschaft der Renaissancepäpste in die Christenheit eingeschlichen hatte, die Maske vom Gesicht reißt. Es ist immer so, wenn Gott die größten Opfer bringt und sogar seinen eingeborenen Sohn unter die Menschen schickt, um die Seelen zu retten, ist auch der Satan am mächtigsten. Das weiß auch Nostradamus, darum schildert er uns in 1, 42 eine Teufelsmesse:

> „An den Kalenden im April gotischen Stils
> Wird durch böse Menschen das neubelebte Feuer
> Während einer Teufelsmesse erlöschen:
> Man versucht die Knochen des Liebesgottes und des Psellus zu finden.“

Die Kalenden des April fallen nach dem gotischen (Julianischen) Kalender auf den 23. dieses Monats. Über das Jahr läßt uns der

Seher im unklaren. Der Tag ist wahrscheinlich ein Karfreitag oder ein Ostertag. Das neubelebte Feuer des christlichen Glaubens durch die Reformation wird in einer Teufelsmesse, die mit orgiastischen Handlungen verbunden ist, ausgelöscht. Ungezähmtes Triebleben, „die Knochen des Liebesgottes“ und die Beschwörung von Dämonen, wie sie Psellus in seinem Traktat „de Daemonibus“ beschrieben hat, sind die kultischen Handlungen der schwarzen Messe. Die Freiheit, die jedem Menschen zusteht, wird hier in Zügellosigkeit verwandelt.

Damit begann der Siegeszug des *Satanismus,* dessen Grausamkeit und Sadismus sich bereits in den 30jährigen Glaubenskriegen in Frankreich zwischen Altgläubigen und Hugenotten austobte. Höhepunkt dieser Greuel und Selbstzerfleischung der Christenheit war die Bartholomäusnacht vom 23. zum 24. August 1572, von der uns Nostradamus vorausschauend in 4, 47 und 4, 49 mit Abscheu berichtet. Doch auch in unserem Jahrhundert geht die deutliche Blutspur des Satanismus von Clemenceau, dem Tiger, der Deutschland im Vertrag von Versailles aufs tiefste demütigte und ausplünderte, aus. Vom Versailler Vertrag als der Hauptursache des Nationalsozialismus führt die Spur weiter zu *Hitler,* dem „Mörder der Parteien und Erfinder antiker Grausamkeiten“, über *Himmler,* dem neuen Nero, der „lebendige Kinder in drei Kamine werfen ließ“, bis hin zu *Stalin,* der Millionen seiner Volksgenossen liquidierte, und zur roten Kulturrevolution in China. Auch in der westlichen Welt manifestiert sich der Antichrist. Mit einer dem Orkus entnommenen Phantasie wird in den Ländern des Wohlstandes das Äußerste an Widerlichkeit den Bewohnern vor Augen geführt. Die menschliche Gestalt, von der nur der Kopf und der Rumpf, vom Nabel abwärts, übrig bleiben, ohne die Mitte, wo das Herz fehlt, wird in schauerlichen Farben und zuckenden Gliedmaßen gezeigt. Die Folge davon sind die Verbrechen, die kaum dem Kindesalter entwachsene Jugendliche begehen, indem sie Kinder ermorden oder schänden. „In all diesem hat der Satan, diese Spottgeburt aus Dreck und Feuer, seine Hände im Spiel“, schreibt Alfons Rosenberg in seinem Buche: „Praktiken des Satanismus“, (Verlag Glock und Lutz, Nürnberg).

Unter diesen dunklen Aspekten, so berichtet uns Nostradamus in seiner Vorrede an Heinrich den Glücklichen (vgl. Seite 114), kommt der Augenblick, „daß die Anhänger des Antichristen aus dem Gebiet des Attila und Xerxes“, also aus Mittel- und Ostasien aufbrechen, — wobei bemerkt sei, daß Persien, in dem einst der König Xerxes regierte, zu Lebzeiten des Nostradamus von den Mongolen beherrscht wurde. Der größte und letzte Hunnensturm bewegt sich nach Westen zu über Sibirien nach dem Ural und gleichzeitig über den Vorderen Orient und das Mittelmeer in das Herz Europas. Auch der *Kosmos* scheint sich in dieser Schicksalsstunde der Menschheit gegen alles Lebendige verschworen zu haben. Nach einer großen Sonnenfinsternis im Monat Oktober — der Seher nennt die Jahreszahl nicht — glaubt jedermann eine große Verlagerung zu beobachten, „als habe die Schwerkraft der Erde ihre natürliche Bewegung verloren und unser Planet sei in eine ewige Finsternis geschleudert worden".

Diese Heimsuchung Europas durch die Kräfte Asiens, die im Bunde mit dämonischen Mächten stehen, begrenzt der Seher auf 73 Jahre und 7 Monate. Nun sind schon heute Symptome der Umgestaltung der Reiche, wie der Seher sie voraussagt, zu erkennen. Richten wir unsere Blicke nach dem Fernen Osten, dann stellen wir fest, wie China immer mehr seine Ansprüche auf die Weltherrschaft erhebt. Zählen wir zu dem Jahre 1967 die obenerwähnten 73 Jahre hinzu, so kommen wir etwa auf das Jahr 2040, von dem Nostradamus das Ende der Leiden prophezeit: „Großer Friede und große Eintracht werden gestiftet. Die Begründer der Kriegspartei, die die Verschiedenheiten der Religionen (Weltanschauungen) als Vorwand für ihre Greuel benutzten, werden „in den tiefsten Abgrund angekettet werden". Das geschieht also in einer Zeit, nachdem Heinrich der Glückliche die gigantischen chinesisch-arabischen Armeen, die bis an den Rhein und an die Donau vorgeprellt sind, in der größten Schlacht der Weltgeschichte bei *Ulm*, unterhalb des fränkisch - schwäbischen Jura vernichtet hat (5, 68 und 8, 34).

König Heinrich, der nun auf der Höhe seines Ruhmes nur den Titel „der Sieger" trägt, findet einen Freund und Mitarbeiter, der aus einer bisher „unfruchtbaren Bourbonenfamilie" stammt, die noch keine großen Männer hervorgebracht hat. Das geht auch aus dem Vierzeiler 3, 49 hervor, in welchem Nostradamus zwei bedeutende Städte, nämlich Rouen und Chartres erwähnt. In diesen normannischen Städten, die von jeher königstreu waren, leben noch heute Bourbonenfamilien. Ebenso wie die Herkunft des großen Königs Heinrich aus dem Stamme der Bourbonen erst später entdeckt wurde (siehe Seite 34), so erfährt dieser Bourbone, der später zum Papst erwählt wird, nach 10,

45 erst bei der Priesterweihe, daß er aus dem Königsgeschlecht der Bourbonen stammt. Er scheint dies nicht glauben zu wollen, bis ihm König Heinrich eine gesetzliche Untermauerung („mur legitime") für seine Ansprüche auf den Thron gibt. Doch dieser geistliche Würdenträger will kein Dasein im Schatten des Siegers führen. Beide Bourbonen, König Heinrich und der Papst aus Königsgeschlecht, regieren nach 3, 49 später in brüderlicher *Eintracht* in der alten Papststadt Avignon, weil die Regierung dorthin verlegt wurde, da Paris noch unter den Kriegsfolgen leidet. Sie verwandeln das Böse in Gutes („feront bien du pire"). Einen Beweis für die Richtigkeit dieser Prognosen bezeugt der Sechszeiler 11, 15 im Nachlaß des Sehers:

> „Neugewählt wird der Herr des großen Schiffes (der Papst),
> Lange Zeit wird man diese helle Fackel strahlen sehen,
> Die diesem großen Lande als Leuchte dient:
> In dieser Zeit beginnt in seinem Namen eine Aufrüstung (Aufschwung),
> Er ist verbündet mit den Plänen des *Glücklichen (Königs) aus dem Hause Bourbon,*
> Der Osten und der Westen und das Abendland wird sein Gedächtnis (in Ehren halten)."

Unter Führung dieses großen Papstes kehrt die christliche Kirche zur Frömmigkeit und zum schlichten Leben des Urchristentums zurück. Gleichzeitig erfolgt ein politischer Ruck von *links nach rechts.* Dies sagt uns Nostradamus mit den Worten und Begriffen unserer modernen Sprache voraus:

> „Die Länder, Dörfer, Städte, Reiche und Provinzen, die die ersten Wege verlassen haben, um sich zu befreien, und die damit sich selbst in eine tiefere Knechtschaft begaben, werden heimlich ihrer Freiheit überdrüssig sein. Sie werden beginnen nach dem völligen Verlust der christlichen Religion, abgestoßen von der *linken* Seite, sich nach *rechts* zu wenden."
> Die lange unterdrückte Geistlichkeit wird zusammen mit der heiligen Schrift in ihre alten Ehren wieder eingesetzt werden (siehe Vorrede an Heinrich den Glücklichen).

Die Zahl 73 erwähnt Nostradamus auch in den Centurien 6, 74:

> „Die Verbannte wird wieder zur Herrschaft gelangen,
> Ihre Feinde werden als Verschworene angesehen:
> Mehr als je wird ihre Zeit triumphieren,
> 73 (Jahre) werden nur allzusehr im Zeichen des Todes stehen."

Der Leser, der sich mit der Sprache des Nostradamus vertraut gemacht hat, wird sofort erkennen, daß es sich hier um die Oktoberrevolution in Rußland handelt. Die nach Sibirien Verbannten kehren zurück, übernehmen unter Lenin die Herrschaft und liquidieren Tausende ihrer politischen Gegner. Auch die folgenden Jahrzehnte unter Stalin, der viele seiner eigenen Landsleute hinrichten ließ, standen „allzusehr im Zeichen des Todes", wobei man noch an die ungeheuren Verluste Rußlands im zweiten Weltkrieg denken kann. Ohne Zweifel ist ein großer Fortschritt in Sowjetrußland zu beobachten. Wie oft hören wir aus Moskau, besonders wenn es sich um die Erfolge der Astronauten handelt, ein Triumphgeschrei. Jedoch scheint Rußland nach dieser Prophezeiung nur 73 Jahre lang eine Zeit des Aufschwungs beschieden zu sein. Zählt man zu dem Jahre 1917, in dem der Bolschewismus zur Macht kam, diese 73 Jahre hinzu, so kommt man auf das Jahr 1990. Wir wiesen schon mehrmals darauf hin, daß sich dann der große Hunnensturm aus dem fernen Ostasien in Bewegung setzen wird, und daß auch die Herren im Kreml diese Gefahr für die ganze Welt voraussehen. Darum suchen sie wohl im Atomsperrvertrag eine Annäherung an die noch größere Atommacht der USA — und dies angesichts des Vietnamkrieges, der sich gegen eine mit Rußland befreundete kommunistische Nation richtet.

Heinrich wird in Rom zum König (Präsidenten) des Vereinten Europas ausgerufen. — Der letzte Kreuzzug.

Nach dem Sieg bei Ulm und der Vernichtung der chinesisch-arabischen Invasionsarmeen liegt der Weg nach Rom für den jungen Triumphator offen. Dort wird er, vom Volke gewählt, in der Nähe des Kapitols zum großen Monarchen der Vereinten Nationen Europas ausgerufen. Nostradamus sagt hierüber in 4, 97:

> „In dem Jahre, in dem Merkur, Mars und Venus rückläufig werden,
> Wird die Reihe der großen Monarchen nicht aussterben:
> Vom Volke gewählt, wie gewöhnlich in der Nähe des Kapitols,
> Wird es dahin kommen, daß er im Frieden und in der Regentschaft sehr alt wird."

Die letzten politischen Gegner werden vernichtet. Sein Feind, der Diktator Kraushaar, verliert das Leben.

Als *König von Europa* — welch wunderbare Prophezeiung des Sehers 400 Jahre vor Schuman! — tritt Heinrich seinen letzten Kreuzzug an. Das verkündet der Seher in 10, 86:

> „Wie ein Greif wird der König von Europa kommen,
> Begleitet von den Völkern aus Aquilon (dem Norden):
> Eine große Truppe, aus Roten und Weißen zusammengesetzt, wird er anführen,
> Und marschieren werden sie gegen den König von Babylon."

Der Greif ist ein sagenhafter Vogel mit 4 Flügeln und 4 Füßen, ein Symbol der Machtfülle des Königs. Heinrich wird in seinem Heerbann *Rote und Weiße aus Aquilon* anführen. Unter Aquilon kann man sowohl Deutschland als auch andere aus der Sicht des Propheten nach Norden zu gelegene Länder verstehen, die einen Adler (lat. aquila) im Wappen führen, wie Rußland und Österreich. Sie alle finden sich unter den Fahnen des Königs von Europa zusammen, nachdem eine Versöhnung der politischen Gegensätze stattgefunden hat. Die Einigung wurde von der Notwendigkeit erzwungen, die letzten Widerstandsnester der arabisch-chinesischen Invasionsarmee im Vorderen Orient zu beseitigen, damit endlich völlige Ruhe und Frieden in der Welt eintreten kann. Bei dieser Gelegenheit wird auch Heinrich den Staat Israel, von Nostradamus „die Synagoge" genannt, aus der Gewalt der Araber befreien (8,96 6, 18). Damit geht eine Weissagung des Märtyrers Methodius in Erfüllung, die der heilige Augustinus in seinem Traktat „de Antichristo" erwähnt. Nach dieser wird „der letzte und größte aller Könige der Franken das alte römische Imperium in seiner ganzen Ausdehnung besitzen und seine Krone auf dem Ölberg bei Jerusalem niederlegen".

Als Führer einer Weltregierung schenkt Heinrich der Glückliche den Völkern der Erde 57 Jahre Frieden.

Nicht auf den Schlachtfeldern, sondern im Aufbau einer neuen Welt erntet Heinrich als Friedensfürst die schönsten Lorbeeren. Er schenkt den Völkern der Erde 57 Jahre Frieden. Mit hochgegriffenen seltenen Worten prophezeit Nostradamus in 10, 89 herrliche Zeiten:

„Aus Marmorziegeln werden die Mauern wieder aufgebaut,
57 Jahre Frieden:
Freude den Menschen, die Wasserleitung (Verbindung zwischen den Völkern) wird erneuert,
Gesundheit, große Ernten, Heiterkeit und honigsüße Zeit."

Setzt man den Beginn dieses Friedens auf Erden etwa um 2040 an, so ernten unsere fernen Enkel mit Freuden das, was wir und noch weitere zwei Generationen mit Blut und Tränen säten.
Als Grundlage der Staaten kommt das Recht wieder zur Geltung. Die Herrschaft der Gewalt nimmt im Friedensreiche Heinrichs des Glücklichen ein Ende, so in 10, 42:

„Das menschliche Reich von englischer (himmlischer) Herkunft
Wird seine Führergewalt einsetzen, um Frieden und Einigkeit zu erhalten:
Der Krieg sitzt während der zweiten Hälfte (von Heinrichs Herrschaft) gefangen,
Lange Zeit wird er der Welt den Frieden erhalten."

Da sich in dieser köstlichen Zeit auch die anderen Erdteile zu einem vereinten Staatengebilde zusammenfinden, und es dann ein Vereintes Asien und ein Vereintes Afrika neben dem schon bestehenden Vereinten Amerika und den Vereinten Staaten Europas gibt, steigt Heinrich zum Führer einer *Weltregierung*, als „chef du monde" auf (6, 70). Über diese Weltregierung, für die die heutige UNO nur ein schwaches Vorbild ist, erlangt er Vollmacht über die ganze Erde und kann Kriege und Streitigkeiten nicht nur schlichten, sondern verhindern. Wie schon einmal erwähnt, regiert König Heinrich nun in Avignon, der alten Papststadt an der Rhone. Seine Herrschaft nicht nur über Europa, sondern auch über den Orient deutet auch 10, 75 an:

„Niemals wird das so sehr Ersehnte in Europa einkehren,
Wenn nicht eine Annäherung an Asien erfolgt:
Einer aus der Liga des großen Hermes wird emporsprießen,
Und seine Herrschaft wird über alle Könige des Ostens wachsen."

Dieser ersehnte Friedensfürst ist *Heinrich*, der aus dem französischen Volke hervorgeht, dessen oberster Gott in der Zeit der Gallier Hermes (Merkur) als Gott der Weisheit war.

Als „Rex christianissimus" nimmt Heinrich alle christlichen Staaten unter seinen Schutz. Er führt den Papst, der vor der arabisch-chinesischen Invasion geflohen war, nach Rom zurück. Von dort verlegt dieser Kirchenfürst aus einer Bourbonenfamilie seine Residenz gleichfalls nach der alten Papststadt Avignon an der Rhone. Dort regiert auch Heinrich der Glückliche. Als Freund des Sportes erneuert der große König die Olympischen Spiele (4,36). Ein schweres persönliches Leid erfährt er durch den Tod seines einzigen Sohnes. Als das Kind in der Nähe eines Gartenhauses spielt, stürzt ihm die Dachkrönung auf den Kopf (9, 23).

Heinrich, nunmehr nicht nur Präsident der Vereinten Nationen Europas, sondern chef du monde, stirbt in sehr hohem Alter. Die Welt, die er wie einst Alexander der Große verändert hat, verliert mit ihm eine Persönlichkeit edelster Humanität. Heinrich wird nicht in einem Mausoleum, sondern in einem Kornfeld (terre blésique) begraben. Dort bleibt sein Leib dem ewigen Wechsel zwischen Saat und Ernte, zwischen Stirb und Werde nahe (4, 97, 8, 34). Seine Herrschaft überläßt er dem „Ogmion", d. i. dem französischen Volke. Dieses wählt einen Mann zu seinem Nachfolger, der Heinrich, dieser einmaligen Persönlichkeit, in kluger Weise nachahmt.

Setzt man die in den Centurien von Nostradamus verstreuten Prophezeiungen mosaikartig zusammen, so gewinnt man ein anschauliches Bild bis in die 40er Jahre des kommenden Jahrhunderts hinein. Die Menschheit lebt gefährlich, aber sie überlebt. Sie erliegt nicht einem atomaren Selbstmord, der nicht nur durch Verträge, sondern durch neue Erfindungen, welche die radioaktiven Ausstrahlungen des Urans nach den Explosionen entgiften, verhindert wird. Großartige Perspektiven eröffnen sich in einer 57jährigen Friedenszeit. Manche unserer Zeitgenossen werden die Köpfe schütteln und bemerken: entweder sind wir zu früh geboren, oder diese Prognosen sind sinnlos. Jedoch im Lebenslauf eines Landes oder gar eines Kontinentes vollzieht sich die Hinwendung zum Guten langsamer als in unseren privaten Eigenleben. Es ist immer so gewesen und von höherer Weisheit geordnet, daß den süßen Wein, der aus den Leiden und Nöten einer oder mehrerer Generationen gekeltert wird, erst die fernen Enkel trinken.

Nostradamus, Humanist und Christ der Tat, über Kirche und Papsttum

Es ist selbstverständlich, daß Nostradamus an dem Glaubensstreit, der mit dem Thesenanschlag am 31. Oktober 1517 durch Martin *Luther* in Wittenberg entbrannte und Herzen und Gemüter heftig bewegte, nicht vorüberging. Von 1535 an gewann die Lehre *Calvins* von Genf aus im südfranzösischen Raum viele Anhänger, die die Königin Margarethe von Navarra in ihren Schutz nahm. Dieser Spaltung innerhalb der katholischen Kirche hat Nostradamus eine Reihe Prophezeiungen gewidmet. Sie führte auch in Frankreich zu einem dreißigjährigen Glaubenskrieg, der mit unerhörter Grausamkeit geführt wurde. Der blutige Höhepunkt war die Bartholomäusnacht vom 23./24. August 1572, also sechs Jahre nach dem Tode des Sehers. Diese sagt Nostradamus in 4, 49 voraus (vgl. Seite 132).
Erst der Freigeist König Heinrich IV., der dreimal den Glauben wechselte und in der Bartholomäusnacht nur dadurch der Ermordung entging, weil er die Schwester des Königs Karl IX., Margot, geheiratet hatte, bereitete diesem Morden durch das Edikt von Nantes (1598) ein Ende. Zwar gewährte dieses noch nicht völlige Glaubensfreiheit, aber den Andersgläubigen dieselben Rechte wie den Altgläubigen.
Wie stellte sich nun Nostradamus zum christlichen Glauben? Kann man von einem Mann, dessen Vater vom Judentum zur katholischen Kirche konvertierte, Bejahung und Begeisterung für die Grundwahrheiten der christlichen Religion erwarten? Der Seher kam vom Humanismus her. Als junger Mann hatte er auf den Universitäten die griechischen und römischen Schriftsteller studiert. Aber er war kein Stubengelehrter, er war ein Praktiker. Darum stellte er aus echter Menschlichkeit sich als junger Mediziner zur Verfügung, als der Reiter auf dem schwarzen Pferd, die Pest, im Jahre 1525 ihren Siegeszug in Südfrankreich antrat. Als Kämpfer für das Leben der Menschen erlebte er die Leiden der Kreatur in ihrer schrecklichsten Form und suchte sie zu lindern. Er achtete der Gefahr nicht, die ihm täglich drohte. „Nostradamus hat sich stets ritterlich verhal-

ten", schreibt der Arzt Dr. Martius in Augsburg im Jahre 1572 über ihn. Dieser sein Mut und seine selbstlose Tat sind ein Beweis christlicher Nächstenliebe, die auch ohne Lippenbekenntnis die Gebote Christi befolgt. Nostradamus bestätigt dadurch das Wort Luthers: „Wer an seinem Nächsten vorübergeht, geht an Gott vorüber." Der tapfere Pestarzt ging weder an Gott noch an seinem Nächsten vorüber.

Als Seher hatte Nostradamus die feste Überzeugung, daß Gott durch ihn redete. In seiner Bescheidenheit lehnt er in der Vorrede an König Heinrich II., den Glücklichen, es ab, sich Prophet zu nennen: „Ich lege mir nicht den Titel eines Propheten bei, da sei Gott vor, bekenne aber, daß alles von Gott kommt. Ihm schulde ich Dank für die Gnade und gebe ihm die Ehre, Lob und Preis in Ewigkeit!" Wie stark muß der Geist des Nostradamus gewesen sein, wenn er die in nebelhaften Bildern sich ihm nahenden tragischen und wunderbaren Ereignisse, die tausende von Kriegen, Krankheiten, Unglücksfällen voraussagten, ertragen konnte. Auch ihn wird dann eine schwere Depression betroffen haben. Und doch wird Nostradamus nicht irre an Gott. Als vielleicht größter Prophet seit der Apostel Tagen hört er das *heimliche Ja Gottes aus dem scheinbaren Nein heraus*. Der Grundakkord seines Wesens ist positiv, sein Geist wurzelt in dem Pauluswort: „Was kann uns scheiden von der Liebe Gottes, die in Christo Jesu ist, unserm Herrn?"

Kosmische Religiosität.

Albert Einstein hat einmal geäußert, daß die kosmische Religiosität die stärkste und edelste Triebfeder der wissenschaftlichen Forschung ist. „Und welch eine Stärke des Gefühls, welch tiefer Glaube an die Vernunft des Weltenbaues, welche Sehnsucht nach dem Begreifen waren in Kepler und Newton lebendig, damit sie den Mechanismus der Himmelsmechanik in der einsamen Arbeit vieler Jahre entwirren konnten!"

Diese kosmische Religiosität finden wir auch bei dem Sternenfreund Nostradamus. Sie gibt ihm die Seelenkraft, daß er der Menschheit nicht nur ein Überleben, sondern ein Emporwachsen in ein höheres verklärtes Sein voraussagt. So in 2, 13 und 3, 2:

> „Der Körper ohne Seele wird nicht mehr ein Opfer (der Vergänglichkeit) sein,

Der Todestag wird in einen Geburtstag verwandelt:
Der göttliche Geist läßt die glückliche Seele
Das Wort (den Logos) in seiner ewigen Bedeutung erschauen."

„Das göttliche Wort wird der Substanz, die Himmel und Erde in sich birgt,
Verborgenes Gold in mystischer Milch verleihen:
Wenn Körper, Seele und Geist alle Macht haben,
Dann wird es unter den Füßen (der Menschen) ebenso sein, wie droben auf dem Himmelsthron."

„Leiblichkeit ist das Ende der Wege Gottes", das sagen diese beiden wunderbarsten Prophezeiungen des Sehers voraus, die in die Endzeit seiner Vorhersagen, in das Jahr 3800 nach Christi, weisen. Durch die Präzession der Erde wird dann ein anderer Polarstern im Sternenbild des Kepheus über unsern Häuptern funkeln. Die Gesamtkonstitution des Menschen hat sich gewandelt. Seele und Geist wird den Körper vollkommen beherrschen; das Bewußtsein zerbricht nicht mehr im Tode, es ist unabhängig vom physischen Leibe geworden. „Der Tod ist verschlungen in den Sieg." Die Bedeutung des Logos, d. h. der göttlichen Offenbarung im Fleisch, wird den Auserwählten und Erleuchteten klar. — In dem neuen Äon des Steinbock, der dann beginnt, werden verborgene Ewigkeitsgedanken in „mystischer Milch", die nach Paracelsus die Matrix des kosmischen Menschen ist, die Menschheit befähigen, ein Reich auf Erden aufzubauen, das dem himmlischen in seiner Kraft und Herrlichkeit gleicht. Das vollendet sich nach dem Grundsatz des Hermes Trismegistos: „Es wird oben alles sein wie unten, und unten wie oben." Auch hier der Hinweis auf das große Tausendjährige Friedensreich!
Bevor aber ein allgemeiner Friede zwischen Gott und den Menschen beginnt, wird noch einmal der *Antichrist* sein Haupt erheben. Über die Zeit des ersten Antichristen berichtete ich nach den Worten des Nostradamus in dem Kapitel: „Neuland der Zukunft" II. („Das 21. Jahrhundert".)
Der *zweite* Antichrist soll in der Mitte des 22. Jahrhunderts in Schottland erscheinen. Der „große Mastin" (Bluthund) hat inzwischen die Aufbauarbeit Heinrichs des Glücklichen wieder zerstört. Noch einmal muß der Papst seinen Wohnsitz verlassen. Es scheint jedoch so, als ob der zweite Antichrist nur kurze Zeit seine widergöttliche Macht über die Menschen ausübt. Gegen

das Jahr 3800 nimmt dann der *dritte* Antichrist noch einmal alle seine Macht zusammen, um das Kommen des Gottesreiches zu verhindern. Diesmal werden von ihm alle Quellen der Offenbarung verstopft. Darüber berichtet Nostradamus in 2, 27:

„Das göttliche Wort vom Himmel wird verflucht,
So daß es sich nicht weiter ausbreiten kann:
Das Geheimnis der Offenbarung wird so verstopft,
Daß man in jeder Weise darauf treten kann."

Satan erscheint selbst als dritter Antichrist und stürzt noch einmal die Völker der Erde in ein furchtbares Unglück. Hören wir darüber Nostradamus selbst in der Vorrede an Heinrich den Glücklichen:

„Danach wird der höllische Fürst selbst als Antichrist erscheinen. Noch einmal, und zwar zum letzten Male werden alle Königreiche der Christenheit, ebenso wie die der Ungläubigen in einem Zeitraum von 25 Jahren zittern. Noch härtere Kriege werden geführt. Dörfer, Städte, Festungen und andere Baulichkeiten werden verbrannt. Viel Blut der Jungfrauen, Ehefrauen und Witwen wird, nachdem sie geschändet worden sind, vergossen. Säuglinge werden gegen die Wände der zerstörten Dörfer geschleudert. So viel Unheil wird durch den höllischen Fürsten angerichtet, daß fast die ganze Welt zerstört und verwüstet sein wird. Bevor aber diese Ereignisse eintreten, werden ungewöhnliche Vögel (Düsenbomber?) ihr „huy, huy" in den Lüften schreien. Nach einiger Zeit werden sie verschwunden sein.

Nachdem dies 25 Jahre gedauert hat, wird bald das zweite Reich des Saturn beginnen und das goldene Zeitalter aufgerichtet werden. Gott, der Schöpfer, wird die Trübsal seines Volkes ansehen und sprechen: Der Satan soll gebunden und in den äußersten Winkel seines Höllenschlundes geworfen werden! Dann beginnt zwischen Gott und den Menschen ein allgemeiner Friede. Satan wird ungefähr tausend Jahre gefesselt sein (vgl. Offenbarung Johannes, Kap. 20). Daß alle diese Bilder genau mit den heiligen Schriften und den himmlischen Dingen übereinstimmen, erkennt man an den Stellungen des Jupiter, Saturn und Mars."

Nostradamus über das Papsttum als höchste Institution der katholischen Kirche.

Im Papsttum sieht Nostradamus nach 8, 46 den bleibenden Pol (pol manens solus) im wechselhaften Ablauf der Geschichte. Rom, als den Sitz des Papstes, bezeichnet er als „Milieu", d. h. Mittelpunkt der *damaligen* Welt. Im Zenit seiner Centurien stehen 6 Papstverse (5,74 — 5, 79). Ihre Deutung gelang mir zum ersten Male unter Zuhilfenahme des Werkes von Leopold von Ranke: „Die römischen Päpste." Nostradamus sagt in den vorerwähnten Vierzeilern die bedeutendsten Päpste der *Gegenreformation* voraus: Gregor XIII. (1572—1582), Sixtus V. (1585—1590), Clemens VIII. (1592 — 1605), Paul V. (1605 — 1621), Urban VIII. (1623 — 1644). Näheres findet der Leser im zweiten Teil dieses Werkes.

In 10, 27 finden wir eine prophetische Meisterleistung des Sehers, da er hier den *Namen* des Papstes Clemens (des XI.) voraussagt, der zu Beginn des spanischen Erbfolgekrieges im Jahre 1701 in Rom den Stuhl Petri innehatte!

Es wäre eine unrichtige Folgerung, wenn man annähme, daß Nostradamus damit die Päpste und das Papsttum verherrlichen wollte. Gewiß, auch er mußte sich mit dieser kirchlichen Institution auseinandersetzen und rangieren. Als Martin Luther, „der Rücksichtslose" mit seinem rumorenden Geist und seiner unerbittlichen Kampfform in seiner Schrift aus dem Jahre 1541 „das Papsttum in Rom als vom Teufel gestiftet" bezeichnet, wagt auch Nostradamus dem Stellvertreter Christi in 10, 65 zuzurufen:

„O, weites Rom, dein Untergang naht!
Nicht aus deinen Mauern, sondern aus deinem Blut und Wesen:
Der Rücksichtlose wird dir durch seine Schriften eine so furchtbare Schnittwunde zufügen,
Daß sein zugespitztes Eisen, gegen alle gerichtet, bis in den Beichtstuhl vordringt."

Und in 5, 73:

„Von Gott wird die Kirche verfolgt werden,
Die heiligen Tempel werden geplündert:
Das Kind wird die Mutter nackt im Hemd in die Welt setzen ..."

Die Verkündigung des Unfehlbarkeitsdogmas am 18. Juli 1870 bezeichnet Nostradamus als „einen großen Skandal der Kirchenleute". Als Luther im Jahre 1512 in Rom weilte, glaubte er seinen Worten nach alles. Nostradamus war etwa 25 Jahre nach Luther in Rom. Er durchschaute sofort das zweifelhafte Wesen der ewigen Stadt. Er nennt sie in 5, 91 „den großen Supermarkt"; den „Ort, wo es Gold und Silber in Überfluß gibt" in 5, 32; „die Tochter des Goldes" in 6, 100 (ursprüngliche Fassung); „die Stadt des Klingelbeutels" (Börse) in 10, 47.
Diese treffenden Charakterisierungen sind unerhört kühn, sie sind ein Zeugnis dafür, daß sich der Seher als Künder göttlicher Offenbarung ohne Rücksicht auf sein Leben und seine Person der Wahrheit verpflichtet fühlte. Und dies, obwohl er wußte, daß die „Müller" — so nannte man die Dominikaner wegen ihrer weißen Kutte — als Gehilfen der Inquisition, die Papst Paul IV. (1555 — 1558) wieder eingerichtet hatte, die „Kinder des Saturns", (die Römer, die sich dem reformierten Glauben zuneigten,) rücksichtslos auf dem Scheiterhaufen verbrannten (6, 17). Ja, sie machten nicht einmal vor einem Kardinal wie Morone halt (9, 2). Daher forderte der Seher in 10, 99 einen Aufseher für diese Schergen der kirchlichen Polizei, die „Domini canes" = Hunde des Herrn, die auch ihn argwöhnisch beobachteten. Erst 1781 wurden die Centurien auf den Index der verbotenen Bücher gesetzt. Die Begründung ist heute nicht mehr durchsichtig. Man kann annehmen, daß die Jesuiten vielleicht einige Geheimworte des Sehers enträtselt hatten.
Besonders interessant und klarsichtig sind die Prophezeiungen des Nostradamus über das Schicksal der Päpste Pius VI. und Pius VII. unter Napoleon. Der Leser möge dies im II. Teil nachlesen. Ich bin überzeugt, daß Nostradamus die „große Päpsteweissagung des Malachias" kannte. Sie wird dem Bischof Malachias von Armagh, der im 12. Jahrhundert in Irland wirkte, zugeschrieben und erschien als Erstdruck im Jahre 1585. Eine Reihe von 112 Päpsten wird hier mit Symbolnamen vorausgesagt. Eine einleuchtende Deutung findet der Leser in dem Buche von M. Kahir: „Nahe an 2000 Jahre", „Gegenwart und Zukunft in prophetischer Schau", ebenfalls im Turm-Verlag, Bietigheim/Württ., erschienen.

Nostradamus, kein König der Astrologen, sondern Astronom

Die meisten Lexika und Nachschlagewerke legen Nostradamus den Titel zu: „König der Astrologen". Das kommt daher, daß sie das Gesamtwerk des Sehers nicht kennen. Es genügt denen, die sich flüchtig damit beschäftigen, einige Rosinen aus dem Kuchen herauszupicken. Uns liegt sehr daran, den Leser mit dem wirklichen Wesen des Sehers und seinem umfassenden Wissen bekannt zu machen.

Selbstverständlich beherrschte Nostradamus die Regeln der Astrologie. Er konnte Horoskope stellen, aber das haben Kepler und Tycho de Brahe auch getan. Dem Seher ging es als Freund der Sterne um etwas ganz anderes. Er legte den „Lichtern am Throne Gottes" noch eine besondere Wirkung zu. So schreibt er in dem Briefe an seinen Sohn Cäsar:

> „Die Sterne weissagen, angehaucht vom Wesen Gottes, sie haben Teil am Geist der Prophetie. Gott läßt durch diese feurigen Boten mit ihren leuchtenden Sendschreiben vor unseren Augen und Sinnen die Ursachen der Weissagungen für die Zukunft deutlich werden."

Es wird berichtet, daß Nostradamus, auf dem flachen Dach seines Hauses sitzend, in eine mit klarem Wasser gefüllte Kristallschale blickte, in der sich die Sterne seiner südfranzösischen Heimat spiegelten. Man kann dies als eine Art Selbstsuggestion bezeichnen, jedenfalls erinnert uns diese Form an die Worte Goethes zu Beginn des „Faust", I. Teil :

> „Erkennest dann der Sterne Lauf,
> Und wenn Natur dich unterweist,
> Dann geht die Seelenkraft dir auf,
> Wie spricht ein Geist zum andern Geist!"

Nostradamus, der sich seiner hohen Mission als Seher bewußt war, distanziert sich in dem Bannspruch gegen die unberufenen

Kritiker in 6, 100 von den „Jahrmarkts-Astrologen", die es schon damals gab und heute noch gibt. Er ruft ihnen zu: „Weg mit euch, ihr Dummköpfe!" Aber damit hat er keineswegs die Astrologie an sich verworfen. Er läßt vor allem die sogenannte *judicielle Astrologie* gelten, da sie nicht von der Heiligen Schrift verdammt sei. Mit Hilfe dieser Form gewann er Prognosen für das Wetter, Naturkatastrophen, Entstehen von Krankheiten und Seuchen, also für Auswirkungen physischer Ursachen im Bereich der Natur. Diese legte er in den verschiedenen Almanachen, Kalendern für den Landmann, von denen uns im Nachlaß des Sehers die Jahrgänge vom Januar 1555 bis November 1567 erhalten sind, nieder. Hiermit ist der Seher ein Vorläufer der heutigen Meteorologen, wenngleich er sich noch nicht wissenschaftlicher Methoden bedient, die freilich auch in der Gegenwart nicht immer zuverlässig sind.
Als der französische Astronom Bailly in der großen Revolution zum Schafott geführt wurde, rief er aus: „Was ist das alles gegen den Sternenhimmel!" Auch für Nostradamus war das Firmament mit Sonne, Mond und Sternen niemals ein seelenloser Mechanismus, sondern, wie auch ein Astronom unserer Tage bekannt hat, ein großer Gedanke. Mag man nun ruhig von Astrologie reden, es würde unrichtig sein, sie völlig zu verdammen. Albert *Einstein*, Nobelpreisträger und größte Kapazität auf dem Gebiet der Physik, hat sich geäußert:

> „Die Astrologie ist eine Wissenschaft für sich, aber eine wegweisende. Ich habe viel aus ihr gelernt und vielen Nutzen aus ihr ziehen können. Die physikalischen Erkenntnisse unterstreichen die Macht der Sterne über unser irdisches Geschick. Die Astrologie wiederum unterstreicht die physikalischen Erkenntnisse. Deshalb ist sie eine Art Lebenselexier für die Gesellschaft"(!)

Das ist eine Beurteilung, die uns zu denken gibt. Selbst als Nichtastrologe muß man zugeben, daß erst aus der Alchemie die Chemie entstanden ist. Ebenso wäre es möglich, daß sich aus den noch nicht völlig durchdachten und erforschten Regeln der Astrologie ein Nutzeffekt für die Menschheit herauskristallisieren läßt.
Weil Nostradamus als Kind bereits die Sterne liebte, zeigt er sich in den Centurien als ein *Astronom* von großer Objektivität und Nüchternheit. Er sagt in der Vorrede an Heinrich den

Glücklichen über die Fixierung seiner nächtlichen prophetischen Offenbarungen:

> „Diese sind eine Synthese aus natürlichem Instinkt und poetischem Feuer unter Vernachlässigung der Regeln der Poesie. Die meisten sind komponiert und abgestimmt aufgrund *astronomischer* Berechnungen und entsprechen den Jahren, Monaten und Wochen der Regionen, Gegenden vieler Orte und Städte in ganz Europa. Sie umfassen auch Afrika und einen Teil Asiens, je nach der Umgestaltung der Länder, wie sie sich meinem prophetischen Auge darbieten mit der Mehrzahl der klimatischen Verhältnisse und in ihrer natürlichen Kausalität."

Das heißt mit anderen Worten: Nostradamus hat seine Offenbarungen an der Mechanik des Himmels auf dem Wege der Astronomie *nachgeprüft.* Ein Beispiel hierfür ist 10, 72. Hier berichtet er, daß im Jahre 1999 im 7. Monat (nach dem julianischen Kalender), nach dem gregorianischen am 11. August 1999, am Tage der Wiederaufrichtung des französischen Königtums, „ein großer Schreckenskönig am Himmel steht". Es handelt sich hier um die größte Sonnenfinsternis dieses Jahrhunderts, die als kommende kosmische Tatsache jeder Astronom der Gegenwart bestätigen kann.

Eine Meisterleistung des Sehers ist es, daß er die Entdeckung des zu seinen Lebzeiten noch unbekannten Planeten *Neptun* in 4, 33 voraussagt. Und das 290 Jahre vorher in der Konstellation, wie ihn der Astronom Gall in seinem Berliner Observatorium am 23. 9. 1846 am Himmel entdeckte!

Das brennende Interesse, das Nostradamus den Erfolgen der astronomischen Wissenschaft entgegenbrachte, beweist der Vierzeiler 8, 71, in dem der Seher die Jahreszahl 1607 (Erfindung des Fernrohrs, das Wachsen der Zahl der Astronomen und ihre Verfolgung durch Priestergerichte) voraussagt. Der Leser vergleiche das Kapitel über das 17. Jahrhundert. Eine Anekdote berichtet, daß die Kardinäle, die Galilei in seinem Observatorium besuchten, sich weigerten, durch das Fernrohr von der Existenz der Jupitermonde sich selbst zu überzeugen. Der 70jährige Galilei wurde von dem Gericht des heiligen Offiziums in Rom zur Kerkerhaft verurteilt und entging knapp dem Tode. Die gleiche Gefahr drohte allen anderen Astronomen, deren Zahl ständig wuchs, so daß schließlich auch die Kirche die neuen Auffassungen vom Bau und der Mechanik des Himmels akzeptieren muß-

te, und so das neue Weltbild, zusammen mit einem neuen Weltgefühl, sich durchsetzte.
Wie würde der große Astralzahlenkomponist *Nostradamus* sich freuen, könnte er sich heute von den triumphalen Erfolgen der Astronomie überzeugen, die immer neue Milchstraßensysteme entdeckt, ja durch die riesigen Radargeräte auf der Sternwarte Mount Palomar in den USA instandgesetzt wird, das Tönen der Milliarden Sonnen, aus denen unsere Milchstraße besteht, aufzufangen und zu hören. Er würde demütig und ehrfürchtig das Wort Goethes aus dem „Faust" bestätigen:

> „Die unerschöpflich hohen Werke sind herrlich wie am ersten Tag."

Zu diesem Thema verweise ich auf die wertvollen Ausführungen des Wiener Forschers Dr. Wilhelm Kestranek über „Die astrologischen Grundlagen der Centurien des Nostradamus" (Publikation der „Österreichischen Astrologischen Gesellschaft" 1963, Heft 21 und 22, zu erhalten im Sekretariat Wien 1080, Josefstädter Straße 34).

Eine prophetische Meisterleistung

Nostradamus sagt vor nahezu 300 Jahren die Entdeckung des Planeten Neptun voraus.

August 1846 4, 33

„Jupiter mehr der Venus als dem Monde verbunden,
Der in seinem vollen Glanze erstrahlt:
Venus unsichtbar; unter dem Mondschein (verborgen) *Neptun,*
Der von Mars mit dem wuchtigen Speer getroffen wird."

Im Original:

„Iupiter ioinct plus Venus qu'à la Lune,
Apparoissant de plenitude blanche:
Venus cachée (;) souz la blancheur Neptune (,)
De Mars frappée par la gravée branche."

Die Entdeckung Neptuns ist nicht ohne weiteres in den Worten des Sehers zu erkennen. Es soll daher zunächst die Entdeckungsgeschichte des Planeten Neptun in Erinnerung gebracht werden: Bevor der deutsche Astronom Gall in seinem Berliner Observatorium am 23. 9. 1846 den von Leverrier, einem französischen Astronomen, bereits 1845 vorberechneten Wandelstern erkannt hatte, war ein Engländer auf ihn aufmerksam geworden, der ihn aber für eine Nova hielt, d. h. für einen „neuen", bisher noch unbekannten Fixstern. Diese nur beinahe geglückte Entdeckung des Planeten Neptun, der hier am 4. und am 12. August 1846 von dem englischen Astronomen Challis aber *erstmals gesichtet* wurde, beschreibt Nostradamus mit wesentlichen und dadurch den Zeitpunkt kennzeichnenden Begleitumständen. Challis konnte die ersten Beobachtungen seiner vermeintlichen Nova nicht ungestört fortsetzen, da der Vollmond vom 7. 8. 1846 ihn daran hinderte, den Nostradamus unmißverständlich erwähnt; das schwache Licht des fernen Planeten ging buchstäblich unter im vollen Schein des Mondes (vgl. letzte Hälfte der Zeile 3). Zum besseren Verständnis der Gesamt-Situation diene die beigegebene Skizze der Planetenstellungen, die zur Zeit dieses Vollmondes vorlagen und die auch für die Tage um diesen Vollmond gelten:

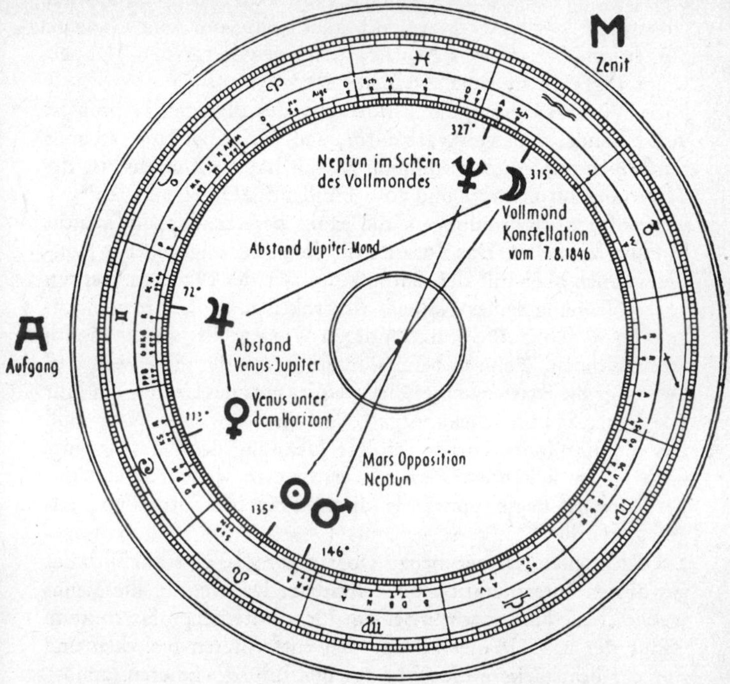

Diese Skizze zeigt die von Nostradamus angegebenen (ekliptikalen) Planetenstände; da am nächtlichen Sommerhimmel die besten Beobachtungsmöglichkeiten zur Zeit des tiefsten Standes der Sonne unter dem Horizont gegeben sind, wurden Zenit (Meridian, Scheitelpunkt) und Aufgang (Aszendent) entsprechend angedeutet. Die Darstellung des Propheten deckt sich nun völlig mit den feststellbaren Konstellationen: Es ist Vollmondzeit (Zeile 2); im Schein des Vollmondes geht das Licht Neptuns unter (letzte Hälfte der Zeile 3); für die Zeit der ersten Beobachtungen Neptuns ist der Abstand Venus-Jupiter geringer als der Abstand Jupiter-Mond (Zeile 1); Venus ist unsichtbar, d. h. unter dem Horizont — diese Angabe stellt die Zeit „um Mitternacht" heraus! (erste Hälfte der Zeile 3); Mars befindet sich in Opposition zu Neptun (Zeile 4) — hier muß erwähnt werden, daß im Sprachgebrauch der Astrologen die Worte „schwer getroffen“ eine Opposition eindeutig bezeichnen und zwar hier umso mehr, als dieser Mars auch gleichzeitig mit dem Planeten Saturn in Oppositions-Aspekt steht, gewissermaßen doppelt wiegt (“gravée branche“ in Zeile 4!).*

Diese Vorbezeichnung der Entdeckung des Planeten Neptun ist von besonderer Beweiskraft dafür, daß wir es bei Nostradamus tatsächlich mit echter Prophetie zu tun haben. Zunächst ist die Beziehung auf mehrere und völlig eindeutige Gegebenheiten (wie hier auf Planetenstellungen, die exakt berechenbar sind), nicht in Frage zu stellen. Das Zusammenfallen aller angegebenen Konstellationen aber mit der Entdeckungszeit des Planeten Neptun unter Nennung seines Namens ist praktisch als Wahrscheinlichkeit 1 : ∞ (Unendlich), mit anderen Worten: als fast unmöglich zu bezeichnen. Wenn es bereits unsere Bewunderung erregt, daß Leverrier die Existenz eines Planeten jenseits des Uranus ein Jahr vor seiner Sichtung bekanntgab, um wieviel wunderbarer muß uns die 300 Jahre vorher erfolgte Nennung des Namens eines noch zu entdeckenden Planeten erscheinen, wenn zugleich unverkennbare Begleitumstände dieser Planeten-Entdeckung angesagt wurden!

Die Richtigkeit der gegebenen Übertragung ist einschließlich der gewählten Interpunktion unbestreitbar: Da Neptun die Venus weder „bedecken“ noch in seinem Licht untergehen lassen kann —nur der nahe Planet könnte den entfernteren bedecken und nur der lichtstärkere die Sicht auf den lichtschwächeren unmöglich machen — ist die Berechtigung zur Ergänzung der beiden in Zeile 3 fehlenden Satzzeichen nicht zu leugnen. Auch die andere Möglichkeit, ein fehlendes Komma in Zeile 3 vor „Neptun“ zu ergänzen, ist nicht denkbar, denn ein Vollmond kann die immer in Sonnennähe befindliche Venus niemals bedecken. Wer jedoch hier in den Planeten-Namen Tarnbezeichnungen für irgendeine politische Konstellation sehen will, der mag dies tun; an dieser Stelle spricht unzweifelhaft die astronomisch feststellbare Situation gegen jeden anderen Deutungsversuch. Selbst alle die, welche Prophezeiungen für Ausgeburten der Phantasie halten wollen, werden zugeben müssen, daß Nostradamus uns hier ein treffsicheres Produkt seiner phantastischen Begabung überliefert hat.

* Das Wort “branche“ bedeutet Ast, in übertragenem Sinn auch Stange; die Übersetzung durch „Speer“ ist sinngemäß möglich.

Nostradamus über große Erfindungen der Zukunft

Wir alle haben als Jungen die Werke von Jules Verne und Dominik verschlungen und uns an ihren technischen Phantasien berauscht, ohne zu wissen, daß Nostradamus schon längst diese Wunderwerke der Technik und die Erfindungen im Bereich der Physik im 16. Jahrhundert vorausgesehen hatte. Zu seiner Zeit steckte die Technik noch in den Kinderschuhen, und das war bei der geringen Bevölkerungsdichte in Europa kein Nachteil. Die Technik entwickelte sich konform mit dem Anwachsen der Bevölkerungsziffer und dem Ansteigen der Kultur, nicht nur auf dem Gebiete der Physik, sondern auch dem der Chemie und der medizinischen Wissenschaft.

Der südfranzösische Seher kannte schon zu seinen Lebzeiten *Kanonen,* die allerdings noch mit Steinkugeln schossen. Er unterrichtet uns aber in 2, 76, daß die Ferngeschütze ihre Granaten über 100 km nach Paris nicht mit einer Maschine, wie man sie damals bei Belagerungen gebrauchte, schleudern werden. Einen entsetzten Blick wirft er in die Hölle von Verdun (2, 77): er hört die Explosionen der schweren Geschosse in mitternächtlicher Stunde, er sieht im Geist wie sich Menschen in unterirdische Gänge ducken und dem Tod zu entfliehen trachten. Das frappanteste Beispiel seiner visionären Gabe sind die Verse, in denen er von den seltsamen Vögeln und dem *Luftkrieg* spricht, also von Entwicklungen im Bereich der Technik, die ihm unvorstellbar sein mußten. Trotzdem hat er mit einleuchtender Klarheit diese Wunderwerke beschrieben, die uns heute vertraut sind. Hört er doch in 2, 75 „die Stimme des ungewöhnlichen Vogels über den Kanonen, die auf dem Atmungsstock (dem Söller) stehen", also in unserer Sprache das Surren der Propeller und das Dröhnen der Flugzeugmotoren über dem Bellen der Flakgeschütze, die auf den Flachdächern der Häuser stehen. In der Vorrede an Heinrich den Glücklichen spricht Nostradamus noch einmal von den „ungewöhnlichen Vögeln, die huy, huy schreien". Auch *Luftkämpfe* erwähnt Nostradamus. In 3, 7 spricht er „von den Vögeln, die sich in die Luft erheben". Nach 2, 23 werden Vögel, die einen Palast (die Reichskanzlei Berlin) angreifen,

durch Vögel verjagt, solange es gelingt (durch die Außenbatterien) den ununterbrochenen Anflug der Vögel abzufangen. In 3, 11 beschreibt er den Luftkampf am Himmel Berlins, der alles zu Boden schlägt und den Tiergarten, das grüne Juwel der Reichshauptstadt, vernichtet.
Das *U-Boot* ist für ihn „ein Fisch, in dem Briefe und Waffen eingeschlossen sind". Nach 2, 22 führen U-Boot-Flotten, die „untergetaucht" schwimmen, das Ende der dreihundertjährigen Vorherrschaft Englands herbei. Man kann sich wohl vorstellen, daß der biedere Pfarrer Jean le Roux, der 1710 ein Büchlein über den Schlüssel zu Nostradamus schrieb, den Prophezeiungen über Schiffe, die unter Wasser fahren, nicht glauben wollte. Was würde er sagen, wenn er den „Blitz im feurigen Bogen", die *Raketen,* sehen würde, die nach 3, 13 in die Bank von England einschlagen, wenn Heinrich der Glückliche die Inseln erobert. Wie würde er staunen, wenn er die Wirkungen von „la Pille" (englisch atom pile) beobachten könnte (10, 87, Présage 105), die alles entseelen. Dieses Wort la Pille, im Urtext der Centurien groß geschrieben, ist vom lateinischen pila, Ball oder Pfeiler, abzuleiten und umschreibt deutlich das spektakuläre Bild einer Atomexplosion, die aus einem Fuß (Pfeiler) und einem Rauchpilz besteht, der sich viele Kilometer hoch wie ein gewaltiger *Ball* in die Ionosphäre erhebt.
Nostradamus beschreibt den Abwurf jener furchtbaren Waffe, die die ganze Welt vernichten kann (9, 51), in 6, 97 so anschaulich, als hätte er dieses Ereignis selbst miterlebt, mit dem 1945 die „Normannen" (Amerikaner) den ersten Versuch machten. Sie probierten damit die tödlichste aller Waffen aus, als sie diese auf Hiroshima und Nagasaki abwarfen. Auch um ihre Folgen weiß der Seher, wenn er von einem Karbunkelzeitalter in 11, 27 spricht. Die Überlebenden der Katastrophe in den vorher genannten Städten in Japan litten an furchtbaren Geschwüren (Karbunkeln), die durch die Auswirkungen von radioaktiven Strahlen entstanden waren.
Hören wir ihn selbst:

„Himmlisches Feuer droht vom Westen her,
Und vom Süden wird es züngeln bis zum Osten:
(Die Pflanzen) sterben in der Mitte ab, ohne daß sie Wurzeln schlagen können.
Das dritte Zeitalter sieht den Mars auf dem Kriegspfad;
Karbunkeln wird man feurig blitzen sehen,
Dem Karbunkelzeitalter folgt dann schließlich der Hunger."

Nostradamus sieht in dem Karbunkelzeitalter, das mit dem Beginn des Wassermannzeitalters identisch ist, den dritten „Äon" des großen Sonnenjahres von 25920 irdischen Jahren. Durch die Anziehungskraft der Sonne, des Mondes und einiger Fixsterne auf den Äquator beschreibt unsere gedachte Erdachse eine sehr langsame Kreiselbewegung in diesem Zentrum. Hierdurch findet, von der Erde aus gesehen, eine Ortsveränderung der Fixsterne durch Verschiebung des Äquators auf den Tierkreis (Ekliptik) statt und damit ein Vorrücken der Tag- und Nacht-Gleichen. Diese Verlagerung des Frühlingspunktes (Sonnenaufgang am 21. März) nach jeweils 2160 Jahren, einem Äon, wird *Präzession* genannt. Diese Wanderung durch den Tierkreis erfolgt rückläufig gegen den Uhrzeiger, mit einer Geschwindigkeit von einem Grad in 72 Jahren; das sind für ein Tierkreiszeichen 30 Grad = 2160 Jahre, für 12 Tierkreiszeichen also 25920 Jahre. Diesen *kosmischen* Rhythmus hat der griechische Philosoph Plato genau beschrieben. Er zeigt auch die enge Verbundenheit des Menschen als eines Mikrokosmos im Makrokosmos auf.
Nach Ansicht mancher Kosmologen begann der neue Äon des Wassermanns schon im Jahre 1792, dem Höhepunkt der Französischen Revolution. Im Jahre 1938 befragte ich Professor Andrae, den Direktor des berühmten Pergamonmuseums in Berlin, über die Perspektiven des Wassermannzeitalters, dessen kosmisches Zeichen eine doppelte Wellenlinie als Symbol der Strahlenforschung ist. Der Gelehrte erwiderte mir, daß die Menschheit in Gefahr stünde, sich selbst in die Luft zu sprengen. Diese Antwort erfolgte in einer Zeit, da Prof. Hahn, der Leiter des Kaiser-Wilhelm-Instituts in Berlin, erst an der Lösung des Atomproblems arbeitete.
Daß Nostradamus die Theorien des großen Sonnenjahres genau kannte, geht aus der Vorhersage 2, 46 hervor:

„Après grand troche humain plus grand s'appreste,
Le grand moteur les siecles renouvelle:
Pluye, sang, laict, fer & peste,
Au ciel veu feu, courant longue estincelle."

„Nach einem großen Äon des Menschengeschlechtes naht sich ein größerer.
Der große Beweger erneuert die Jahrhunderte:
Regen, milchiges Blut (Blutkrebs), Hunger, Schwert und Seuchen,
Am Himmel sieht man Feuer, das in langen Funken dahinströmt."

Das Wort troche im französischen Urtext von 1568 bedeutet, in der griechischen Sprache (trochos), den Umlauf eines Rades; trochos heliu ist der Sonnenwagen. Nach Ansicht der Kosmologen hat der Äon des Wassermanns den der Fische abgelöst. Der große Motor ist die Sonne, die in den Frühlingspunkt des Wassermannzeichens eingetreten ist. „Die langen Funken, die am Himmel dahinströmen", sind die Raketen, die das prophetische Auge des Nostradamus vor 400 Jahren visionär erschaute.
Auch andere Erfindungen, die den Menschen Erleichterungen brachten, sagt Nostradamus voraus. In 9, 9 spricht er von einer „ewig brennenden Lampe, die man im Tempel der Vestalinnen entdeckt." Die Vestalinnen waren im alten Rom Priesterinnen, deren Dienst darin bestand, in ihrem Tempel die heilige Flamme unverlöschlich zu erhalten. Das ist ein Symbol des *elektrischen* Lichtes, das stets zur Hand ist, wenn wir es brauchen. Im selben Vierzeiler erwähnt der Seher ein Kind, das Feuer und Wasser durch ein Sieb (gemeint ist ein Rohr) laufen läßt. Nun war die Wasserleitung den Völkern der Antike sehr wohl bekannt. Bei dem Feuer dürfte es sich um das Gas handeln, das ebenfalls durch Rohre in die Küche geleitet wird.
Nostradamus war nicht nur Arzt, sondern nach der Sitte der damaligen Zeit, die sich z. B. in Österreich in kleinen Orten bis heute erhalten hat, auch Pharmazeut. Vorausschauend sieht er die Gefahren der Alchemie als Pseudowissenschaft und läßt uns in 4, 29 und 4, 30 einen Blick in ein Laboratorium der Alchemisten tun. Von Ende des 16. Jahrhunderts an bis ins 18. Jahrhundert hinein suchten die Adepten den Stein der Weisen, das große Arkanum, aufzufinden, das sie instandsetzen sollte, Silber, aber auch andere Metalle in Gold zu verwandeln. Verschuldete oder geldhungrige Fürsten investierten in die alchemistischen Experimente ungeheure Summen, erlebten aber immer wieder nur Enttäuschungen und Mißerfolge. Das schildert uns Nostradamus in 4, 30:

> „Mehr als 11mal wird Luna (das Silber) die Sonne (das Gold) nicht annehmen wollen,
> Zuerst nimmt alle Materie zu, dann wieder ab.
> So tief gerät man (in Schulden), daß man nur wenig Gold prägen kann;
> Hunger und Tod folgen, wenn erst das Geheimnis gelüftet ist."

Bei elf und mehr Experimenten gelang es nicht, Silber in Gold zu verwandeln. Zwar schien es so bei dem Schmelzvorgang, als nähme alle Materie zu, schließlich stellte man aber fest, daß die Masse immer weniger wurde. Die Auftraggeber hatten so viel Gold verschwendet, daß ihnen nur noch wenig übrigblieb, um in ihrem Lande Goldmünzen zu prägen. Als der Schwindel herauskam, warf man die Adepten in den Hungerturm oder hängte sie auf. Nur wenige hatten Glück, wie der Apotheker Böttcher in Meissen, der statt Gold das *Porzellan* erfand, das allerdings den Chinesen bereits bekannt war. Diese Erfindung erwähnt Nostradamus in 1, 21:

> „Ein Felsen nährt in der Tiefe weißen Ton,
> Der aus einem Schacht milchfarben hervorquillt:
> Umsonst ist man verstört und wagt ihn nicht zu berühren,
> Weil man nicht weiß, was in dieser tonhaltigen Erde enthalten ist."

Der Grundstoff des Porzellans ist das milchfarbene Kaolin, auch darüber weiß Nostradamus Bescheid.
Die umwälzende und epochale Erfindung des Radiums durch Madame Curie und ihren Gatten Pierre sagt der Seher ebenfalls voraus, und zwar in dem nun folgenden Vierzeiler 1, 22:

> „Das, was immer lebt und ist doch unbeseelt,
> Wird Verletzungen bringen, bis es künstlich abgetötet ist..."

Radium, dessen Lebenskraft unerschöpflich ist, verletzt den menschlichen Körper tödlich, wenn kein Bleischutz vorhanden ist. Ohne dieses Element wäre die moderne Forschung nicht denkbar.
Doch ist dies nicht die letzte große Erfindung des Menschengeistes. In der Zukunft steht uns noch eine Bereicherung des Wissens auf dem Gebiet der Physik, der Kybernetik und der Astronomie durch einen neuen Weisen bevor, den der Schöpfer mit einem einzigartigen Gehirn (d'un seul cerveau) ausgestattet hat. Das prophezeit uns der Seher in 4, 31:

> „Im Licht des Vollmondes, in der Nacht auf dem hohen Gipfel
> Hat (in einem Observatorium) der neue Weise mit seinem einzigartigen Gehirn die Entdeckung gemacht:
> Durch seine Jünger wird er unsterblich und heilig werden,
> Die Augen gen Himmel gerichtet, die Hände über die Brust gekreuzt, den Körper dem Feuer (radioaktiven Strahlen) ausgesetzt."

Eine letzte berechtigte Frage: Hat der große Erleuchtete in Salon um unseren Wettlauf zum Mond und anderen Planeten gewußt, das Ziel der astronautischen Wissenschaftler, das uns alle in Atem hält? Es existiert eine seltsame Prophezeiung in 1, 84:

> „Wenn der Mond in tiefen Finsternissen verdunkelt ist,
> Dann schreitet sein Bruder rostfarbig vorbei:
> Lange bleibt der Große verborgen unter Finsternissen,
> In der blutenden Wunde wird das Eisen lauwarm."

Dr. Emanuel Welikowski legt in seinem Buche: „Welt in Gefahr" dar, daß schon mehrfach ein gasiger Schweif eines *Kometen* die Erde streifte. „Es schien so, als seien Flüsse, Meere und Seen in Blut verwandelt, die Erde selber sah über und über rostrot aus." Ein solches Ereignis fand am 19. Mai 1780 und dann wieder 1783, verbunden mit einer totalen Mondfinsternis, statt. Eine vielleicht noch ernstere Kollision ist im Oktober 1999 zu erwarten, von der Nostradamus in seiner Vorrede an Heinrich den Glücklichen sagte, daß nach der vorhergegangenen Sonnenfinsternis (am 11. August 1999), der größten seit der Schöpfung der Welt, im Oktober eine so große Umwälzung stattfinden wird, daß man glaubt, die Schwerkraft der Erde habe ihre natürliche Bewegung verloren und die Erde sei in ewige Finsternis gestürzt.

Diese Erklärung ist gewiß geistreich und ansprechend. Doch als Zeitgenossen der ersten Vorstöße in den Weltenraum kann man bei dem „Bruder des Mondes" auch an eine Weltraumstation denken, die von den Mächten, die mit einem Raumschiff auf dem Monde landen wollen, als Zwischenglied auf der Fahrt zwischen Erde und unserem Trabanten bereits geplant ist. Wäre dieses kosmische Gebäude bei einer großen Mondfinsternis hell erleuchtet, so könnten Menschenaugen von der Erde aus sich vorstellen, daß dies ein kleinerer „Bruder des Mondes" sein müsse, der ihn rostrot umkreist. Es ist selbstverständlich, daß der Seher diese naheliegende Erklärung noch nicht finden konnte, selbst wenn er seine schöpferische Phantasie zu Hilfe nahm. Für die letzte Zeile konnte ich bisher keine Erklärung finden.

„Vieles Gewaltige lebt, doch nichts ist gewaltiger als der Mensch." Dieser überhebliche Spruch stammt von dem griechischen Dichter Sophokles. Doch es kommt eine Zeit, da sich die Maschinen und Motoren über ihre Erbauer erheben: die Menschen, die Professor Sigmund Freud mit Recht „Prothesengötter" genannt hat. Schon lange arbeiten Ingenieure an dem Problem, wie die Sonnenenergie, die auf wüste Flächen unserer Erde ungenutzt Billionen Kilowattstunden verstrahlt, durch ein „Objekt", einen Sonnenmotor, der sie auffängt, umgesetzt und nutzbar gemacht werden kann. Nach Nostradamus bewirkt dieses Experiment das Gegenteil. So in 10, 70:

> „Das Auge (des Himmels) wird vermittels eines Objektes eine solche Ausdehnung (Wirkung) erhalten,
> Daß infolge der starken Brennkraft Schnee fallen wird:
> Die bewässerten Felder werden so stark abnehmen,
> Daß die Erstlinge der Regie (Zwangswirtschaft) unterliegen."

Das „Auge des Himmels" ist bei Nostradamus die *Sonne*. Er ist der Meinung, daß man ihre Strahlungskraft durch ein Objekt, also einen Motor einfangen kann; aber es tritt gleichzeitig eine solche Abkühlung ein, daß es wahrscheinlich in der Nacht schneit. Diese Beobachtung macht man in den Wüsten der Erde. Der starken Sonneneinstrahlung am Tage folgt in der Nacht ein Absinken der Temperatur bis zum Gefrierpunkt. Wenn nun der Sonnenmotor eine ungeheure Konzentration von Hitze auffängt, ist auch das Gegenteil, die Kälte, nicht zu vermeiden. So nehmen die Erträge der ausgetrockneten und vom Frost bedrohten Felder ab. Hungersnot droht und die Lebensmittel werden von Staatswegen rationiert.
In einem Gespräch mit dem Referenten des deutschen Atomzentrums, Herrn Diplom-Ingenieur *Land*, München, über die Vision des Sehers bestätigte mir dieser Forscher, daß Nostradamus richtig gesehen habe. Eine Weltraumkälte von minus 273 Grad gibt es nicht. Im Gegenteil, der Weltraum sei in verschiedene Zonen von Hitze und Kälte eingeteilt, die zwischen 0 Grad und 1000 Grad Wärme liegen. Die Sonne sendet vielerlei Strahlen aus, darunter auch *kalte!* So enthält 10, 70 eine Warnung, die kosmischen Gewalten nicht herauszufordern. Eins steht fest: den immer neuen Formen des menschlichen Erfindergeistes hat Nostradamus, lange ehe sie Wirklichkeit wurden, Gestalt und überzeitliche Gültigkeit verliehen.

Teil II

Dies Buch von Nostradamus eigner Hand ist es dir nicht Geleit genug . . . ?

Das Erlebnis der Inspiration

1, 1

„Ich sitze in der Nacht auf ehernem Stuhle (Dreifuß)
Und gebe mich geheimen Studien hin:
Da — eine Flamme züngelt hervor aus der einsamen Stille,
Sie zwingt mich (auf Wunder) zu hoffen, die sonst der Glaube vergeblich ersehnt."

2, 1

„Den Zweig (Wünschelrute) in der Hand, fühle ich mich versetzt in des Branchus Reich,
Die Welle benetzt den Kleidersaum und den Fuß:
Furcht und Stimmen lassen meine Hände zittern,
Göttlicher Glanz leuchtet auf, das Göttliche läßt sich nahe bei mir nieder."

Nostradamus in nächtlicher Stille auf dem ehernen Dreifuß sitzend, in der Hand eine Art Wünschelrute als himmlische Antenne haltend, empfängt das Charisma der Weissagung durch Vermittlung von Branchus, einem Freund Apollos, des Gottes der Prophetie. — Nach einem Worte Prof. Schleichs ist das sympathische Nervensystem (Sonnengeflecht) die „Markoniplatte" des menschlichen Körpers. Sie saugt besonders während des Schlafes die erdmagnetischen und kosmischen Ausstrahlungen des Weltalls an, um sie während des Wachsens vermittels der feinen Nervenfäden, die vom Solarplexus ausgehen, als Aura abzugeben. Auf diesem Vorgang beruht auch die telepathische Aufnahmefähigkeit, wie wir sie noch häufig bei den Naturvölkern finden. Dadurch erklären sich auch z. B. die wunderbaren Vorgänge in Konnersreuth. Therese Neumann nahm als unendlich sensitiv gewordenes Wesen aus dem Kosmos feinstoffliche Nahrung in Form vital-elektrischer Ströme auf. (Bekanntlich nahm Therese Neumann jahrelang keine stoffliche Nahrung zu sich und behielt doch ihre volle Gesundheit).
Einem ähnlichen feinstofflichen Vorgang verdankt *Nostradamus* das Lichtbündel seiner Centurien, mit denen er die Zukunft er-

hellte. Das stimmt überein mit dem, was er selbst oben in den beiden ersten Versen seines Buches berichtet: In der Stille empfängt er, zitternd und bebend, den Kraftstrom aus der Ewigkeit, der sein ganzes Wesen, Seele, Geist und Körper durchdringt und überflutet. Der Zweig in der Hand ist die Brücke, durch die der höhere offenbarende Geist einströmen kann. Solche außergewöhnlichen Erlebnisse werden nur Individuen zuteil, die wie Nostradamus in 4, 31 sagt, — ein einzigartiges, vom Schöpfer gebildetes Gehirn (un seul cerveau) empfangen haben, wobei die Hypophyse (Gehirnanhang) als drittes, später verkümmertes Auge, als hellsehendes Organ mitwirkt, wenn es bei besonderen Persönlichkeiten wie Nostradamus reorganisiert und reaktiviert ist. Pathologen und Psychologen suchen mit großem Eifer dieses über Spott und selbstsichere Ablehnung erhabene Geheimnis zu lösen. Doch scheint das erst zu gelingen, wenn wir verinnerlichter werden und Gott in uns wirken lassen, um ihn in seiner Wahrheit und Weisheit zu erleben. Denn der Seher sagt in 3, 94 voraus, daß erst 500 Jahre nach seinen Lebzeiten, also in der Mitte des kommenden Jahrhunderts, die „große Klarheit" kommt, die die Menschen beglücken wird.

Vorrede des M. Michael Nostradamus zu seinen Prophezeiungen

Die ersten sieben Centurien hat Nostradamus seinem ältesten Sohn aus zweiter Ehe gewidmet. Dieser Sohn, der den Vornamen *Cäsar* trug, wurde 1553 geboren. Nostradamus setzte auf ihn große Hoffnungen und der Sohn hat später die Erwartungen seines Vaters nicht enttäuscht. Er war vielseitig begabt, ein bedeutender Maler, ein tüchtiger Schriftsteller und ein ernst zu nehmender Historiker. Er schrieb eine Geschichte der Provence, von der ein Exemplar in der Universitätsbibliothek Halle/Saale aufbewahrt wird. König Ludwig XIII. (1610—1643) wurde auf ihn aufmerksam und zog ihn an seinen Hof. Er verlieh ihm den Adelstitel und ernannte ihn zum königlichen Kammerherrn. Cäsar starb 1639 im hohen Alter von 86 Jahren in St. Remy in der Provence, dem Geburtsort seiner beiden Eltern.
In dieser Vorrede an Cäsar läßt uns Nostradamus in seine prophetische Werkstatt schauen. Hier spricht er von dem „Erbwort" der geheimen Vorhersage, das „in deren Inneren zwischen hineingeschlossen ist". Es handelt sich um den *Schlüssel*, um die von dem Seher zerrissene historische Kette wieder in ihrer ursprünglichen Reihenfolge herzustellen. In dem Kapitel im dritten Teil: „Das Problem des Zeitschlüssels" kann der Leser Näheres finden über die Versuche, diesen Schlüssel zu finden, der aber nach den Worten des Nostradamus in 7, 40 derartig „mit Öl und Fett gesalbt" ist, daß er auch dem klügsten und mathematisch geschulten Forscher entgleitet.
Als Sensation kann man es bezeichnen, daß Nostradamus vom „Kommen des Kommunismus" (commun advenement) spricht, ein Ereignis, das ihn schon zu seinen Lebzeiten erschüttert. Wir erfahren ferner, daß die Prophezeiungen den Zeitraum von 1555 bis 3797 n. Chr. umfassen.

Mein lieber Sohn Cäsar Nostradamus,
Gesundheit und Glück zuvor!
Deine späte Ankunft auf dieser Welt, mein lieber Sohn Cäsar Nostradamus, hat mich veranlaßt, meine freie Zeit für andauern-

de Nachtwachen zu verwenden, um schriftlich niederzulegen, was ich, Dein Vater, Dir nach meinem Heimgang zum Andenken hinterlassen möchte. — Gleichzeitig dient es dem Allgemeinwohl der Menschheit, was das göttliche Wesen mir aus dem Wandel der Sterne am Himmel offenbart hat. Sodann, weil es dem ewigen Gott gefallen hat, daß Du, noch nicht mit dem natürlichen Licht ausgerüstet, dieses Erdenland erblickt hast, — ich will damit nicht Deine Jahre bezeichnen, die noch nicht von den Kräften des Verstandes begleitet sind, aber Deine Märzmonate (Lenze), — so warst Du auch noch nicht fähig mit Deinem schwachen Verstande das zu begreifen, was ich notwendigerweise nach dem Ablauf meiner Tage zu erklären hatte. Man sieht daraus deutlich, daß es nur möglich ist, Dir schriftlich das zu hinterlassen, was sonst mit Unrecht von der Zeit verwischt werden würde: *Denn das Erbwort der geheimen Vorhersage wird in meinem Inneren zwischen hineingeschlossen sein.* [1]
Man muß in Betracht ziehen, daß die Zukunft des Menschengeschlechtes schließlich ungewiß ist, weil alles gelenkt und geleitet wird durch Gottes unbegreifliche Allmacht. Diese gibt uns den Geist ein, nicht durch bacchantische Raserei, nicht durch lymphatische Erregung, sondern durch die Sprache der Sterne [2]: Diese allein, angehaucht vom Wesen Gottes, weissagen und haben Teil am Geist der Prophetie. — Wie oft habe ich lange Zeit vorher mehrmals das geweissagt, was lange verborgen war und inzwischen eingetroffen ist! Man kann nun hinzufügen, daß in einem Teil der Gegenden dies alles kraft der Gnade der göttlichen Eingebung Wirklichkeit wurde. Andere glückliche und unglückliche Begebenheiten sind aber auch von mir mit der größten Behendigkeit prophezeit worden und haben sich dann in den betreffenden Himmelsstrichen erfüllt. Eigentlich wollte ich schweigen und das Weissagen unterlassen, weil ich es für ein Unrecht hielt, nicht so sehr angesichts der Gegenwart, nein auch im Hinblick auf die Zukunft, wenn ich schriftlich niederlegen würde, warum die Reiche, die Parteien, die Religionen einem so jähen Wechsel unterworfen sind, der im diametralen Gegensatz zu der Gegenwart steht. Ich kam aber zu der Überzeugung, daß, wenn ich die Gesichte der Zukunft aufzählen würde, die Anhänger der Reiche, die Parteigänger und die Anhänger der Religionsgemeinschaften sie schlecht übereinstimmend finden und daß sie aufgrund ihrer ausschweifenden Phantasie dahin kommen würden, die Zukunft, der man doch nicht entgehen kann, auf Jahrhunderte hinaus zu verdammen Ich dachte auch an das

Wort des wahren Heilandes: „Wollet nicht das Heiligtum den Hunden geben und die Perlen vor die Säue werfen, damit jene sie nicht mit Füßen treten, sich umwenden und euch zerreißen!"

Weil dies auch für mich der Grund war, meine Verkündung aus der Öffentlichkeit zurückzuziehen und meine Feder dem Papier vorzuenthalten und ich ferner willens war, das Geschriebene auszulöschen aus dem Grunde, weil doch einmal der Kommunismus [3] kommt, so habe ich den Weg gewählt, in verborgene und unergründliche Orakel die Dinge der Zukunft, die jeden innerlich sehr beunruhigen, zu kleiden. Ich habe dies auch darum getan, weil ich den Eindruck bemerkte, den ihr Eintreffen auf die Menschen macht. Um nun nicht der menschlichen Schwäche einen Anstoß zu geben, die so gern das Ohr Fabeln und Märchen leiht, habe ich alles unter dem Deckmantel rätselhafter Bilder geschrieben. Ich habe mehr davon Gebrauch gemacht als alle Propheten, wie denn geschrieben steht: „So hast Du, o Gott, dies den Weisen und Klugen, d. h. den Mächtigen und Königen, verborgen und hast es entkernt in das Herz der Geringen und Schwachen hineingelegt." Auch den Propheten ist durch Gottes ewige Gnade und die Hilfe seiner Engel der Geist der Weissagung zuteil geworden. Durch dieses Charisma war es ihnen vergönnt, weit entfernte Dinge zu erschauen und die Zukunft voraus zu sehen.

*

Denn nichts kann ohne Gott sich vollenden, der sehr große Macht besitzt und seinen Geschöpfen viel Gutes erweist. Wenn sie diese Wohltaten bewahren, wird sich jedesmal auch da, wo andere Wirkungen bezweckt werden, die ganze Inbrunst des prophetischen Charisma sich uns nahen, vorausgesetzt, daß wir uns gleichermaßen dem guten Genius unterwerfen: es ist dasselbe, als wenn die Strahlen der Sonne zu uns kommen, auch sie verteilen ihre Kraft auf die wesenhaften und unwesenhaften Körper. Wenn wir daran denken, daß wir Menschen sind, so können wir doch nicht aus eigener Kenntnis und Neigung unseres Ingeniums die verborgenen Geheimnisse Gottes erkennen: weil es uns nicht zusteht, die Zeiten und Augenblicke (der Zukunft) zu kennen. — Nun kann es in der Gegenwart einige Personen geben, denen Gott der Schöpfer durch Eingebungen Geheimnisse der Zukunft im Zusammenhang mit der judiciellen Astrologie enthüllen wollte, desgleichen wollte er ihnen die

Bedeutung der Vergangenheit dartun. Durch sie (die Engel) ist eine gewisse Kraft und erwünschte Gabe auf uns gekommen, sowie die Flamme des Feuers aufleuchtet. Diese bewirkt, daß bei der Inspiration man dahin gelangt, die göttlichen und menschlichen Eingebungen zu unterscheiden. Denn „die Werke Gottes sind völlig absolut. Gott vollendet sie selbst. Er bedient sich hierzu der Fähigkeiten der Engel, die das mittlere Werk vollenden, die dritte Dimension überläßt er den Dämonen.“ [4]

Freilich, mein Sohn, ich spreche hier zu Dir ein wenig dunkel. Was nun aber die verborgenen Weissagungen betrifft, die man durch einen zarten feurigen Hauch empfangen kann, so habe ich einigemale, angetrieben durch meine lebendige Auffassungsgabe, das himmlische Firmament mit seinen Sternen betrachtet und zwar während der Vigilien (Nachtwachen). Ein gleiches gilt von den Verkündigungen selbst. Ich wurde überrascht, wie ich mit einem Mal ohne jede Furcht Vorhersagen niederschrieb, nicht berührt von unehrbietiger Geschwätzigkeit. Ich erkannte, daß alles aus der Machtfülle des großen ewigen Gottes hervorging, der der Urheber aller guten Gaben ist. Nun aber, mein Sohn, weil ich schon einmal das Wort Prophet erwähnt habe, so will ich mir nicht einen Titel von so großer Herrlichkeit in der Gegenwart beilegen, denn „der heute Prophet genannt wird, hieß ehedem Seher“. Prophet aber im eigentlichen Sinne, mein Sohn, ist der, der Dinge sieht, die fern aller natürlichen Kenntnis jeder Kreatur liegen. Aber, wenn ein zukünftiges Ereignis dem Propheten vermittels einer vollkommenen Erleuchtung durch die göttliche Gnade kundgetan wird und ihm göttliche und menschliche Dinge zugleich offenbart werden, so kann jenes nicht geschehen, da die Wirkungen der Weissagungen für die Zukunft einen weitgespannten Zeitraum umfassen.

Die Geheimnisse Gottes sind unbegreiflich, seine schöpferische Kraft steht in einer sehr entfernten Berührung mit der natürlichen Erkenntnis, die ihren allerersten Ursprung von dem freien Willen herleitet. Hier werden Ursachen deutlich, warum man nicht selbst dieses Vorstellungsvermögen erwerben kann. Die Geheimnisse Gottes sind unbegreiflich, man kann sie nicht erkennen, weder durch menschliche Schau noch durch andere Begriffe, nicht einmal durch die okkulte Begabung, die unter dem himmlischen Firmament die unermeßliche Größe der Ewigkeit, in deren Schoß alle Zeiten ruhen, schon in dieser Zeit ergreift. Mit Hilfe der unteilbaren Ewigkeit und durch epileptische Bewegungen nach der Methode des Hirakles [5] (d. h. durch die Entrücktheit im Geist), werden die Ursachen an der Bewegung der Himmelskörper erkannt. Ich behaupte schließlich damit nicht, — wolle mich gut verstehen, mein Sohn, — daß die Kenntnis der Materie nicht auch einst in dein noch schwaches Gehirn eindringen kann und daß die Ursachen der Zukunft selbst, wenn sie noch in weiter Ferne liegt, für Deine kreatürliche Vernunft unfaßbar seien. Das widerstrebt wahrlich nicht der schöpferischen Seelenkraft, die eine Einsicht in die gegenwärtigen und entfernten Dinge hat. Ihr ist überhaupt nichts allzusehr verborgen und verschlossen. Aber die vollkommene Erkenntnis der wahrgenommenen Dinge kann man nicht ohne die göttliche Inspiration erwerben. Jede prophetische Inspiration empfängt ihren ersten Anfang und Antrieb von Gott dem Schöpfer selbst, dann erst von der Stunde (d. h. von dem Horoskop der Propheten) und der Natur. Weil die Ursachen indifferent sind, trifft die Erfüllung ohne Rücksicht auf den Urheber der Weissagung nur unvollkommen ein.

*

Denn der geschaffene Verstand kann nicht durch den Intellekt das okkulte (zweite) Gesicht haben, wenn nicht einerseits eine Stimme den Saum berührt, andererseits eine kleine Flamme entsteht, in deren Glanz die zukünftigen Dinge auf uns zukommen und sich uns zuneigen.[6]

Aber noch eins, mein Sohn, ich bitte Dich, daß Du niemals Dein Augenmerk auf solche Träumereien und eitlen Wahngebilde richten möchtest, die den Körper austrocknen, die Seele ins Verderben stürzen und in dem schwachen Verstand Verwirrung anrichten; denn die Eitelkeit der abscheulichen Magie ist von altersher schon durch die heilige Schrift verworfen worden und durch verschiedene kanonische Bücher verdammt. In einem Hauptpunkt ist ausgenommen das Urteil über die *judicielle Astrologie.* Durch diese und durch die Inspiration, sowie durch die göttliche Offenbarung, unterstützt durch dauernde (astronomische) Berechnungen, empfangen wir unsere Vorhersagen und haben sie schriftlich abgefaßt. Obgleich nun diese okkulte Weisheit nicht verworfen wurde, habe ich doch niemals den Leser ihrer zügellosen Überredungskunst aussetzen wollen. Es gibt ja noch mehr Bücher, welche durch lange Jahrhunderte verborgen waren und nicht veröffentlicht wurden. Ich ahnte nun, was mir widerfahren würde, darum habe ich sie nach der Lektüre der Flamme geweiht. Während nun das Feuer sie verzehrte, züngelte die Flamme in die Höhe und verbreitete eine ungewöhnliche Klarheit, heller als ein natürliches Licht, vielmehr wie das Aufleuchten eines Blitzes, der die Luft reinigt.[7] Auf einmal war das ganze Haus erleuchtet in der Form, wie es bei einem plötzlichen Brandunglück zu geschehen pflegt.

Darum schließlich, damit man die okkulten Schriften in der Zukunft nicht mißbrauchen möchte, habe ich die vollkommene Verwandlung der Sonne (d. h. des Goldes) und des Mondes (d. h. des Silbers) sowie die edlen Metalle unter der Erde durchforscht, auch die Geheimnisse des Meeres ergründet, aber die Niederschrift hierüber habe ich in Asche verwandelt (verbrannt). Was aber nun die Erkenntniskraft betrifft, die sich mit Hilfe der himmlischen Erkenntnisse vervollkommnen kann, so will ich Dir dies offenbaren: Weil wir die Erkenntnismöglichkeit der zukünftigen Dinge besitzen, verwerfen wir die Einbildung der Phantasiegebilde, die sich uns nahen. Wir begrenzen die einzelnen Orte nach ihrer Eigentümlichkeit aufgrund der göttlichen übernatürlichen Eingebung. Dann bringe ich diese Örter mit den himmlischen Zeichen (den Sternen des Tierkreises) in Einklang. Ebenso bestimme ich die Zeitabschnitte, denen das Okkulte eigentümlich ist, vermöge der Gnade und Kraft der Vollmacht Gottes, in dessen Gegenwart seit Ewigkeit die drei Zeiten zusammengefaßt sind: „weil ja alles bloß und offen vor Deinen Augen liegt, o Herr!“, wobei ich dann die Theorie der Umläufe der Planeten auf die vergangenen, gegenwärtigen und zukünftigen Ursachen anwende.

Darum, mein Sohn, kannst Du trotz Deines zarten Verstandes begreifen, daß die Zukunft aus den natürlichen Himmelslichtern, verbunden mit dem Geist der Prophetie, prophezeit werden kann. Nicht daß ich mich einen Propheten nennen will, auch mir keine prophetische Leistung beimesse, aber wenn man Offenbarungen und Eingebungen empfängt, dann sind die Sinne eines sterblichen Menschen vom Himmel nicht weiter entfernt als die Füße von der Erde. „Ich kann mich nicht irren und nicht getäuscht werden.“ Zwar bin ich auch ein sehr großer Sünder wie keiner sonst, unterworfen den menschlichen Anfechtungen, aber ich werde bisweilen in der Woche lymphatisch (d. h. von der Begeisterung) ergriffen. Mit Hilfe langer Berechnungen, die den entschwefelten Geruch [8] nächtlicher Studien zusammenfassen, habe ich prophetische Bücher zusammengestellt, von denen jedes hundert astronomisch berechnete Voraussagen enthält, die ich mit Willen ein wenig dunkel zusammengestückelt habe. Es sind fortlaufende Prophezeiungen von heute bis zum Jahre 3797.[9]

Wem es gelingt, die Stirnbinde von einigen (Vorhersagen) zurückzuziehen, dem wird ein Einblick in den langen Zeitraum, (den die Centurien umfassen,) zuteil. Unter jeder Rundung des Mondes (an jedem Vollmond), wird er die Gelegenheit haben, dies einzusehen, wenn er sein Augenmerk alles umfassend und über die ganze Erde hin auf die Ursachen richtet, mein Sohn! Wenn Du nun das natürliche Alter des Menschen erlangt hast, wirst auch Du hellsehend werden. Der Gegend und dem Himmelsstrich Deiner Nativität zugewandt, wirst auch Du die Zukunft voraus sehen. Wie immer dem auch sei, der ewige Gott kennt allein die Ewigkeit seines Lichtes, das aus seinem Innern hervorleuchtet. Ich rede daher freiweg: Wem er seine unendliche Herrlichkeit, die allein unermeßlich und unbegreiflich ist, durch eine lange tiefsinnige Eingebung hat offenbaren wollen, — das kann allerdings nur vermittels verborgener Ursachen, die das Göttliche enthüllen, geschehen, — der empfängt diese Gnade hauptsächlich aus zwei Quellen, die nur für den Verstand derjenigen begreiflich sind, die das Amt der Prophetie empfingen. Die eine Quelle ist immanent: sie gibt Aufschluß über das übernatürliche Licht in seinem Innern, durch das er gemäß der Sternenlehre und aufgrund göttlicher Offenbarungen prophezeit. Diese Gabe bedeutet ein gewisses Teilhaben an der göttlichen Ewigkeit. Vermittels dieser Gnade urteilt der Prophet über das, was sein göttlicher Geist mit Hilfe Gottes des Schöpfers und eines natürlichen Antriebes ihm offenbart hat. Das wird aber nur dann wirksam, wenn das Vorhergesagte auch wahr ist und seinen Ursprung im ätherischen Raume hat. Dieses höhere Licht und diese kleine Flamme sind von solcher Wirkungskraft und solcher Majestät, daß sie nicht geringer sind als die natürliche Klarheit. Das natürliche Licht gibt dem Weisen die Gewißheit, daß man mit Hilfe der Prinzipien (d. h. des oben angeführten immanenten Grundes) in die tiefsten Tiefen des Wissens herabsteigen und seinen höchsten Gipfel ersteigen kann.

Endlich und schließlich, mein Sohn, will ich nicht zu weit abschweifen und die zukünftige Fassungskraft Deines Verstandes berücksichtigen. Auch finde ich, daß die Wissenschaften eine große und unvergleichliche Einbuße erleiden werden, weil ich entdeckte, daß die Menschheit vor dem großen Brand des Universums von einer Sintflut und großen Überschwemmungen heimgesucht wird, die so gewaltig sind, daß sich kaum noch ein

Land findet, das nicht von Wogen bedeckt ist. Auf lange Zeit wird die Niederschrift der Mondkonjunkturen [10] und Ortsbeschreibungen unterbleiben müssen, falls nicht alles überhaupt zugrunde geht. Auch werden vor und nach diesen Überflutungen in verschiedenen Gegenden die Niederschläge sehr gering sein, dagegen wird vom Himmel Feuer von solcher Fülle vermischt mit Steinen fallen, so daß man an keinem Orte bleiben kann, wenn man nicht erschlagen werden will. Das geschieht in Kürze vor der letzten Brandkatastrophe, wenn der Planet Mars seinen Zyklus vollendet.[11] Am Ende dieser seiner letzten Periode, wenn er seinen Zyklus wieder aufnimmt, sind die einen (Planeten) mehrere Jahre hindurch im Wassermann versammelt, die andern einen noch längeren und ununterbrochenen Zeitraum im Krebs. Jetzt aber, wo wir unter der Herrschaft des Mondes stehen [12], wird vermöge der Allmacht des ewigen Gottes, bevor er (der Mond) seinen völligen Kreislauf vollendet hat, die Sonne an die Reihe kommen, ihr folgt Saturn. Denn an den himmlischen Zeichen erkennt man, daß die Herrschaft des Saturn zurückkehren wird, und zwar zu derselben Zeit, da sich nach genauer Berechnung die Welt einer gesetzlosen Umdrehung [13] nähert. Von jetzt ab, wo ich dies schreibe, wird innerhalb 177 Jahren, drei Monaten und 11 Tagen die Menschheit durch viel Pestilenz, lange Hungersnöte, Kriege und Überschwemmungen mehrere Male dezimiert. Dann wird es so wenig Menschen geben und die Welt so klein werden, daß man niemand findet, der sich noch der Felder annimmt und auch diejenigen, die bislang frei waren, werden in Knechtschaft geraten sein.[14] Soweit man nun durch Betrachtung des Himmels urteilen kann, ereignet sich dies noch einmal, wenn wir in der 7. Tausendzahl sind und wenn die ganze Tausendzahl vollendet ist und wir uns der 8. nähern, wo das Firmament der 8. Sphäre ist, welches sich nach der Breite hin ausdehnen wird.[15] — Hier wird sich aber der ewige Gott aufmachen und den Umlauf vollenden. Dann aber werden die himmlischen Bilder (die Sterne) rückläufig werden und an den Anfang ihrer Bewegung zurückkehren. Diese Bewegung in der höheren Welt wird die Erde wieder fest und stabil machen: „sie wird nicht im Laufe der Jahrhunderte in eine andere Richtung gebracht werden." Es muß so sein, daß Gottes Wille vollendet wird und sonst nichts, wenn auch durch die zwiespältigen Meinungen die Herrschaft des natürlichen Verstandes vordringen und vor allem seine Stütze in den Grübeleien eines Mohammed finden wird.

Gott, der Schöpfer, läßt endlich durch seine feurigen Boten mit einem feurigen Sendschreiben [16] vor unsern Augen und Sinnen die Ursachen der Weissagungen in ihrer Bedeutung für den zukünftigen Fall sichtbar werden, der sich demjenigen, der die Zukunft vorher sagt, offenbaren muß. Die Vorhersage nun, die von den äußeren sichtbaren Lichtern ausgeht, wird in einem Fall unfehlbar sein, wo sie sich der Mittlerschaft der äußeren sichtbaren Himmelslichter bedient; wie wohl der sichtbare Teil, den der Seher durch die Wahrnehmungskraft zu ergründen glaubt, nichts anderes ist als eine Schädigung des erfinderischen Sinnes (d. h. Phantasie). Überdies ist es der Vernunft völlig einleuchtend, daß alle Prophezeiungen durch den Hauch der göttlichen Majestät mit Hilfe des Geistes der Engel dem prophezeienden Menschen ins Herz gelegt werden. Dieser salbt ihn mit dem prophetischen Charisma, erleuchtet den Propheten, führt seiner Phantasie Kraft zu durch allerhand nächtliche Erscheinungen und stärkt in ihm die prophetische Gewißheit, die unter der Kontrolle der Astronomie steht, eng verbunden mit der biblischen Vorhersage der Zukunft durch die allerheiligste Kirche. Nichts anderes ist mit dem nötigen Freimut in Betracht zu ziehen.

So komm denn in dieser Stunde, mein Sohn, und höre, was ich durch meine Berechnung der Umläufe, die mit den mir enthüllten Offenbarungen übereinstimmen, entdeckt habe: Das Schwert des Todes ist uns jetzt gerade nahe. Es hängt über uns in Gestalt einer Pest und eines Krieges, wie man ihn seit drei Menschenaltern nicht erlebt hat. Der Tod naht sich uns auch in einer Hungersnot, welche sich auf die Erde herabsenken wird und sich noch oft wiederholt.[17] Denn die Sterne vereinigen sich zu dieser Umwälzung, wie auch geschrieben steht: „Ich will mit eiserner Rute ihre Ungerechtigkeiten heimsuchen und mit Geißeln werde ich sie schlagen."

Die Barmherzigkeit Gottes wird eine Zeitlang uns nirgends zuteil werden, mein Sohn, bis die Mehrzahl meiner Prophezeiungen sich erfüllt hat. Und sie werden sich erfüllen durch den Ablauf der Umdrehung (der Erde). Im Laufe mehrerer unglücklicher Zeiten „werde ich sie in den Staub treten, spricht der Herr, sie zerbrechen und kein Mitleid haben".

Tausend andere Begebenheiten werden uns zustoßen durch Wasserfluten — (hier können auch Revolutionen gemeint sein) — und durch ständigen Regen, wie ich dies schon mehr als genug schriftlich in meinen anderen Prophezeiungen niedergelegt habe, die seit langer Zeit in prosaischer Form abgefaßt sind.[18] Ich habe dabei Orte und Zeiten begrenzt und den bestimmten Zeitpunkt vorhergesagt, den die Menschen, die nach uns kommen, erleben werden. Sie werden an der Erfüllung untrüglich das erkennen, was ich in den andern Büchern aufgezeichnet habe, in denen ich mich viel klarer ausdrückte. Trotzdem wird nur unter einer Wolke (vernebelt) das Verständnis der Weissagungen gewonnen werden können: „Aber wenn die Zeit kommt, wird die menschliche Unwissenheit aufgehoben werden." Wenn dieser Fall eintritt, dann wird die größte Klarheit herrschen.

Ich will nun schließen, mein Sohn, nimm hin das Geschenk Deines Vaters Michael Nostradamus! Ich hoffe, Dir noch eine jede Prophezeiung, die in den Vierzeilern enthalten ist, zu erklären. Ich bete zum ewigen Gott, daß er Dir ein langes Leben verleihen möge.

Alles Gute, viel Glück und Gnade!

Salon, am 1. März 1555.

1 Hier liegt ein Hinweis auf den „Schlüssel" zu den Centurien.
2 Lymphatisch bezeichnet physische (Erregungs-)Zustände besonderer Art.
3 Le Pelletier vermutet („le commun advenement") einen Hinweis auf die Kommune in der französischen Revolution.
4 Offensichtlich Anklänge an den Prolog Goethes zum Faust.
5 Der Name Hirakles ist nicht aufzuklären, könnte als Hinweis auf Hieron, den Herrscher von Syrakus, gelten, an dessen Hof Pindar und Äschylus lebten. — Im Altertum war man allgemein der Auffassung, daß die Dichter wie auch die Seher (z. B. die weissagenden Priesterinnen des delphischen Orakels) ihre Worte im Zustand des Entrücktseins von sich gaben.
6 Vgl. 1, 2.
7 Hier ist wie bei Anm. 6 an okkulte Erfahrungen zu denken.
8 Wie zu Anm. 6 und 7 ist hier die Vorstellung einer Katharsis anzunehmen, die in den Mysterienkulten und in der alten Medizin eine hervorragende Rolle gespielt hat. (Eine Parallele bei Goethe: „Die Flamme reinigt sich vom Rauch".)
9 Nach Wöllner endet 11 Jahre später der 24. „Orbis Magnus" nach Erschaffung der Welt.
10 „Enos" ist seit Solon der erste (und auch der letzte) Tag des Mondmonats, an dem Sonne und Mond zusammenstehen.
11 Die Dauer eines Zyklus des Mars: 36 Jahre.
12 Hinweis auf die „chaldäische Reihe" der Planetenherrschaften.
13 Hier äußert Nostradamus ähnliche Auffassungen wie sie Welikowski in „World in Collision" vertritt (vgl. 1, 84 und 3, 5).
14 Ein Hinweis auf den polnischen Thronfolgekrieg von 1733 bis 1735 und die folgenden drei schlesischen Kriege von 1740 bis 1763 mit ihren schweren Verlusten an Menschen und Kulturgütern.
15 Eine verschleierte Zeitangabe, die wie 14 die Zeit der franz. Revolution zu meinen scheint. Vgl. auch 1, 7.
16 Hier ist vermutlich an Kometen zu denken, für die das Interesse der Zeit des Nostradamus besonders groß war.
17 Eine Anspielung auf die Glaubenskriege.
18 Hier erfahren wir, daß die „Urschrift" der Nostradamus-Prophezeiungen in Prosaform abgefaßt war.

Vorrede an Heinrich den Glücklichen

Die achte bis zehnte Centurie hat Nostradamus am 27. 6. 1558 in Salon als Fortsetzung und zugleich als Abschluß seines prophetischen Werkes vollendet. Zum ersten Male erschien die *Gesamtausgabe* der zehn Centurien mit den beiden Vorreden bei Benoist Rigaud in Lyon im Jahre 1568, also zwei Jahre *nach* dem Tode des Sehers. Der Verleger war mit Nostradamus, den er als erfolgreichen Arzt bei der Bekämpfung einer Keuchhustenepidemie in Lyon kennenlernte, bekannt geworden. Wir wissen nichts Genaues, warum das Buch nicht bei Lebzeiten des Sehers erschien. Vielleicht hat ihm der Tod die Feder aus der Hand genommen, oder aber der Seher fürchtete den Argwohn der Dominikaner, der Spürhunde der kirchlichen Inquisition.

Die Vorrede zum zweiten Teil enthält eine Widmung „A l'invectissime très puissant et très chrestien Henry roy de France *second*". Diese Überschrift gibt uns ein Rätsel auf durch die Stellung des Wortes second, das nicht wie sonst üblich, hinter Henry, sondern am Schluß der Widmung steht. In dieser Form kann second (lat. secundus) im ursprünglich lateinischen Wortsinn *glücklich* bedeuten.

Der Lösung dieses Rätsels kommt man nahe, wenn man bei näherem Zuschauen feststellt, daß in der Vorrede zwei verschiedene Teile zusammengearbeitet, aber nicht völlig harmonisiert sind. Es finden sich zwei Chronologien über die Zeit von der Erschaffung der Welt bis zu den Lebzeiten des Nostradamus, die um 584 Jahre differieren. Auch die Zeitangabe im Text (14. März 1557) und das Datum der Unterzeichnung (27. Juni 1558 liegen 1 1/4 Jahre auseinander. Möglicherweise handelt es sich bei dieser Vorrede, worauf auch Karl E. Krafft aufmerksam macht, um Entwürfe von Prophezeiungen in Prosaform, die sein Schüler Aimé Chavigny in seiner Lebensbeschreibung seines Lehrmeisters Nostradamus im sog. „Janus Gallicus", erschienen im Jahre 1589, erwähnt. Die Erben des Nostradamus hätten demnach seine literarischen Hinterlassenschaften in Prosa nach einer

nicht eben geschickten Verkoppelung zweier Vorreden dem Verleger Benoist Rigaud übergeben.
Möglich ist auch, daß der erste Teil dieser Widmung tatsächlich dem König Heinrich II. von Frankreich, der den Seher 1555 in Blois empfangen hatte, zugedacht war. Dieser König erlag am 10. Juli 1559 nach einem Turnier einer Augenverletzung, die ihm sein Gegner Graf Montgommery ohne Willen beigebracht hatte. Nostradamus hatte ihn vor diesem Turnier gewarnt. (1, 35) Nunmehr widmete der Seher die bereits fertiggestellten Vorreden mit Ergänzungen dem von ihm visionär erschauten *zukünftigen* König von Europa und dem „chef du monde", dem Phönix von Heinrich IV., Heinrich dem Glücklichen.

(Die Buchstaben a - v entsprechen den 23 Seiten des französischen Urtextes).

Vorrede an Heinrich den Glücklichen

a) Dem gänzlich unbesieglichen, sehr mächtigen und allerchristlichsten
Heinrich, König von Frankreich, dem Glücklichen,
wünscht sein sehr ergebener, gehorsamer Diener und Untertan
Michel Nostradamus
Sieg und Glück!

Durch jene fürstliche Beachtung, die ich, allerchristlichster und siegreicher König, erfahren habe, bin ich beständig von der Zeit an, da mein Gesicht nach langer Verdunkelung sich vor dem unermeßlichen Glanz Ew. göttlichen Majestät zeigen durfte, geblendet. Ich werde nicht ablassen, jenen Tag zu preisen und würdig zu ehren, an dem ich zum erstenmal das Glück hatte, vor Ew. einzigartigen und zugleich leutseligen Majestät erscheinen zu dürfen. Wohlan, nun suche ich eine Gelegenheit, durch die es mir gelingt, meine gute Herzensmeinung und meinen Freimut kundzutun, durch deren Vermittlung mein besonderes Können Ew. Majestät noch in größerem Ausmaß bekannt wird. Ich sah ein, daß ich nicht die Möglichkeit hatte, mein Herz durch Taten sprechen zu lassen; und dabei habe ich doch den einzigen Wunsch, aus meiner obskuren und bisher weithin unbekannten Lage herauszutreten und vor (b) das Angesicht und hehre Auge des ersten Monarchen der Welt versetzt zu werden. Lange war ich im

Zweifel, wem ich diese drei Centurien, den Rest meiner Prophezeiungen, die das Tausend vollmachen werden, widmen sollte. Nach langem Nachdenken faßte ich einen vermessenen und kühnen Entschluß: Ich habe meine Widmung an Ew. Majestät gerichtet, die über diese Kühnheit nicht erstaunt sein möge. Wie allerdings der gewissenhafte Autor in seinem „Leben des Lykurg" berichtet, geschah es, daß die Leute angesichts der Geringfügigkeit der Weihgeschenke, die man in den Tempeln der unsterblichen Götter niederlegte, erschraken und sich nun scheuten, selbst in den Tempeln zu erscheinen. Ich aber dachte daran, daß Ew. königliche Erlaucht von einer unvergleichlichen Menschenfreundlichkeit beseelt sind. Darum habe ich meine Widmung an Euch gerichtet, nicht wie an die Perserkönige, bei denen es nicht erlaubt war, sie aufzusuchen, geschweige denn, sich ihnen zu nähern. Ich habe einem sehr klugen und weisen Fürsten meine nächtlichen und prophetischen Eingebungen geweiht.
Diese sind eine Synthese aus natürlichem Instinkt und poetischem Feuer unter Vernachlässigung der Regeln der Poesie. Die meisten sind komponiert und abgestimmt auf Grund astronomischer Berechnungen und entsprechen den Jahren, Monaten und Wochen der Regionen, Gegenden vieler Orte und Städte ganz Europas. Sie umfassen auch Afrika und einen Teil Asiens, je nach der Umgestaltung der Länder, wie sie sich meinem Auge darbieten mit der Mehrzahl ihrer klimatischen Verhältnisse und (c) ihrem natürlichen Zusammenhang.[1]
Man wird mir antworten: Für jemand, der das Bedürfnis hat, sich die Augen zu reiben (um besser sehen zu können), ist der Reim ebenso leicht faßbar, wie es schwer ist, den Sinn zu verstehen. Aber, allerleutseligster König, die Mehrzahl der in den Vierzeilern niedergelegten Prophezeiungen ist derart heikel, daß man nicht ohne weiteres sich durchfinden und sie auslegen kann, obwohl ich hoffe, das schwarz auf weiß zu hinterlassen, was die Prophezeiungen hinsichtlich der Jahre, Orte und Gegenden bedeuten, in denen sich der größte Teil erfüllen wird, zumal für die Jahre 1585 und 1606.[2]
Ich beginne mit der gegenwärtigen Zeit, dem 14. März 1557, und gehe weit darüber hinaus bis zu dem Ereignis[3], das zu Beginn des 7. Jahrtausend (nach Erschaffung der Welt) aufs sorgfältigste berechnet ist. So weit ich aufgrund meiner astronomischen Kalkulation und meines Wissens klar sehen kann, werden hier die Gegner Jesu Christi und seiner Kirche sich stärker zu vermehren beginnen. Das alles ist komponiert und berechnet

nach Tagen und Stunden, ausgewählt und gut angeordnet und zwar so genau, wie es mir möglich war und wie dies alles mit Hilfe der „Minerva libera et invita“[4] geschehen konnte. Ich rechne heraus, daß beinahe ebenso viele Ereignisse in der Zukunft kommen werden wie in den verflossenen Zeitaltern, die Gegenwart einbegriffen. Ich fasse zusammen, was man im Laufe der Zeit in allen Gegenden erleben wird, und es wird sich alles genau so abspielen, wie es geschrieben steht, wobei ich nicht übertreibe. Wiewohl man zu sagen pflegt: „Was man von den zukünftigen Dingen weiß, ist überhaupt nicht bestimmte Wahrheit“, so verhält es sich doch so, Sire, daß durch meine natürliche Anlage, die mir meine Großeltern vererbt haben[5], ich zuerst nicht glaubte, von mir aus weissagen zu können (d). Ich unterschätzte jedenfalls meine natürliche Mitgift, brachte sie dann aber in Einklang mit meinen langen Berechnungen, nachdem ich meine Seele und meinen Geist aufnahmebereit gemacht hatte. Mut, Kraft, Sorgfalt, Gewissenhaftigkeit und Eifer gewann ich dadurch, daß ich meine Seele stille werden ließ vor dem Ewigen. Das ganze Werk der Prophezeiungen und ihrer Harmonie beruht zu einem Teil auf dem ehernen Dreifuß (der Form des delphischen Orakels). Mag es nun auch mehrere Leute geben, die meine besonderen Gaben für nichts erachten, so ist doch der ewige Gott als Herzenskünder fromm, gerecht, barmherzig und darüber hinaus ein wahrhaftiger Richter. Ihn flehe ich an, daß er mich verteidigen möge gegen die Verleumdungen der Bösewichter, welche auch schändlicherweise danach forschen wollen, aus welchen Gründen Eure ältesten Vorfahren, die Könige von Frankreich, die Skrofeln geheilt haben. Auch die Könige anderer Nationen haben Schlangenbisse geheilt, wieder andere hatten die Gabe der Weissagung[6]. Das alles hier zu erzählen, würde zu weit führen. Darüber hinaus wird denjenigen, welchen die Niedertracht boshafter Geister unverständlich ist, im Laufe der Zeit nach meinem Abscheiden von dieser Erde noch viel mehr an meinen Schriften gelegen sein als zu meinen Lebzeiten, selbst dann, wenn ich mich in der Berechnung der Zeitalter getäuscht hätte oder sie auch sonst nicht nach jedermanns Wunsch gewesen wären. Es wird Ew. mehr als kaiserlichen Hoheit gefallen, mir zu verzeihen. Vor Gott und seinen Heiligen bezeuge ich, daß ich im vorliegenden Briefe nichts schreibe, was sich gegen den wahren katholischen Glauben richtet, selbst dann, wenn ich neben meinem sonstigen Wissen die astronomischen Berechnungen zur Kontrolle heranziehe. Denn der Zeitraum unserer ersten

Vorfahren (e) ist folgender — ich unterwerfe mich hierbei der Korrektur durch das heiligste Gericht[7]:
Der erste Mensch, Adam, lebte ungefähr 1242 Jahre vor Noah, nicht auf Grund der Berechnung der Heiden, so wie es Varro[8] schriftlich niedergelegt hat, sondern allein nach dem Zeugnis der Bibel und meines schwachen Geistes auf Grund meiner astronomischen Berechnungen. Nach Noah selbst und der allgemeinen Sintflut kam Abraham ungefähr 1080 Jahre später. Er war ein hervorragender Astrologe wie sonst niemand vorher und hat als erster die chaldäische Wissenschaft[9] entdeckt. Dann kam Moses ungefähr nach 515 oder 516 Jahren. Der Zwischenraum zwischen David und Moses beträgt ungefähr 570 Jahre. Danach, zwischen dem Zeitalter Davids und der Zeit unseres Heilandes und Erlösers Jesu-Christi, der von der einzigartigen Jungfrau geboren wurde, beträgt der Zwischenraum nach den Angaben einiger Chronographen 1350 Jahre. Man wird einwenden, einiges von dieser Berechnung sei nicht richtig, weil sie von der des Eusebius[10] abweicht. Darauf folgt die Zeit der menschlichen Erlösung bis zu der abscheulichen Irrlehre der Sarazenen (Islam), das sind etwa 621 Jahre. Man kann leicht zusammenrechnen, welche Zeiten vergangen sind und ob meine Tabelle gültig für alle Nationen ist, zumal alles nach dem Lauf der Sterne am Himmelszelt auskalkuliert wurde[11]. Man muß nun einige seelische Erregungen, die zu manchen Stunden über mich kommen und die mir von meinen Ahnen vererbt sind, in Betracht ziehen (f). Aber die Unbill der Zeit, gnädigster König, erfordert, daß solche geheimen Ereignisse (der Zukunft) nur in rätselhafter Sprache geoffenbart werden, die nicht bloß einen einzigen Sinn und eine einzige verständliche Erklärung zulassen, doch nicht so, daß eine zweideutige und doppelsinnige Berechnung aufgestellt wird. Wenn auch in Dunkelheit gehüllt, die eine Folge der natürlichen Eingebung ist, so nähern sich doch die Centurien den Sprüchen von tausendundzwei Propheten, die seit Erschaffung der Welt nach der phönizischen Zeitentabelle des Joel[12] lebten, der da von Gott sagt: „Ich werde meinen Geist ausgießen auf alles Fleisch, und es werden Eure Söhne und Eure Töchter weissagen". Aber solche Weissagungen geschahen durch den Mund des heiligen Geistes, der die höchste Macht in der Ewigkeit besitzt, verbunden mit der himmlischen Gewalt. Daher haben einige aus der Zahl der Söhne und Töchter große und wunderbare Ereignisse vorausgesagt. Ich lege mir an dieser Stelle nicht diesen Titel (eines Propheten) bei, da sei Gott vor,

bekenne aber, *daß alles von Gott kommt*. Ihm schulde ich Dank für die Gnade und gebe ihm die Ehre, Lob und Preis in Ewigkeit. Ich habe nichts von der Weissagerei hineingemischt, die ihre Weisheit von einem zufälligen Fatum bezieht. Nein, von Gott, von der Natur kommt meine Weissagung her. Zumeist begleitet vom Wandel der Gestirne, sehe ich gewissermaßen in einen Brennspiegel hinein. In nebelhaften Bildern nahen sich mir die großen tragischen und wunderbaren Ereignisse; ich sehe Unglücksfälle, die über die bedeutenden Diener Gottes hereinbrechen. Ich sehe zunächst den nahen Abfall von den Kirchen Gottes, dann den Verfall der Stützen dieser Erde (g), verbunden mit tausend anderen unglücklichen Ereignissen, die man im Wandel der Zeiten in der Zukunft erleben wird. Denn Gott wird ansehen die Unfruchtbarkeit der großen Dame[13], welche dann zwei fürstliche Kinder empfangen wird. Diejenige, die als Nebenfrau zur Seite steht, wird durch jugendliche Unbesonnenheit im 18. Lebensjahr in Todesgefahr geraten, sie kann aber das 36. Lebensjahr nicht überschreiten und wird dann drei männliche und ein weibliches Wesen hinterlassen. Und diejenige, die bisher niemals empfangen hatte, wird zwei Kinder von dem gleichen Vater haben. Zwischen den drei Brüdern bestehen deshalb große Zwistigkeiten, dann aber vereinigen und versöhnen sie sich doch, wobei sie drei oder vier Viertel von Europa in Schrecken setzen werden. Durch den Jüngsten wird die vom Christentum gestützte Monarchie aufrechterhalten und an Macht zunehmen. Sekten werden sich erheben, werden aber plötzlich gedemütigt, die Araber werden zurückgejagt, Königreiche vereinigen sich, neue Gesetze werden in der Öffentlichkeit verkündet. Von den anderen Kindern wird das erste das Reich der gekrönten feurigen Löwen, die furchtlos ihre Pranken über das Wappen halten, besitzen. Das zweite Kind wird im Bunde mit den Römern gewaltig vorwärts stürzen, bis zum zweitenmal der furchtbare Weg auf den Berg Jupiters (Kapitol im Rom) unternommen wird, den es dann herabsteigt, um die Gipfel der Pyrenäen zu erklimmen. Dieses Reich wird nicht mehr die Form einer alten Monarchie haben; denn es wird nun eine dritte Überschwemmung der Welt mit Menschenblut stattfinden; Mars wird sich nicht lange in der Fastenzeit befinden. Die Tochter (der Nebenfrau) wird verheiratet werden zur Erhaltung der christlichen Kirche, ihr Beherrscher (das ist ihr Geist) verfällt der heidnischen Sekte neuer Ungläubiger. Diese Tochter wird zwei Kinder haben, das eine gläubig, das andere ungläubig (h), um die katholische Kirche zu befestigen. Das letztere Kind wird zu seiner eigenen großen Verwirrung und späteren Reue danach trachten, sie (die katholische Kirche) zu vernichten. Drei Gegenden werden trotz ihrer extremen Unterschiede im Bunde stehen — damit ihr es wißt, es handelt sich um das Römerland (Italien), Germanien und Spanien. Diese Länder bringen verschiedene bewaffnete Parteien hervor, südlich des 50., beziehungsweise des 52. Breitengrades. Dann wird die ganze Menschheit der Religion huldigen, die (heute noch) fern den Ländern Europas und des 48. nördlichen Grades ist. Dort wird man zuerst aus eitler Furcht zittern, dann aber werden auch die westlichen, südlichen und östlichen Reiche in Angst geraten. Groß wird die Macht sein, die sich durch Bündnisse und Eintracht bei ihren kriegerischen Eroberungen unbesieglich machen wird. Von Natur sind diese Völker gleich, aber sehr verschieden in ihrem Glauben.

Nach diesen Ereignissen wird die unfruchtbare Dame, deren Macht größer ist als die der zweiten (Nebenfrau) von zwei Völkern aufgenommen. Zunächst durch das erste, das halsstarrig wurde, durch einen Tyrannen, der alle Gewalt besaß, dann durch ein zweites und drittes, das seine Kräfte im Umkreis des Ostens Europas ausbreiten wird bis zu den Pannoniern, die dort geschlagen werden und unterliegen [14]. Durch Unternehmungen auf dem Meere wird sich (das letztere Volk) bis nach Trinacria (Sizilien), über die Adria hinweg bis zu den Myrmidonen (Griechen) und bis nach Germanien ausbreiten, wo alles unterliegt. Die barbarische Sekte, vor allem die, die sich in Italien ausgebreitet hatte, wird stark bedrängt und verjagt werden.

Dann aber wird das große Reich des Antichristen beginnen im Gebiet des Attila und Xerxes [15]. In einer unabsehbar großen Zahl werden die Anhänger des Antichristen herabsteigen, so daß das Kommen des heiligen Geistes, der auf dem 48. Breitengrad heraufsteigt, Auswanderung machen wird. Er (der heilige Geist) flieht vor den Greueln (i) des Antichristen, der den Krieg gegen die Monarchie eröffnen wird, und zwar gegen den König, der dann der große Stellvertreter Jesu Christi auf Erden ist und gegen seine Kirche. Sein Reich wird eine Zeitlang bestehen, „da die Zeitumstände günstig sind“. Vorher aber wird eine Sonnenfinsternis vorausgehen, die dunkelste und finsterste, die es je seit der Schöpfung der Welt und seit dem Leben und Sterben Jesu Christi bis heute gegeben hat. Es wird im Monat Oktober sein, wo man eine große Verlagerung beobachten wird, so daß jedermann glaubt, die Schwerkraft der Erde habe ihre natürliche Bewegung verloren und die Welt sei in ewige Finsternis geschleudert[16]. Vorausgehen werden im Frühling und folgen extreme Änderungen, vor allem die Umgestaltung der Königreiche. Die Erde wird gewaltig beben, zugleich aber wird mit der Vermehrung des neuen Babylons die elende Tochter emporwuchern durch die Greuel des ersten Brandopfers, doch wird sie nur 73 Jahre und 7 Monate bestehen. Dann aber wird aus dem Stamm jener, die solange unfruchtbar geblieben war, ausgehend vom 50. Breitengrad, der Mann entstehen, der die ganze Kirche erneuern wird. Großer Friede und große Eintracht werden nun gestiftet werden zwischen einigen der Kinder, deren Grenzen durch verschiedene Regierungen getrennt sind. Ein solcher fester Friede wird dann geschlossen werden, daß die Begründer und Förderer der Kriegspartei, die die Verschiedenheit der Religionen als Vorwand für ihre Kriege benutzten, in dem tiefsten Abgrund angekettet bleiben werden. Ein Königreich des Rabieux[17] wird geeint werden, obwohl dieser bisher den Weisen spielte. Die Länder (k), Dörfer, Städte, Reiche und Provinzen, die die ersten Wege verlassen haben, um sich zu befreien, und die damit sich selbst in eine viel tiefere Knechtschaft begaben, werden heimlich ihrer Freiheit überdrüssig sein. Sie werden beginnen, nach dem völligen Verlust der christlichen Religion, abgestoßen von der linken Seite, sich nach rechts zu wenden. Die lange unterdrückte Geistlichkeit wird zusammen mit der heiligen Schrift wieder in ihre alten Ehren eingesetzt werden, nachdem der große Hund[18] den größten Köter (oder Bluthund) hervorbringen wird, der die größte Zerstörung überall anrichten wird und selbst das vernichtet, was vorher vollendet war. Die heiligen Kirchen werden wieder aufgerichtet werden, wie in den Zeiten des Urchristentums und die Geistlichkeit wird wieder in ihren früheren Stand eingesetzt. Doch sie wird beginnen, üppig zu werden und tausend Sünden zu begehen; damit aber wird man einer neuen Verwüstung nahekommen. In der Zeit der höchsten und erhabensten Gnade (für die Kirche) werden sich die Machthaber und ihre militärischen Streitkräfte erheben und es werden ihr die beiden Schwerter abgegürtet werden[19] und nur die äußeren Abzeichen bleiben. Durch die Seelsorge, welche sie eifrig betreibt, wird sie das Volk wieder auf den rechten Weg führen, und sie will nicht denen nachgeben, die mit dem entgegengesetzten Ziel der Politik der starken Hand die Erde antasten und die Völker aufputschen bis zu dem Zeitpunkt, da aus ihrem Schoß (d. h. dem Schoß der unfruchtbaren Dame) ein neuer Zweig emporwächst, der die Menschheit in aller Welt von dieser segensreichen (?) und freiwilligen Knechtschaft erlösen wird. Dieser Mann wird sich dann unter den Schutz des Mars stellen und den Jupiter aller Ehren und Würden berauben zugunsten der freien Stadt, die in einem anderen kleinen Mesopotamien gegründet wurde[20]. Der Anführer und Statthalter wird dann aus der Mitte entführt und in einen höheren Luftraum (!) gebracht werden[21]. Er ahnte nichts von den Konspirationen der Verschwörer mit dem zweiten Thrasybul 22), der schon alles vorbereitet hatte. Dann aber werden die Schmutzigen offenbar werden und ihre Greueltaten ans Licht kommen, obwohl sie das Licht scheuen. Dieser Zustand wird aufhören gegen das Ende (dieses Zeitraums), da die Herrschaft wechselt. Aber die Schlüssel der Kirche (d. h. die Päpste) werden die Liebe Gottes hintergehen und mehrere werden vom wahren Glauben abfallen. Von drei Sekten wird die mittlere durch die Priester in Verfall geraten. Die erste breitet sich über ganz Europa aus, nachdem die dritte im größten Teil Afrikas ausgerottet wurde und zwar mit Hilfe der Armen im Geist, weil (diese Sekte) durch gefühllose Menschen erhöht wurde, die in Weltlust und Luxus dahinlebten. Das Volk wird sich anhaltend erheben und die Anhänger der Gesetzgeber verjagen. Es wird scheinen, als ob Gott in den durch die östlichen Lehren (durch den Bolschewismus) entkräfteten Reichen den Satan aus dem höllischen Gefängnis losgelöst hätte, damit er den großen Köter und Dagon[23] entstehen lasse, welche beide eine so abscheuliche Spaltung in die Kirche hineintragen werden, daß weder die Roten noch die Weißen die Lage beurteilen können, weil ihnen die Augen und Hände fehlen[24].

Es wird ihnen ihre Macht genommen werden und eine so große Verfolgung wird in der Kirche stattfinden, wie sie noch niemals da war. In der Zwischenzeit wird eine so große Seuche entstehen, daß zwei Drittel der Menschheit dahingerafft werden. Diese Not wird sich so gewaltig auswirken, daß man nicht mehr die Lage der Felder und Häuser erkennen kann, Gras wird auf den Straßen wachsen bis zu den Knien (halbmannshoch)[25] (m). Eine totale Verwüstung wird man unter dem Klerus anrichten. Die Kinder des Mars[26] werden sich derer bemächtigen, die von der Sonnenstadt, von Malta und den Inseln der Stöchaden zurückgekehrt sein werden. Die große Kette vor dem Hafen wird gelöst werden, der den Namen nach dem Seestier trägt[27]. Von den Ufern des Meeres her wird ein neuer Einfall gemacht werden mit der Absicht, durch einen kühnen Sprung (Blitzkrieg)

Castulon[28] von seiner ersten Einnahme durch die Mohammedaner zu befreien. Nicht überall werden ihre Angriffe vergeblich sein: Achem, wo vor Zeiten die Wohnung Abrahams war, wird durch die Männer, die die Jovialisten (das sind die Anhänger Heinrichs des Glücklichen) verehren, erstürmt werden. Jene Stadt Achem (der Wohnsitz Abrahams) wird von allen Seiten mit großer Macht von den Bewaffneten umzingelt und belagert. Ihre Seestreitkräfte werden durch die Westmächte geschwächt werden. Eine große Verheerung folgt im Königreich, die größten Städte werden entvölkert. Diejenigen aber, die in das Land einrücken, werden von der Rache und dem Zorne Gottes getroffen werden. Das heilige Grab wird für einen langen Zeitraum offen unter dem Blau des Himmels liegen, die Augen des Weltalls, Sonne und Mond, werden über ihm leuchten. Der heilige Ort wird verwandelt in einen Stall für kleines und großes Herdenvieh, er wird verwandelt werden und umgestaltet für profane Dinge. Oh, welch unheilvolle Anfechtung wird den schwangeren Frauen beschieden sein. Hauptsächlich wird das Heer aus dem Osten aufgewiegelt und durch die Einwohner des Nordens und Westens besiegt. Die Besiegten werden getötet, der Rest wird fliehen, ihre Kinder, die sie in Vielweiberei erzeugt haben, werden interniert (n). Hierdurch erfüllt sich die Weissagung des königlichen Propheten „damit er die Klagen der Gefesselten höre, damit er die Söhne der Getöteten frei mache".

Welch großer Druck wird nun auf die Fürsten und Statthalter der Königreiche ausgeübt, selbst auf die, die am östlichen Meere liegen. Ihre Sprachen werden untermischt mit der Sprache der Lateiner und der Araber vermittels der Verkehrsstraßen der Punier[29]. Die Könige des Orients werden verjagt und vertilgt, nicht zum wenigsten durch die Streitkräfte der nördlichen Könige und nahe um die Zeit unseres Jahrhunderts. Hier helfen drei Verbündete heimlich mit, von denen immer einer des anderen Tod sucht. Sie belauern sich gegenseitig und stellen sich Fallen[30].

Die Erneuerung des Triumvirates wird sieben Jahre dauern, in denen sich der Ruf dieser Partei über die ganze Welt verbreitet. Das heilige unbefleckte Meßopfer wird gewährleistet, dann werden zwei große Herren aus dem Norden die Völker des Orients besiegen. Es entsteht unter diesen Ereignissen so viel Lärm und Kriegsgeschrei, daß der ganze Orient vor Furcht zittern wird vor diesen Brüdern, die aber wiederum nicht Brüder des Nordens sind. Darum, Sire, habe ich in dieser Abhandlung die Vorhersagen ziemlich verworren niedergeschrieben. Fragt man nun, wann die Ankunft dieser Könige und Brüder erfolgt, so muß man, um einen Trugschluß hinsichtlich der nun folgenden Zeit zu vermeiden, beachten, daß sie nicht oder nur ein wenig mit der oberen (d. h. astronomischen Berechnung) übereinstimmen.

Auf astronomischem Wege und noch unter einem anderen Gesichtswinkel, nämlich dem der untrüglichen heiligen Schrift, könnte ich für jeden Vierzeiler die genaue Angabe der Zeit machen (o), wenn ich nur wollte. Allerdings dürften diese Angaben und noch weniger die Auslegungen nicht allen zusagen, es sei denn, um den Verleumdern keine Ursache zu geben, mich durchzuhecheln.

Auf jeden Fall beträgt, wenn ich die Jahre zähle, die Zeit der Erschaffung der Welt bis zur Geburt Noahs 1506 Jahre. Von der Geburt Noahs bis zur Vollendung der Arche, als die Sintflut bevorstand, die sich über die ganze Erde verbreitete, vergingen wiederum 600 Jahre; es fragt sich freilich, ob der Rechnung Sonnenjahre oder Mondjahre oder gemischt zugrunde liegen. Ich bin der Ansicht, daß die Heilige Schrift nach Sonnenjahren rechnet. Am Ende des Zeitraums von 600 Jahren bestieg Noah die Arche, um sich vor der Sintflut zu retten. Diese über die ganze Erde verbreitete Sintflut dauerte ein Jahr und zwei Monate. Vom Ende der Sintflut bis zur Geburt Abrahams vergingen wiederum 295 und von da bis zur Geburt Isaaks 100 Jahre, von Isaak bis Jakob 60 Jahre. Von der Stunde an, da er in Ägyptenland einreiste, bis zu seiner Ausreise vergingen 130 Jahre. Von der Stunde an, in der die Kinder Israel in Ägypten einzogen, bis zu ihrem Auszug verging ein Zeitraum von 430 Jahren. Vom Auszug aus Ägypten bis zur Erbauung des Tempels durch Salomon im vierten Jahre seiner Regierung verflossen 480 Jahre (p). Vom Tempelbau bis Jesus Christus verflossen nach der Berechnung der Heiligen Schrift 490 Jahre[31]. Diese meine Tabelle, ergänzt durch die Heilige Schrift, zeigt nun ungefähr 4173 Jahre an, 8 Monate mehr oder weniger. Ich übergehe die Zeit von Jesus Christus an infolge der Spaltungen der Sekten und berechne die gegenwärtigen Prophezeiungen nach der Ordnung der Kette, welche auch ihre Enthüllung enthält, alles nach den Gesetzen der Astronomie und auf Grund meiner natürlichen Eingebung[32].

Es vergeht nun eine Zeitspanne, in der der Zeitraum enthalten ist, da Saturn rückläufig wird und zwar vom 7. April bis zum

25. August, Jupiter vom 14. Juni bis zum 7. Oktober, Mars vom 17. April bis zum 22 Juni, Venus vom 9. April bis zum 22. Mai und Merkur vom 3. Februar bis zum 24. Februar und danach vom 1. bis zum 24. Juni und vom 25. September bis zum 16. Oktober. Saturn in Steinbock, Jupiter im Wassermann, Mars in Skorpion, Venus in den Fischen und Merkur während eines Monats in den Zeichen Steinbock, Wassermann und Fischen; der Mond im Wassermann, der Kopf des Drachen in der Waage und der Drachenschwanz im gegenüberliegenden Zeichen (Widder). Es folgt nun eine Konjunktion zwischen Jupiter und Merkur mit einem Quadrataspekt von Mars auf Merkur. Der Kopf des Drachen steht in einer Konjunktur mit der Sonne und mit dem Jupiter (aber im Trigon)[33].

Das Jahr wird friedlich sein ohne Sonnenfinsternis, aber nicht ganz (q). Aber es wird der Anfang sein von dem, was Bestand hat. Im Anfang dieses Jahres beginnt eine sehr große Verfolgung der christlichen Kirche, wie sie nicht einmal in Afrika (durch den Islam) sich ereignet hat. Diese wird anhalten bis zum Jahre 1792, wo man glauben wird, dies sei der Zeitpunkt der Erneuerung des Zeitalters (oder des Zyklus)[34].

Danach wird das römische Volk anfangen, sich wieder emporzurichten und einige dunkle Elemente davonjagen. Es erhält etwas von seinem früheren Glanz zurück, allerdings geht es nicht ohne große Spaltungen und ständige Wechselfälle ab. Darauf wird sich Venedig zu einer großen Machtfülle emporschwingen, es wird seine Flügel so hoch ausbreiten, daß man kaum noch einen Unterschied zwischen ihm und der Herrlichkeit des alten Rom sieht. In jener Zeit wird man auch beobachten, wie sich das große Byzanz mit den Ligurern vereint unter Mitwirkung einer nördlichen Macht, doch auch da wird es einige Hindernisse geben, welche zwei Kreter (Verräter) verursachen, weil sie ihren Verbündeten nicht die Treue halten. Die durch die alten Marsanhänger (Römer) erbauten Triumpfbögen werden in die Wogen Neptuns (d. h. ins Meer) stürzen. In der Adria wird große Zwietracht entstehen; was bisher eins war, wird getrennt werden. Zum Haus wird herabsinken, was zuvor eine große Stadt war und noch ist. Der Pempotan[35] wird das Mesopotamien Europas bis zum 45. Breitengrad und andere Gegenden des 41., 42. und 37. Breitengrades in Besitz nehmen[36].

In dieser Zeit und diesen Regionen wird die Gewalt des Teufels die Macht der Gegner des heiligen Gesetzes aufhetzen gegen die Kirche Jesu Christi. Der zweite Antichrist wird die Kirche und den rechtmäßigen Stellvertreter Petri mit Hilfe der derzeitigen Könige verfolgen, die unwissentlich durch Redner verführt werden (r), welche mit ihren Worten eine größere Spaltung hervorrufen, als es das Schwert in den Händen eines Irrsinnigen vermag. Die oben erwähnte Herrschaft des Antichristen wird nur bis zum Ende des Mannes dauern, der am Übergang eines Zeitalters zum anderen geboren wird und zwar in der Stadt des Plancus (Lyon): er wird von den erwählten Fürsten in Modena und Bologna begleitet und unterstützt. Über Ferrara wird seine Herrschaft mit Hilfe der Bewohner Liguriens und der Adriaküste bis in die Nähe der großen Trinakria (Sizilien) aufrecht erhalten. Dann aber wird der Berg Jupiters (Rom) seinen Weg fortsetzen. Der französische Herkules wird mit einer großen Anzahl Menschen, wie sie weit und breit das Reich, das seinem großen Gesetz untersteht, aufbringen mag, anrücken und dann wird noch einige Zeitalter nachher das Blut der Unschuldigen mit Hilfe der Schuldigen reichlich vergossen. Die letzteren werden ein wenig erhöht, dann aber wird durch große Fluten die Erinnerung an diese fortgesetzten Dinge durch die Wirkung des Zornes Gottes einen unschätzbaren Verlust erleiden, die Literatur über diese Dinge geht verloren und jeder, der gegen die Nordländer (vielleicht Bolschewisten) ist, wird verfolgt. Doch noch einmal wird nach dem Willen Gottes der Satan gefesselt werden. Dann wird erneut ein allgemeiner Friede unter den Menschen gestiftet, die Kirche Jesu Christi wird von aller Trübsal befreit, so sehr auch die Bewohner der Azoren versuchen werden, den Honig mit Galle zu untermischen und ihre pestartigen Verführungskünste spielen zu lassen[37]. Das aber wird geschehen, wenn sich die Welt dem 7. Jahrtausend (nach Erschaffung der Welt) nähert. Die Kirche Jesu Christi wird nicht mehr durch die Ungläubigen, die aus dem Norden (Rußland) kommen, mißhandelt werden. Einige große Brandkatastrophen (Vulkanausbrüche) stehen dann der Welt bevor; der Lauf der Zeit aber geht weiter, wie aus meinen Prophezeiungen und den ihnen zu Grunde liegenden (astronomischen) Berechnungen hervorgeht. In dem Brief, den ich vor einigen Jahren (s) meinem Sohn Cäsar Nostradamus gewidmet habe, habe ich klar und offen ohne Vorhersage gelassene Punkte erklärt. Hier aber, Sire, sind mehrere große und wunderbare Ereignisse zusammengefaßt, welche unsere Nachfahren erleben werden.

Auf Grund meiner astronomischen Berechnungen, verglichen mit der heiligen Schrift, wird die Verfolgung der Anhänger der

Kirche durch die Macht der nordischen Könige, die mit den östlichen verbündet sind, ihren Ursprung nehmen. Sie wird elf Jahre, vielleicht etwas weniger dauern, weil dann der mächtigste nordische Herrscher gestürzt wird. Wenn diese elf Jahre vollendet sind, wird sein südlicher Bundesgenosse sich emporschwingen und die Anhänger der Kirche noch mehr in einer Zeitspanne von drei Jahren verfolgen. Hierbei bedient er sich der Verführungskünste eines Ketzers, der die unumschränkte Macht über eine militarisierte Kirche hat. Das heilige Volk Gottes, das das göttliche Gesetz bewahrt und hält, sowie alle religiösen Orden werden eine große Verfolgung und Anfechtung erleiden, so daß alles vom Blute der wahren kirchentreuen Christen schwimmt. Die Gefolgschaft eines der dann lebenden Könige wird ihm Loblieder des Inhalts singen, daß er mehr unschuldiges Blut der Kirchenanhänger vergossen habe, als er Wein hätte saufen können. Dieser König wird unglaubliche Schandtaten gegen die Kirche begehen, Menschenblut wird vor aller Augen auf den Straßen und in den Kirchen fließen, wie Wasser nach einem Wolkenbruch. Das Blut wird die Wellen der Flüsse röten. Andererseits färbte sich das Wasser durch einen Seekrieg rot, so daß der Bericht des Königs an einen andern lautet: „Durch Seekriege (t) färbte sich das Wasser rot".
Dann wird in demselben und in den folgenden Jahren zum Erschrecken der Menschheit die furchtbarste Pestseuche auftreten, noch bemerkenswerter durch eine vorangegangene Hungersnot. Es folgen dann so große Trübsale, wie sie noch nie seit der Gründung der christlichen Kirche und seit den Zeiten des Urchristentums erlebt worden sind. Diese breiten sich in allen lateinischen Gegenden aus. Ihre bleibenden Spuren sind auch in einigen Gegenden Spaniens sichtbar. — Dann hört der dritte nordische König durch seinen ersten Minister die Klagen des Volkes. Er wird eine große Armee ausrüsten und an den Zerstörungen, die seine Vorfahren und Ahnen angerichtet haben, vorüberziehen. Den größten Teil wird er dann in den früheren Zustand versetzen. Auch der große Stellvertreter der Kappe (der Papst) wird wieder in seinen vorherigen Stand erhoben. Aber er wird auf das tiefste betrübt sein und wird dann von allen verlassen. Es folgt nun wieder eine Schicksalswendung in der Geschichte der Sancta Sanctorum (der katholischen Kirche). Sie wird durch das Heidentum zerstört, das Alte und Neue Testament werden verworfen und verbrannt. Danach wird der höllische Fürst selbst als Antichrist erscheinen. Noch einmal und zwar zum letzten-

mal werden alle Königreiche der Christenheit, ebenso wie die der Ungläubigen, in einem Zeitraum von 25 Jahren zittern. Noch härtere Kriege werden geführt und noch blutigere Schlachten werden geliefert. Dörfer, Städte, feste Plätze und andere Baulichkeiten werden verbrannt. Viel Blut der Jungfrauen, Ehefrauen und Witwen wird, nachdem sie geschändet worden sind, vergossen. Säuglinge werden gegen die Wände der zerstörten Dörfer geschleudert. Soviel Unheil wird durch den höllischen Fürsten angerichtet werden, daß fast die ganze Welt zerstört und verwüstet sein wird. Bevor aber diese Ereignisse eintreten, werden einige ungewöhnliche Vögel (u) ihr „huy-huy“ in den Lüften schreien[38]. Nach einiger Zeit aber werden sie verschwunden sein.

Nachdem dies alles lange genug gedauert hat, wird fast das zweite Reich des Saturn beginnen und das goldene Zeitalter aufgerichtet werden. Gott, der Schöpfer, wird die Trübsal seines Volkes ansehen und sprechen: Der Satan soll gebunden werden. Dann beginnt zwischen Gott und den Menschen ein allgemeiner Friede. Der Satan wird ungefähr tausend Jahre gefesselt sein (vgl. Offenbarung Johannes, Kap. 20). Die Kirchenmacht wird ihre höchsten Befugnisse zurückerhalten. Dann aber wird der Satan wieder losgebunden.

Daß alle diese Bilder genau mit den heiligen Schriften und den himmlischen Dingen übereinstimmen, erkennt man an den Stellungen des Jupiter, Saturn und Mars. Die übrigen Konjunktionen sind mehr oder minder perfekt, wie man aus einigen Vierzeilern erkennen kann. Ich hätte das alles noch gründlicher berechnen können, um die Übereinstimmung (mit der Wirklichkeit) noch leichter und faßlicher zu machen. Aber da ich einsah, gnädigster König, daß einige Ausführungen dann bei der Censur Anstoß erregen würden, war das für mich ein Grund, meine Feder niederzulegen und mich zur Nachtruhe zu begeben.

Vieles, o König, der Du über alles mächtig bist, wird sich klar und deutlich in Kürze ereignen, allerdings alles in diesen an Dich gerichteten Brief hinein zu schreiben, kann und will ich nicht. Nur zum besseren Verständnis sollen gewisse schreckliche Ereignisse hier angedeutet sein. Denn so reich ist Deine Größe und Menschenfreundlichkeit und Deine Frömmigkeit vor Gott, daß Du allein würdig bist, den Namen des mächtigsten christlichsten Königs zu tragen. Dir allein muß auch die höchste Autorität in religiösen Dingen zuerkannt werden.

Ich erbitte nun ganz allein von Euch (v), gnädigster Herr, daß

Ihr in Eurer einzigartigen und weisen Leutseligkeit den Wunsch, den mir mein Mut eingibt, versteht und das Ergebnis meines höchsten Eifers, Ew. Majestät zu gehorchen, in Gnaden entgegennehmt. Seit meine Augen so nahe waren Ew. sonnengleichen Herrlichkeit, an die die Größe meiner Arbeit nicht im entferntesten heranreicht, beseelt mich dieser Gedanke.

Salon, am 27. Juni 1558

Dies Werk verfaßte Michael Nostradamus in Salon in der Provinz Petri

Anmerkungen zur Vorrede an Heinrich den Glücklichen

1 Diese Worte sind die Quintessenz der prophetischen Tätigkeit des Sehers.

2 1585 beginnt in Frankreich der Krieg der drei Heinriche, der den Anstoß zum Aussterben der Valois in ihrem Mannesstamm brachte. — Im Jahre 1606 stand König Heinrich IV. auf dem Höhepunkt seiner Macht. (In 8, 71 erwähnt Nostradamus das Jahr 1607 im Zusammenhang mit der Entwicklung der modernen Astronomie.)

3 Im Wort „commun advenement“ sieht Le Pelletier den Anbruch der Herrschaft des dritten Standes während der franz. Revolution.

4 Der Tag der „Minerva libera et invita“ (einer freien, ungezwungenen Forschung) ist die Zeit des Humanismus.

5 Vgl. hierzu die Ausführungen Seite 7.

6 Fontbrune berichtet, daß Heinrich III. auf seinem Sterbebett 1589 die Bekehrung des späteren Königs Heinrich IV. vorausgesagt hatte. — Ludwig XIII. sagte im Todeskampf zum Fürsten Condé: „Ich träumte, daß Euer Sohn einen schweren Kampf mit seinen Feinden bestand, aber die Unsrigen blieben Herren des Schlachtfeldes.“ Auch diese Vision ging in Erfüllung und zwar im Krieg gegen Spanien.

7 Gemeint ist das Heilige Offizium in Rom.

8 Varro Reatinus, Zeitgenosse Ciceros, schrieb ein Werk über römische Altertumskunde.

9 Chaldäa galt als Wiege der Astronomie und der Astrologie.

10 Eusebius, Erzbischof von Cäsarea, war der erste Kirchenhistoriker und verfaßte eine berühmte Chronographie.

11 Nostradamus gibt in der Vorrede an Heinrich den Glücklichen noch eine zweite Chronologie bekannt; vgl. Seite 118.

12 Joel 3, 1.

13 Fontbrune vermutet in der „unfruchtbaren Dame" einen Hinweise auf das Geschlecht der Kapetinger und ihre Monarchie.

14 Pannonier sind die Bewohner des Donauraumes, im engeren Sinne die Österreicher und die Ungarn.

15 Das Reich des Attila und Xerxes ist Mittel- bzw. Ostasien.

16 Vgl. 1, 84.

17 Rabieux kommt vom lateinischen rabiosus, wild, toll.

18 Hier liegt ein Anagramm für Heinrich den Glücklichen vor: Chien = Henry. — Auf Heinrich den Glücklichen folgt der „große Mastin", der „größte Köter".

19 Gemeint sind hier das geistliche und das weltliche Schwert, die beide von der Kirche getragen werden.

20 Das kleine Mesopotamien ist das Rhone-Delta. Nicht weit von der Rhone-Mündung liegt Avignon, die Residenz der Päpste im Exil.

21 Diese Entführung scheint mit einem Flugzeug durchgeführt zu werden.

22 Thrasybul befreite seine Vaterstadt Athen von der Tyrannei der Dreißig.

23 Dagon ist der Nationalgott der Philister, wie der „große Mastin" auch ein Vorbote des Antichristen.

24 Die Roten sind die Kardinäle, die Weißen sind die Dominikaner — nach der Farbe ihrer Roben.

25 Dies kann als Hinweis auf den 30jährigen Krieg aufgefaßt werden, in dem die Bevölkerungszahl Deutschlands von zwölf auf drei Millionen sank.

26 Der Begriff „Kinder des Mars" ist nur schwer zu klären: hier kann zunächst an die Römer oder an Soldaten gedacht werden, gleichfalls aber an alle, die irgend etwas mit dem Tierkreiszeichen Widder zu tun haben (z. B. Deutsche) oder mit dem Skorpion (z. B. Bayern). Die Erwähnung von Marseille im folgenden Satz läßt den Schluß zu, daß es sich bei den Kindern des Mars auch um „Werktätige" handeln kann.

27 Sonnenstadt ist Paris; Malta war der Sitz des Malteserordens; der Hafen des Seestieres ist Marseille, in dessen Nähe das Kastell Taurois liegt und die im gleichen Satz genannte Inselgruppe der Stöchaden (Hyèren).

28 Castulon, das heutige Cazlona, liegt am oberen Guadalquivir in Spanien.

29 Hier könnte an das moderne Esperanto gedacht werden.

30 Als Hinweis auf Lepanto möglich, doch reichlich unklar.

31 Eine zweite Chronologie, s. a. Seite 163.

32 U. a. ein Hinweis auf kabbalistische Auffassungen, die den Prophezeiungen zu Grunde liegen.

33 Diese Konstellationen weisen auf das Jahr 1606 (s. a. Anm. 2).

34 1792 ist das Jahr des Höhepunktes der revolutionären Entwicklungen in Frankreich, die nicht nur einen neuartigen Kalender, sondern auch den Kult der Vernunft einzuführen versuchten.

35 Pempotan wird als Panpotens (Allmächtiger, aber auch als Panpotamos (derjenige, der alle Flüsse beherrscht,) gelesen. Ein Hinweis auf den Papst, England oder (später) auf Amerika.

36 Auf dem 35. Breitengrad liegen die Mündungen der Donau, des Po und der Garonne. „Das kleinere Mesopotamien“ ist, wie bereits erwähnt, das Rhone-Delta. — Auf dem 41. Breitengrad liegt etwa Neapel, auf dem 42. Rom und auf dem 37. die Küste Nordafrikas.

37 In diesem Satz findet sich eine Text-Schwierigkeit: In der Ausgabe von 1568 findet sich das Wort „Azoarains“, das später abgewandelt wurde in „Azostain“; es scheint ein Zusammenhang mit dem griechischen Wort asotus, ausschweifend, vorzuliegen.

38 Vgl. auch 2, 75.

Ein Bannspruch gegen Kritiker ohne Kompetenz

(Legis cantio contra ineptos criticos)

6, 100

„Qui legent hosce versus, maturè censunto!
Prophanum vulgus & inscium ne attrectato:
Omnesque Astrologi, Blenni, Barbari procul sunto!
Qui alter facit, is ritè sacer esto!"

„Wer diese Verse liest, prüfe sie gründlich!
Gemeines und unwissendes Volk soll sich nicht mit ihnen beschäftigen:
Weg mit euch, ihr Astrologen, Strohköpfe und Barbaren!
Wer dem zuwider handelt, der sei rechtmäßig verflucht!"

Dieser Vierzeiler ist als einziger im französischen Urtext in lateinischer Sprache abgefaßt. Er ist erst später an diese Stelle geraten, weil der betreffende Vierzeiler aus heute nicht mehr durchsichtigen Gründen herausgenommen wurde.
Die uns etwas seltsam anmutende Form eines Bannfluches war bei prophetischen Büchern von jeher üblich. Am Schluß der Offenbarung Johannis stehen die Worte: „So jemand etwas dazusetzt, so wird Gott zusetzen für ihn die Plagen, die in diesem Buche geschrieben stehen; und so jemand davontut von den Worten des Buches dieser Weissagung, so wird Gott abtun seinen Teil vom Holz des Lebens und von der heiligen Stadt." Damit wird den Verfälschern des Textes von dem Verfasser der Apokalypse schwere Strafe, sogar der Ausschluß aus der Seligkeit angedroht.
Diesem Fortissimo gegenüber klingt der Bannspruch des Nostradamus gemäßigt. Als gebildeter Humanist will der Seher mit den Groschenastrologen nicht in einem Atem genannt werden. Er verwahrt sich dagegen, daß sein prophetisches Werk der Sensationsgier preisgegeben und in den Staub der Alltäglichkeit herabgezogen wird. Er verteidigt damit gegen die „Barbari", Menschen ohne Kultur, die auch die lateinische Sprache nicht beherr-

schen, die Ehre seines Standes als ernsthafter Gelehrter und begnadeter Prophet. Der Barbar (der Bärtige) war als Angehöriger einer anderen Nation für die Griechen ein Fremdling. Als der Humanismus mit der Aufwertung der Antike ein neues Welt- und Selbstgefühl schuf, wurde aus dem Barbar ein Mann, der nicht die Sprache des Geistes, das Latein sprach. Dieser Überheblichkeit gegenüber ist die Meinung von D. Martin Luther viel edler: Er erhob die deutsche Sprache durch seine Bibelübersetzung zur Schriftsprache in der richtigen Erkenntnis: „Die Sprachen sind die Scheide, darin das Messer des Geistes steckt." (Weimarer Ausgabe 15, 38)

Der Vierzeiler 6, 100 ist nicht frei von alttestamentarischem Haß. Allerdings muß man daran denken, daß Nostradamus bereits zu seinen Lebzeiten nicht nur von zeitgenössischen Schriftstellern angegriffen, sondern auch von rohen Menschen als Zauberer beschimpft wurde. Er rief ihnen zu: „Ihr werdet mir nicht nach meinem Tode auf das Herz treten!" Das traf insofern ein, als der Sarg des Sehers in der Wand der Franziskaner-Minoritenkirche in Salon, angeblich aufrecht stehend, beigesetzt wurde. Nachdem ein Jakobiner im Jahre 1791 diese Kirche durch Feuer zerstört hatte, ruhen die sterblichen Überreste des Nostradamus in einer Seitenwand der Kapelle der heiligen Maria, die zur Kirche St. Laurent gehört.

Erfüllte Prophezeiungen

Das 16. Jahrhundert

Im 16. Jahrhundert beginnt ein neues Kapitel der Weltgeschichte, der Aufbruch in die Neuzeit. Die Erweiterung des geografischen Horizontes durch die Entdeckung des neuen Erdteils Amerika im Jahre 1592 durch Kolumbus, die Renaissance der Antike als Stufe zum geistigen Umbruch durch den Humanismus, das unterirdische Grollen im sozialen Raum, das sich in den Gewittern des Bauernkrieges entlud, eine Reformation an Haupt und Gliedern, die mit dem Thesenanschlag des mutigen Augustinermönches D. Martin Luther begann — dies alles wurde der Urgrund, aus dem die Prophezeiungen des Nostradamus emporwuchsen. Er prophezeite nicht allein; wir besitzen auch Vorhersagen von Paracelsus und von Martin Luther selbst.

Die große Reformation

16. Jahrh. 6, 100 (ursprüngliche Form)

> „Tochter des Goldes, du ungesunder Zufluchtsort,
> Wo bis zum Himmel man das Amphitheater ragen sieht:
> Wird erst das Wunder sichtbar, dann ist dein Unheil dir nahe.
> In Gefangenschaft wirst du geraten von diesem Augenblick an mehr als viermal.“

Dieser ursprüngliche Vers wurde später aus den Centurien entfernt, wohl aus dem Grunde, weil Nostradamus sich durch diese Vorhersage in Gefahr brachte. Daß Rom gemeint ist, geht aus dem Hinweis auf das größte Amphitheater der Welt, das Kolosseum, hervor. Der Seher sagt eine viermalige Eroberung von Rom voraus, nachdem bereits im Jahre 1527 der Connétable von Bourbon Rom im Sturm genommen hatte. „Tochter des Goldes“ ist ein Symbol für den Reichtum und die Verschwendungssucht der ewigen Stadt.

16. Jahrh. 5, 91

„Auf dem großen Marktplatz, den man den der Betrüger nennt,
Treffen sich ganz Tarent und die Einwohner des Gebietes von Athen:
Sie werden durch die leichten Reitertruppen (Polizei) der Albaner (Römer) überrascht,
Mars steht im Löwen, Saturn ist rückläufig."

Rom, der große Supermarkt: „Ein Kaufmann mit der Börse in der Hand hatte allemal den Vorzug", sagt Leopold von Ranke in seiner Geschichte der römischen Päpste. Hier trafen sich die Händler aus dem Mittelmeerraum. Mitunter erfolgte eine Razzia durch berittene Polizei.

1517—1546 ff. 10, 65

„O weites Rom, dein Untergang naht,
Nicht aus deinen Mauern, sondern aus deinem Blut und deiner Substanz:
Der Rücksichtslose wird mit seinen Schriften eine furchtbare Bißwunde dir zufügen,
Das gespitzte Eisen, das sich gegen alle richtet, dringt bis in den Beichtstuhl vor."

„Gegen das Papsttum von Rom, vom Teufel gestiftet", so lautete die letzte Schrift von D. Martin Luthers rumorendem Geist. Sie kam von einem ehemaligen Priester der katholischen Kirche. Luthers harte und unerbittliche Kampfform als Publizist erreichte sogar die Beichtstühle. In der von ihm begründeten Kirche wurde der Zwang zur Ohrenbeichte abgeschafft.

Reformation in der Schweiz

1509—1564 8, 41

„Erwählt wird ein Wiedergeborener, der nicht viel Worte macht,
Er macht das Heilige gemein und lebt von Gerstenbrot:
Dann wird er mit einem Schlage als Tyrann auftreten, nachdem er viel entbehrt hat,
Mit seinem Rachen packt er die Größten, nachdem er sie zu Boden geschleudert hat."

Johann Calvin, der Reformator der Schweiz war ein Wiedergeborener, überdies ein Zeitgenosse des Nostradamus. „Sein Leben lang behielt er die Scheu, von persönlichen religiösen Erfahrungen zu reden. Er erscheint daher kalt und starr, dabei ist er als echter Pikarde heißblütig, schlagfertig und von starkem Freiheitsdrang." (Dr. Stickelberger über Calvin.) Die Genfer erwählten ihn zum Leiter einer „Theokratischen Republik". Persönlich war dieser Reformator anspruchslos. Er verstand es jedoch, sich in Sachen des Evangeliums so durchzusetzen, daß sich die Großen der Erde vor ihm beugten.

1541 f. 1, 47

„Die Predigten vom Genfer See werden Widerspruch erregen,
Die Tage werden zu Wochen,
Dann zu Monaten und zu Jahren, schließlich wird alles hinfällig.
Die Behörden verdammen selbst jene leeren Dogmen."

Die Predigten Calvins. Die Genfer, ein lebenslustiges Volk, wurden der Dogmen und der strengen Sittenzucht, die Calvin einführte, überdrüssig. Schließlich wurde er durch den Senat von seinem Amte abgelöst. Trotzdem breitete sich seine Lehre in Südfrankreich aus.

1536—1564 8, 62

„Wenn man sehen wird, wie die heilige Kirche ihres Schmuckes beraubt wird,
Und der Größere an der Rhone ihre Heiligtümer entweiht,
Dann wird hierdurch ein großes, pestartig umsichfressendes Unheil entstehen.
Der König verabscheut den Ungerechten, aber er wird ihn nicht verdammen können."

Calvin der Große an der Rhone in Genf, beseitigte jeglichen Schmuck in den reformierten Kirchen. Seine Lehre breitete sich „pestartig" in Südfrankreich aus. Trotzdem König Heinrich II. Calvin haßte und zusammen mit Spanien einen Feldzug gegen Genf plante, konnte er dennoch die Verdammung dieses Ketzers nicht erreichen.

1517—1648 5, 73

„Von Gott selbst wird die Kirche verfolgt werden,
Die heiligen Kirchen werden ausgeraubt:
Das Kind wird die Mutter nackt im Hemd gebären,
Dann werden die Araber mit den Polen verbündet sein."

Gott selbst straft die Kirche wegen ihrer Mißbräuche. Die Bilderstürmer zerstören ihre Kunstschätze. Die Fürsten nehmen ihr einen großen Teil des Landbesitzes weg. Um ein Bündnis zwischen den Arabern und Polen bemühte sich Papst Sixtus V. (1585—1590).

Die Gegenreformation beginnt

1542—1648 6, 17

„Jenseits der Grenzen werden die vor Gericht Geladenen verbrannt.
Sie werden gezwungen, verschiedene Kleider anzuziehen:
Die Kinder des Saturns (die Römer) werden durch die Müller verbrannt,
Ausgenommen sind die meisten, die nicht mit der Priesterkappe bedeckt sind."

Das Wüten der Inquisition in Rom unter Papst Paul IV. (Caraffa). Er führte von neuem die Inquisition ein. Die Dominikaner, wegen ihrer weißen Kutten „Müller" genannt, zwangen die Ketzer das Sterbekleid anzuziehen, in dem sie verbrannt wurden. Gerade die Priester werden nicht geschont. So wurde der Kardinal Morone 1557 der Ketzerei verdächtigt und gefangen gesetzt.

1555—1559 9, 2

„Von der Höhe des aventinischen Berges (Rom) hört man eine Stimme rufen:
Flieht, nach beiden Seiten hin, flieht!
Im Blut der Roten (Kardinäle) wird finsterer Zorn schwelgen,
Auf der Wiese von Rimini wird eine Säule geopfert."

Das Inquisitionssystem, das Papst Paul IV. aufbaute, überzog ganz Italien mit Spitzeln. Darum flieht alle aus Rom, um nicht in die Hände des heiligen Offiziums zu fallen! Die Markgräfin Vittoria Colonna (eine Säule), Vorkämpferin gegen die Inquisition, geriet in Lebensgefahr. In 10, 99 fordert Nostradamus mehr Aufsicht für die Dominikaner (Domini canes) = die „Hunde des Herrn", als Gehilfen der Inquisition.

1491—1556 1, 95

„Vor dem Kloster wird gefunden ein Zwillingskind
Aus heldischem Blut der Mönche der alten Zeit:
Sein Ruhm wird durch seinen Orden und die Kraft seiner Rede wachsen,
So daß man sagen wird, er habe das „vobiscum" wieder zu hohen Ehren gebracht."

Ingnatius von Loyola wird zum Begründer des Jesuitenordens. Er stammte aus altem baskischem Adel. Ob er ein Zwillingskind war oder unter den Zwillingen geboren, ist ungewiß. Er hat das Dominus vobiscum, die Segensformel der katholischen Kirche, wieder zu Ehren gebracht. In dem folgenden Vierzeiler 1, 96 sagt aber Nostradamus, daß der Jesuitenorden dem Felsen Petri (der Kirche) schaden wird. 1773 wurde dieser Orden zeitweilig aufgelöst.

Der dreißigjährige Glaubenskrieg in Frankreich

23./24. August 1572 4, 47

„Der wilde König, wenn er sein Probestück gemacht hat,
Wird seine Hand durch Feuer, Schwert und Bogenspannen mit Blut beflecken:
Das ganze Volk wird aufs höchste erschreckt sein,
Wenn es sieht, wie die Größten am Hals und an den Füßen aufgehängt werden."

4, 49

„Vor den Augen des Volkes wird so viel Blut vergossen werden,
Daß man es vom hohen Himmel nicht abwaschen kann:
Aber seit langer Zeit wird so etwas unerhört sein,
Der Geist eines Papstes wird es bezeugen."

König Karl IX., der blutige Veranstalter der Bartholomäusnacht, stand nächtelang am Ambos und schmiedete. Das Probestück seiner Grausamkeit machte er in der Bartholomäusnacht, als er mit einer Arkebuse (Hakenbüchse) auf fliehende Hugenotten schoß. In derselben Nacht wurde Admiral Coligny getötet und an den Füßen aufgehängt. Das Blut der Hugenotten spritzte zum Himmel. Nostradamus spricht sechs Jahre vor diesem Ereignis prophetisch ein vernichtendes Urteil über diesen

Schandfleck der Unmenschlichkeit, der niemals wieder getilgt werden kann. Nur Papst Gregor XIII. ließ bei der Nachricht von der Bartholomäusnacht in Rom Freudenschüsse abfeuern und eine Gedenkmünze prägen mit der Umschrift: „Ugonottorum strages" (Die Niederlage der Hugenotten).

13. April 1598 1, 94

„Wenn der böse Sichelträger (Saturn) zwei Umläufe vollendet hat,
Wechselt Krone und Jahrhundert zugleich:
Das bewegliche Zeichen (die Waage) beschreitet er dann an seinem Ort
Mit den zwei gleichen auch der Neigung nach."

Das Edikt von Nantes. Am 1. Januar 1599 (julianischen Kalenders) steht Saturn, der böse Sichelträger (♄) im beweglichen Zeichen auf 17 Grad Waage. Seit den Lebzeiten des Nostradamus hat er dann etwa zwei dreißigjährige Umläufe vollendet. Seit 1590, also gegen Ende des 16. Jahrhunderts, trägt der Bourbone Heinrich IV. die Krone Frankreichs. Im Edikt von Nantes werden beiden Religionen die gleichen bürgerlichen Rechte unter dem Einfluß der Waage gewährt. Damit wurde von diesem Freigeist Heinrich IV. der dreißigjährige Glaubenskrieg in Frankreich, der mit unerhörter Grausamkeit geführt wurde, beendet.

Die Päpste der Gegenreformation

Im Mittelpunkt der Centurien, der prophetischen Weltgeschichte des Nostradamus, stehen von 5, 74 bis 5, 79 sechs Papstverse, deren Bedeutung und Sinn ich ergründen konnte. Es handelt sich um die fünf römischen Päpste der Gegenreformation.
5, 74: Gregor XIII. 1572—1585

„Aus trojanischem Blut wird ein deutsches Herz geboren,
Welches auf eine sehr hohe Stufe der Macht gelangen wird:
Er wird das fremde arabische Volk hinausjagen
Und der Kirche die frühere Vorherrschaft zurückerwerben."

5, 75:

„Hoch steigt er in seinem Besitz mehr zur Rechten,

Er wird dort thronen auf einem Fundament von quadratförmigen Steinen:
Gegen Mittag wird in einer glücklichen Stunde das Fundament vorgerückt,
In seiner Hand ruht ein gewundener Stab, sein Mund ist verschlossen."

Zu 5, 74 und 5, 75:
Gregor XIII. war Römer, die ihre Abkunft von dem trojanischen Helden Äneas ableiten. Er hatte ein Herz für Deutschland und sah seine Lebensaufgabe darin, dieses Land für den katholischen Glauben wiederzugewinnen. Darum gründet er das Collegium Germanicum in Rom und eine besondere Nuntiatur in Süddeutschland. Er nutzt die Folgen des Sieges bei Lepanto (1571) aus und hält die Türken in Schach. Die Welt verdankt ihm die große Kalenderreform, durch die er hoffte, den Orient und die Protestanten wieder in den Schoß der katholischen Kirche zurückzuführen. In 5, 75 wird die Machterweiterung der Kurie unter diesem bedeutenden Papst vorausgesagt. Zur Rechten liegt, da sich die Römer nach Süden orientierten, Frankreich. Hier sieht Gregor XIII. die Bartholomäusnacht als einen Erfolg an. Nach Süden zu hatte der Papst durch den Sieg über die Türken freie Hand. Darum ruht der Krummstab fest in seiner Hand; als früherer Jurist sprach er kein Wort zuviel.

5, 76 Sixtus V. (1585—1590)
„Unterm Himmelszelt wird er seine Fahne hissen,
In Städten will er nicht residieren:
In Aix, Carpentras, auf der Insel der Volsker und dem Berge Cavaillon,
In all seinen Landen wird man seine Spuren abschaffen."

Sixtus V., der Nachfolger Gregors XIII. war ein kriegerischer Papst. Er schlägt seine Zelte im Freien auf und hat viele politische Pläne, u. a. wollte er Ägypten erobern. Die in der dritten Zeile genannten Städte und die Insel der Volsker (das Rhonedelta) sind entweder päpstlicher Besitz oder Avignon benachbart. Als Sixtus V. starb, erzählte sich das Volk: Der Teufel habe den Fra Felice geholt, und man stürzte die Bildsäulen um, die man ihm zu Lebzeiten gesetzt hatte, man beseitigte also die Spuren.

5,77: Clemens VIII. (1592—1605)

„Alle Stufen kirchlicher Ehren
Werden auf den göttlichen Quiriten (Römer) gehäuft,
Auf den kriegerischen Einzelpriester in Rom,
Dann wird ein König von Frankreich ihn vulkanisch machen."

Clemens VIII. war ebenfalls ein kriegerischer Papst. Er organisierte mit Hilfe der Liga der Sechzehn einen Feldzug gegen König Heinrich IV. von Frankreich. Als dieser die Verzeihung des Papstes nachsuchte und erneut zum katholischen Glauben übertrat, „erschien noch einmal der päpstliche Stuhl im Glanze seiner altherkömmlichen Autorität", sagt Leopold von Ranke in seiner „Geschichte der römischen Päpste". Dadurch aber, daß er sich den König von Frankreich verpflichtete, wurde der päpstliche Stuhl „vulkanal", d. h. unangreifbar.

5,78 Paul V. (1605—1621)

„Die beiden werden nicht länger in Einigkeit leben,
In 13 Jahren wendet man sich an einen bärtigen Herrscher:
Auf beiden Seiten wird man soviel Verluste verursachen,
Daß schließlich einer die Barke (das Papsttum) und ihre Kappe segnen (d. h. ihr fluchen) wird."

Paul V. unter ihm zerfällt die Einigkeit zwischen Frankreich und dem Papst infolge der sog. Venezianischen Irrungen. Es gelang dem Papst nicht, seine Ansprüche hinsichtlich der Jurisdiktion gegenüber dem „bärtigen Herrscher" — so nennt Nostradamus mehrmals Venedig — durchzusetzen. Der Papst hatte in dem geistreichen Servitenprovinzial Paoli Sarpie, der Venedig gegen die Ansprüche der Kurie verteidigte, einen ebenbürtigen Gegner (Zeile 4). Frankreich stand auf Seiten Venedigs.

5,79 Urban VIII. (1623—1644)

„Vor seiner heiligen Pracht wird man die Flügel senken,
Wenn der große Gesetzgeber erscheint:
Er wird das Niedere erheben und die Rebellen züchtigen,
Auf Erden wird ein ihm Ähnlicher nicht mehr geboren."

Urban VIII. war der letzte große Papst der Gegenreformation. Mit Hilfe der katholischen Mächte suchte er die Rebellen (Protestanten) im 30jährigen Krieg auszurotten. Er befestigte Rom und äußerte als großer Gesetzgeber: „Die Aussprüche eines lebendigen Papstes sind mehr wert als die Satzungen von hundert verstorbenen.“ Der Glanz, der seine Person umgab, seine feste Gesundheit, vermehrten in ihm das Selbstgefühl, welches seine hohe Stellung ihm einflößte. „Ich wüßte keinen Papst, der es in diesem Grade gehabt hätte“, schreibt Leopold von Ranke.

Nostradamus über französische Könige des 16. Jahrhunderts

1, 35: Heinrich II. aus dem Hause Valois (1547—1559).

„Der junge Löwe wird den alten überwinden
Auf dem Kampfplatz in einem Einzelturnier.
In einem goldenen Käfig (Rüstung) wird er ihm die Augen auskratzen:
Von den beiden Kampfklassen ist es die eine, die ein grausames Sterben nach sich zieht.“

Das Ende Heinrichs II. von Frankreich.

Dieser König, von Nostradamus „alter Löwe“ genannt, befiehlt am 1. Juli 1559 gelegentlich der Hochzeitsfeierlichkeiten seines Sohnes und seiner Tochter den Hauptmann seiner Leibwache, den Grafen Delorges Montgomery zu einem Einzelturnier. Unglücklicherweise trifft die Lanze des Grafen den König, der in einer goldenen Rüstung (Käfig) kämpft, ins rechte Auge. Der alte König stirbt an dieser Wunde am 10. Juli 1559. — Diese Voraussage, die Nostradamus in der ersten Teilausgabe seiner Centurien 1555 veröffentlichte, begründete seinen Ruhm. Nostradamus hatte 1556 den König bei seiner Audienz in Paris vor einem Turnier gewarnt, da seine Augen gefährdet seien. Im Horoskop Heinrichs II. steht der Mars im gefahrdrohenden Geviertschein zur Sonne.

10, 10 Heinrich III. (1574—1589), der letzte Valois.

„Behaftet mit dem Schandfleck des Mordes und ungeheurer Ehebrüche
Sehe ich in ihm den großen Feind des Menschengeschlechtes:
So daß er schlimmer sein wird als seine Ahnen, Onkel und Väter;
Die Hölle ist los, ich sehe Feuer und Revolution. Blut fließt durch seine Unmenschlichkeit.“

Heinrich III., mit dem das Haus Valois erlosch, befleckte seinen Namen mit ungeheuerlichen Mordtaten; an seinem Hofe herrschte ein verworfenes Leben. Die Priester nannten ihn nur den König Herodes. Er hielt äußerlich zur katholischen Religion, verspottete aber den Papst und die Kirche. Plötzlich entsteht in Paris am 12. Mai 1588 ein Volksaufstand, geführt von der Liga der Sechzehn. Feige entflieht der König, er verliert sein Leben durch einen Dolchstich des Mönches Jakob Clément am 2. August 1589.

9, 50: Heinrich IV. (1590—1610):

„Mandosus wird bald hoch in seiner Herrschaft steigen,
Indem er ein wenig die Lothringer zurückdrängt:
Der Rote tadelt ihn, ich sehe den Mann des Interregnums,
Der Junge hat Furcht, Schrecken flößt er ein den Barbaren."

Heinrich IV., der große Mandosus (er war Herzog von Vandôme), ist der erste König aus dem Hause Bourbon-Navarra. Nostradamus hatte ihm als Knaben am 18. 10. 1564 die Krone von Frankreich vorausgesagt. Er schiebt die Lothringer und die Guisen zur Seite. Der päpstliche Kardinallegat Sega forderte das Volk auf, den Ketzer Heinrich IV. zu vernichten. Heinrich IV. wechselte dreimal den Glauben. Als der Papst ihn zum drittenmal nicht erhören wollte, hörte er nicht auf zu bitten. Schließlich erteilte ihm der Papst, fern von seinem Hofe, in Rom Absolution (1595). Damit war er wieder in den Schoß der katholischen Kirche aufgenommen. Vor der Absolution führte der Herzog von Mayenne zeitweise die Regierung in Frankreich. Es bestand also gewissermaßen ein Interregnum. Der junge Mann, der Heinrich IV. fürchtete, ist der Herzog von Guise.

Aus dem Freiheitskampf der Niederlande gegen Spanien

1567 1, 57

„Sehr verstimmt und unharmonisch wird die Trompete tremolieren.
Der Akkord bricht ab und wendet das Haupt dem Himmel zu:
Der blutende Mund wird von Blut überlaufen,
Das der Sonne zugewendete Gesicht wird mit Milch und Honig gesalbt."

Akkord und Blutrat. Wilhelm von Oranien setzt den Akkord durch, der den Calvinisten Redefreiheit gewährt. Margarete von Parma ruft Herzog Alba herbei, dessen „Blutrat" — Nostradamus nennt ihn den blutenden Mund — 1800 Todesurteile fällt. Die der Sonne, d. h. Frankreich zugewendeten südlichen Provinzen (Belgien), die katholisch blieben, werden von König Philipp II. mit besonderen Ehren (Milch und Honig) überschüttet. In 1, 52 sagt Nostradamus die Ermordung des großen Seigneur Wilhelm von Oranien voraus. Diese Prophezeiungen erfüllten sich wenige Jahre nach dem Tode des Sehers (1566).

Einige kulturgeschichtliche Prophezeiungen:

9, 14

„In Hobelspäne werden die Kochgefäße der mit Pest Infizierten gestellt,
Wein, Honig und Öl werden in einem Korb in Dampf getaucht:
Ohne daß man von dem Übel spricht, hat es sich schon siebenmal fortgepflanzt.
Der Rauch wird abgeleitet in einem besonders abgesteckten Rohr."

Hier empfiehlt der Pestarzt Nostradamus *Desinfektionsmittel gegen die Pest.* Als erfahrener Kämpfer gegen den schwarzen Tod gibt er Ratschläge, wie man die Kochgefäße der Erkrankten bzw. Verstorbenen, sowie ihre Nahrungsmittel desinfizieren soll.

5, 72

„Um das Vergnügen einzuschränken, kennt auch die Wollust ein Gesetz:
Man wird die Zärtlichkeiten mit (venerischem) Gift vermischen:
Dann wird Venus in ihrer Bahn sich so tugendhaft zeigen,
Daß sie bei Tageslicht sich ganz nach Vorschrift verdunkeln wird."

Die Syphilis. Zum erstenmal taucht diese furchtbare Seuche im Jahre 1484 auf, als Jupiter und Saturn in der großen Konjunktion im Skorpion stehen. Zu Lebzeiten des Nostradamus trat sie ihren apokalyptischen Siegeszug unter den Völkern Europas an. Der Seher sieht ihren Zweck darin, die Wollust einzuschränken. Die Infizierten verbargen die furchtbaren Schäden, die die Krankheit anrichtete, vor der Öffentlichkeit. Wir besitzen ein Bild von Albrecht Dürer, auf dem ein an dieser venerischen Seuche erkrankter Mann dargestellt wird. Über ihm leuchtet die verderbenbringende Konjunktion Jupiter/Saturn aus dem Jahre 1484.

um 1570 9, 62

> „Auf dem großen Platz des Töpfermarktes
> Werden kreuzweis durch ein Landgut Blätter aufgehängt:
> Von opiumhaltigen Pflanzen und der Mandragora.
> Der dritte Schnitt vom Oktober wird hier gelüftet (getrocknet)."

Erstaunlich, aber wahr! Nostradamus sagt hier die Behandlung des *Tabaks,* einer opiumhaltigen Pflanze voraus. Sie wurde im Jahre 1570 durch Nicot (daher Nikotin) von Amerika nach Europa gebracht. Der dritte Schnitt, im Oktober geerntet, ergibt den besten Tabak. Alle Raucher werden sich freuen, daß dieses narkotische Genußmittel nicht im prophetischen Repertoire des Sehers fehlt.

Das 17. Jahrhundert

Ein neues Weltbild durch die Erfolge der Astronomie.
Dreißigjähriger Krieg in Deutschland.
Absolutismus in Frankreich.
Königsmord und Revolution in England.

1607 f 8, 71

„Wachsen wird sehr stark die Zahl der Astronomen.
Ihnen droht Verfolgung und Verbannung, ihre Bücher werden verboten:
Das Jahr 1607 ist bedeutungsvoll durch Priestergerichte,
So daß niemand mehr vor den Priestern sicher sein wird."

1607 f 4, 18

„Die hochgebildeten Menschen, die mit den Vorgängen am Himmel Bescheid wissen,
Werden durch unwissende Fürsten verstoßen:
Sie werden durch besondere Erlässe bestraft und wie Verbrecher gejagt,
Getötet sollen sie werden, wo man sie gerade findet."

Nostradamus nennt hier ein für die Bildung eines neuen Weltgefühls sehr wichtiges Jahr 1607. In den Jahren 1607 und 1608 gelang dem Holländer Lippersheim die Erfindung des Fernrohrs. Nun war es den großen Astronomen Kepler und Galilei möglich, epochemachende Entdeckungen am Sternenhimmel zu machen und zu beweisen, daß sich nicht die Sonne um die Erde dreht, sondern umgekehrt. Damit rückte unser Planet aus dem Zentrum in die Peripherie. Mit dieser Lehre stießen die Astronomen auf den Widerstand der Kirche, die sich nicht damit abfinden wollte, daß die Erde nur ein nebensächlicher Wandelstern sein sollte. Sie empfand diese Entdeckung als einen Angriff auf die zentralistische Weltanschauung der Theologen. Daher begannen Verfolgungen. Wir wissen, daß Galilei vor ein Priestergericht zitiert und zu Kerkerhaft verurteilt wurde. Nach einer Anekdote weigerten sich die seine Sternwarte besuchenden Kardinäle durch das Fernrohr sich von der Existenz der Jupitermonde selbst zu überzeugen. Rom war also nicht mehr der Mittelpunkt der Erde, die nach den nun überholten Auffassungen im Zentrum der Welt lag. Wie uns Nostradamus in 4, 18 voraussagt, drohte Verfolgung und Tod auch den anderen Astronomen, deren Zahl ständig wuchs. Selbst Fürsten verfolgten sie, wie Dr. Robert Taylor, der die Geschichte der politischen Prophezeiungen in England geschrieben hat, erwähnt. So erließen König Heinrich VIII. und Königin Elisabeth Gesetze gegen die Verbreitung von astronomischen und astrologischen Lehren und Prophezeiungen. In dieselben Fußtapfen trat später Hitler, wie wir aus dem Vierzeiler 2, 36 erfahren (siehe Seite 210).

Der dreißigjährige Krieg (1618—1648)

1618—1648 10, 20

„Alle Anhänger, die Partei nehmen werden
Für den, der grobe Bücher schrieb, werden in den Tod geschickt und ausgeplündert:
Ihre Güter werden durch den Fiskus eingezogen, große Nichtigkeitserklärungen finden statt,
Niemals wurde aber auch das römische Kirchenvolk so sehr gequält."

Dies ist gewissermaßen *die Ouvertüre zu dem dreißigjährigen Krieg*, in dem die Bevölkerung Deutschlands von 18 Millionen auf drei Millionen zurückging. Die Anhänger Martin Luthers, der den Papst in seinen gewaltigen Streitschriften mit rücksichtsloser Offenheit bekämpfte, werden in diesem furchtbaren Kriege verfolgt, unzählige getötet und ihre Güter eingezogen. Aber auch die Katholiken hatten in diesem Kriege schwer zu leiden.

1619—1620 6, 13

„Ein Schwankender wird nicht lange im Regiment bleiben,
Der größte Teil wird ihn halten wollen;
Ein Mann vom Kapitol wird nicht zustimmen wollen, daß er regiert,
Sein großes Amt wird er nicht behaupten können."

Der Winterkönig Friedrich V. von der Pfalz, das Haupt der protestantischen Union, die ihn halten wollte, verlor bald nach der Schlacht am weißen Berge sein großes Amt als König von Böhmen. Papst Paul V., der Mann vom Kapitol, stellte große Geldmittel zum Kriege gegen Friedrich V. zur Verfügung. Ein Spottbild der damaligen Zeit zeigt ihn als Schwankenden auf dem Glücksrad in drei verschiedenen Stationen mit der Unterschrift: „Des gewesenen Pfalzgrafen Glück und Ende".

25. Februar 1634 1, 39

„Nachts im Bett wird der Oberbefehlshaber erstickt,
Weil er solange gezögert hat, der Blonde, Erwählte (Herzog):
Durch drei wird ihm der Oberbefehl entrissen, er haucht seine Seele aus,
Er fordert den Tod heraus, die Depeschen wurden nicht mehr gelesen."

3, 30

„Derjenige, der im Ringen (um die Macht) das Schwert im Kriege (gezückt) hat,
(Wird erleben), wie ein Größerer als er den Preis davon trägt:
Des nachts im Bette werden ihn sechs erstechen,
Unbekleidet, ohne Harnisch wird er plötzlich überrascht."

Zweimal berichtet hier Nostradamus prophetischer Geist von der Ermordung Wallensteins. Drei seiner Generäle, Gallas, Piccolomini und Butler, entreißen dem Friedländer den Oberbefehl, der durch seine ehrgeizigen Pläne, den Kaiser Ferdinand II. zu stürzen, den Tod herausforderte. Die Depeschen, die er zuletzt an Bernhard von Weimar und Oxenstierna mit dreizehn Eilboten sandte, kamen zu spät und wurden nicht mehr gelesen. Den Triumph trug dadurch Kaiser Ferdinand davon. Auf einem zeitgenössischen Kupferstich sieht man, wie *sechs* Dragoner Wallenstein mit einer Pike erstechen. Auch in diesen beiden Versen ist die Klarsicht des Nostradamus zu bewundern, denn *alle* Angaben stimmen mit den geschichtlichen Tatsachen überein.

1618—1648 1, 62

„Ach, wie großen Verlust an wertvollen Urkunden wird es geben,
Bevor sich der Zyklus der Latona vollendet:
Große Feuerbrände und Wasserfluten und noch mehr unwissende Herrscher werden erstehen,

So daß man ein Jahrhundert hindurch keine Erholung beobachten kann.“

dto. 1, 63

„Die Blumen sind verblüht, die Welt wird öder,
Der Friede hat lange nur noch in menschenleeren Gegenden eine Heimstatt:
Der Herr (Christus) wird wandern durch Himmel, Land und Meer und über die Wogen schreiten;
Dann werden von neuem die Kriege erweckt.“

Der dreißigjährige Krieg. Er brachte nicht nur einen großen Verlust an Menschenleben, auch viele Zeugnisse der hohen Kultur Deutschlands wurden vernichtet. Durch diese Katastrophen wurde noch die zweite Hälfte des 17. Jahrhundert überschattet. Im Jahre 1648 geht der Zyklus der „Latona“ zuende. (Latona [Leto] war eine griechische Göttin, die von Hera ruhelos von Land zu Land verfolgt wurde, bis sie endlich eine Zufluchtstätte auf der öden Insel Delos fand.) Ein Hinweis darauf, daß im dreißigjährigen Kriege unzählige Menschen, die ihre Heimat und Habe verloren hatten, umherirrten, um irgendwo in menschenleeren Gegenden eine Ruhestatt zu finden. Der Satz: „der Herr Christus wird wandern durch Himmel, Land und Meer und über die Wogen schreiten“, bezieht sich auf die Tatsache, daß dem dreißigjährigen Krieg eine Zeit aktivster Heidenmissionen vorausging, in der das Christentum sich überall verbreitete.

Absolutismus in Frankreich

30. Oktober 1632 9, 18

„Die Lilie wird der Dauphin nach Nancy tragen
Bis nach Flandern wird er einen Kurfürsten des Reiches (unterstützen):
Neues Gewahrsam für den großen Montmorency,
Außerhalb des dazu bestimmten Ortes wird er ausgeliefert dem (Henker) *Clerepeyne.*“

Ludwig XIII. von Bourbon-Navarra (1610—1643) behielt auch als König den Titel Dauphin (Delphin), den er als Kronprinz führte, bei. Er pflanzte am 24. 9. 1633 das Lilienbanner in Nancy auf und drang 1635 bis nach Flandern vor, um den von den Spaniern abgesetzten Kurfürsten von Trier wieder einzusetzen. 1632 scheiterte der Aufstand des jungen Herzogs von Montmorency gegen den König. Der Rebell wurde zum Tode verurteilt. Seine mächtigen Angehörigen erreichten nur das eine, daß er nicht im Angesicht des ganzen Volkes auf dem Marktplatz von Toulouse, sondern außerhalb des durch das Urteil bestimmten Ortes im Hofe des Gefängnisses hingerichtet wurde. Der Soldat, der diesen blutigen Akt vollzog, hieß *Clerepeyne*. Der Seher gebraucht hier ein Wortspiel, denn *clere peyne* heißt auch „eine berühmte Strafe". Diese Prophezeiung ist ein glänzender *Beweis* für das Charisma des Nostradamus!

1643—1661 6, 57

„Das, was im Reiche zuvor Gutes vorhanden war
Ist einem Kardinal zu danken, der dem heiligen Stuhle nahesteht:
Hart und gewalttätig im Charakter wird der sich furchtbar machen,
Der ihm in dieser frommen Herrschaft nachfolgt."

Mazarin, der große Kardinal, führte bis 1661 für den unmündigen Ludwig XIV. die Regentschaft. Mazarin hatte eine glückliche Hand, er wehrte sich gegen den Prinzen Condé, der ihn stürzen wollte und befestigte das Ansehen der Monarchie. Unter seiner Führung erwarb Frankreich 1548 im Westfälischen Frieden österreichische Gebiete im Elsaß. Sein Nachfolger im Regiment, König Ludwig XIV., verbreitete unter seinen Nachbarn Furcht und Schrecken. Man denke hier nur an die Verwüstung der Pfalz durch Melac 1688.

1661 10, 7

„Zu dem großen Konflikt, den man in Nancy anrichtet,
Wird der Aemathion sagen: Ich unterwerfe mir alles!
Die Insel Britannien wird in Sorge sein, weil Wein und Salz fehlt,
Zwischen zwei „Phi" wird Metz sich nicht lange halten."

„L'etat c'est moi, Der Staat bin ich!" Der Prototyp des Absolutismus war Ludwig XIV., den Nostradamus Aemathion nennt. Aemathion war ein Halbgott, der dem Apollo am Morgen die Sonnentore öffnete, damit er den Sonnenwagen herausziehen konnte. Deutlich weist hier der Seher auf das „Ich" des Sonnenkönigs hin. Die Städte Nancy und Metz liegen in Lothringen, das seit 870 der ständige Zankapfel zwischen Deutschland und Frankreich war. Im Westfälischen Frieden 1648 wurde der französische Anspruch auf Metz vom deutschen Kaiser bestätigt. Eine verblüffende Erklärung findet die Bezeichnung „zwischen zwei Phi". Während der Regierungszeit Ludwigs XIV. gibt es zwei Regenten, deren Name mit einem Ph bzw. mit einem F-Laut beginnt: Philipp IV., König von Spanien (1621—1665) und Ferdinand III. aus dem Hause Habsburg (1637—1657).

1660 f 10, 101 (1660=MCCCCCCXXXXXX)

„Tragen den Gegabelten zwei Stützen
Mit sechs Halbhorn und sechs offenen Scheren,
Läßt der Erbherr aller Krötenpfützen
Von dem ganzen Weltall sich verehren."

Abermals *l'etat c'est moi!* Wenn die Gabel V gestützt wird von den zwei Pfählen, entsteht ein M (=1000); sechs Halbhörner sind sechs C (=600); sechs geöffnete Scheren sind sechs X (=60). Das ergibt zusammen 1660. Der großmächtige Herr, der Erbe der Kröten, ist Ludwig XIV. Die Kröten waren die Wappenfiguren der Merowinger. Sie wurden von 1179 an in Lilien umfrisiert. Die Bourbonen behielten dann die Wappenfiguren der Lilien bei. Im Jahre 1660 (genau 1661) ergreift Ludwig XIV. die absolute Macht. Dieser Vierzeiler ist seit 1605 bekannt.

1661—1793 1, 10

„Eine Schlange wird in einen eisernen Käfig gesetzt,
In dem die sieben Kinder des Königs gefangen sind:
Die Eltern und Brüder werden aus den Tiefen des Hades emporsteigen,
So sehen sie Krisis, Tod und Ende ihrer Leibesfrucht."

Die unseligen Folgen der Kriegspolitik Ludwigs XIV. für seine Nachkommen. Mit Feldschlangen (coulevrine) versah der Festungsbaumeister Vauban die eisernen Käfige, d. h. die Festungen Ludwigs XIV. Diese Rüstungspolitik führte zusammen mit der

Ruhmsucht schließlich das tragische Schicksal der Bourbonen in der siebenten Generation herbei, als Ludwig XVI. in der französischen Revolution hingerichtet wurde und sein kleiner Sohn Ludwig XVII. ebenfalls das Leben verlor. Würde Ludwig XIV. und seine Vorfahren aus der Unterwelt emporsteigen, so würden sie das furchtbare Ende ihrer Nachkommen in der französischen Revolution sehen. Nostradamus bestätigt hier als Prophet, daß sich alles im Laufe der Geschichte nach dem unabänderlichen Gesetz von Ursache und Wirkung vollzieht.

Königsmord und Revolution in England

30. Januar 1649 8, 37

„Im Schloß an der Themse
Ist der König eingeschlossen, er wird auf die Knie fallen:
In der Nähe der Brücke wird er im Hemd gesehen.
Kurz vor seinem Tode, dann wird sein (Leichnam) in dem Schlosse beigesetzt."

König Karl I. von England wurde von Cromwell im Windsorschloß an der Themse gefangen gehalten. Als er am 30. Januar 1649 hingerichtet werden sollte, war ein Gerüst zu Whitehall vor dem „banketinghuse" aufgerichtet. Der König mußte einen Brückensteg, der vom Fenster dieses Hauses zum Schafott führte, überschreiten. Dabei legte er Mantel und Rock ab, er war also im Hemd zu sehen. Kurz danach fiel sein Haupt. Der Leichnam wurde in der St. Georg Kapelle des Windsorschlosses beigesetzt.

1665 2, 53

„Die große Pest wird von der Seestadt (London)
Nicht weichen, bis daß der Tod gesühnt ist:
Des gerechten Blutes, das gefangen und verurteilt wurde ohne Schuld:
Es wurde von der großen Dame durch Verstellung nicht gekränkt."

Die Pest in London forderte 1665 65 000 Todesopfer; dann folgte der große Brand 1666, nach Ansicht des Sehers als Strafen für den Mord an dem unschuldig hingerichteten König Karl I. Die große Dame, hier die katholische Kirche in England, war an der Ermordung Karls I. unschuldig. Bischof Laud, dem vom Papst der Kardinalshut angeboten wurde, wenn er Karl I. bekämpfte, schlug dieses Ansinnen ab.

1649—1658 8, 76

„Mehr ein Schlächter ist er als König in England,
Von dunkler Herkunft wird er sich mit Gewalt des Reiches bemächtigen:
Ein Feigling ohne Treu und Glauben wird er das Land zur Ader lassen,
Seine Zeit naht sich bald, daß ich jetzt schon seufzen muß."

Cromwell wird von dem Monarchisten Nostradamus hart abgeurteilt. Er sieht in ihm nicht nur einen Usurpator, sondern auch einen Königsmörder. Cromwells Lebensweg, vom kleinen Landadeligen zum Lordprotektor von England, Schottland und Irland, der als Begründer der englischen Vormachtstellung zur See angesehen werden muß, ist gewiß bemerkenswert.

1688 4,89

„Dreißig Männer werden in London eine geheime Verschwörung machen,
Gegen ihren König soll auf der Brücke (der Themse) der Mordanschlag stattfinden:
Er kommt, aber die Begleiter werden den Tod zurückschrecken.
Ein blonder König wird gewählt, der in Friesland geboren wird."

Jakob II. von England (1685—1689), grausam und unfähig, sollte von einer Anzahl Verschwörer beseitigt werden, aber das Gefolge rettete dem König das Leben. Am 5. November 1688 landete der blonde Friese Wilhelm von Oranien in England. Die Nation fällt ihm zu, er wird König von England, und Jakob II. muß fliehen. Das berichtet Nostradamus auch in einem anderen Vierzeiler 3, 80.

1. Mai 1683 10, 62

„In der Nähe des Sorbenlandes (Serbiens) ruft, um Ungarn anzugreifen,
Der Herold des Turbans (der Türken) die Bevölkerung zum Kriege auf:
Der Großherr aus Byzanz weilt in Salona in Slavonien,
Die Einwohner will er zum Gesetz der Araber (Koran) bekehren."

Der Großherr und sein Feldherr Kara Mustafa mustern im Sorbenlande am 1. Mai 1683 das größte Türkenheer, das je zum Kampfe gegen das Abendland antrat. Die Grenzmarken Österreichs bewahren noch heute viele Erinnerungen an diese Türkeneinfälle. Salona in Slavonien ist das heutige Salona an der Küste von Dalmatien.

1683 10, 96

„Die Religion der Meere wird siegen
Gegen die Sekte der Söhne des Abdalmelik:
Die halsstarrige Sekte, die ihr Unglück beklagt, wird in Furcht geraten,
Zweimal wird sie verwundet durch Aleph und Aleph."

Den Sieg des Christentums über die Türken verkündet hier Nostradamus. Das lateinische Wort mare (Meer), Mehrzahl maria, hat denselben Klangleib wie das Wort Maria, darum wird Maria auch als Meeresstern gefeiert. Im französischen Original steht statt Abdalmelik Adaluncatif. Dieses Wort ist zusammengesetzt aus abdal und unctivus = unctus, der Gesalbte. Adaluncatif bedeutet also der zum König gesalbte Abdal. Das ist dasselbe wie Abdalmelik, da Melik arabisch König bedeutet. Abdalmelik war einer der größten Führer der islamitischen Expansion. Zweimal wurde der Islam zurückgetrieben, einmal in der großen Schlacht bei Lepanto 1571 und am 12. September 1683 bei Wien. Damit erlosch die Stoßkraft der arabischen Völker gegen Europa. Aleph ist der erste Buchstabe des hebräischen Alphabetes. Diesen stummen Buchstaben enthalten die hebräischen Worte Ab = Gott der Vater, und El = Gott der Ewige.

17. Jahrhundert 4, 71

„Anstelle der Gattin werden die Töchter ermordet,
Die großen Mordtaten (Justizmorde) geschehen nicht nur aus Aberglauben:
In dem Brunnen werden die Alten (Hexen) ertränkt,
Die Gattin wird durch einen Gifttrunk aus Eisenhut getötet."

Die Hexenverfolgungen, ein besonders düsteres Kapitel der menschlichen Geschichte, erreichten ihren Höhepunkt im 17. Jahrhundert. Nostradamus sagt hier richtig voraus, daß diese Justizmorde nicht nur aus Aberglauben zustande kamen, sondern durch die Habsucht der Richter, die das Vermögen der Verurteilten konfiszierten. In vielen Fällen wurden auch die Angehörigen der wegen Hexerei Angeklagten hingerichtet. So in dem Falle des Arztes Ratzel aus Thüringen. Er wurde zum Feuertod verurteilt, weil er im Scherz aus seinem Ärmel Ratten und Mäuse „gezaubert" hatte. Als man ihn zum Scheiterhaufen führte, bat er noch einmal seine Kinder zu sehen. Man eröffnete ihm, daß diese bereits durch Aufschneiden der Pulsadern getötet seien, um die *ganze* Hexenbrut auszurotten.

um 1630 3, 44

„Wenn ein Tier, das des Menschen Hausgenosse ist,
Nach vielen mühevollen Sprüngen zu sprechen beginnt:
Dann wird der Blitz aus einem Stab sehr gefährlich sein,
Er wird von der Erde hochgehoben und schwebt in der Luft."

Die Vervollkommnung der Gewehre. In der französischen Sprache heißt der *Hahn* am Gewehr le chien = der Hund. Wenn der Hahn nun ordentlich funktioniert, dann entsteht ein Blitz (Mündungsfeuer) aus dem Stab (Gewehr). Das Geschoß, von den Pulvergasen getrieben, gleitet durch die Luft. — (Man hat versucht, diesen Vierzeiler zu erklären, indem man an den Hund, der in das Weltall geschossen wurde, denkt. Diese Deutung ist zu phantasievoll und daher unrichtig).

Das 18. Jahrhundert

Das Jahrhundert des Mondes d. h. der Vorherrschaft der Frauen, die auf und neben den Thron regieren. Es endet mit den Schrecken der Rache in der französischen Revolution.
Gleichsam als Ouvertüre des 18. Jahrhundert verkündet der Seher in 1, 56:

> „Ihr werdet sehen, wie über kurz oder lang ein großer Wandel sich vollzieht,
> Der außerordentliche Schrecken der Rache bringt:
> Wenn der Mond begleitet wird von seinem Engel,
> Dann nähert und neigt sich der Himmel einem Wechsel zu."

Nostradamus sieht in dem Engel des Mondes das weibliche Prinzip, das im 18. Jahrhundert dominierte. Wir finden den Engel des Mondes als Symbol in der Offenbarung Joh. Kap. 12. Dort steht ein *Weib,* mit der Sonne bekleidet, umglänzt von den 12 Zeichen des Tierkreises auf der Mondsichel. Nostradamus sieht in diesem Engel das weibliche Prinzip, als die Frauen auf den Thronen und neben den Thronen regierten. So Maria Theresia, Kaiserin von Österreich, Katharina die Große in Rußland und dann die intriganten Maitressen am Hofe Ludwigs XV., des „Unzüchtigen", wie die Pompadour und Dubarry.

Frankreich

1715—1774 5, 38

> „Derjenige, der dem großen Monarchen nach dem Tode auf den Thron folgt,
> Wird das böse Beispiel eines zügellosen und unzüchtigen Lebens geben:
> Durch Nachlässigkeit wird er allen Konzessionen machen,
> So daß am Ende das Salische Gesetz hinfällig wird."

Ludwig XV. gab dieses böse Beispiel. Nachdem für den Minderjährigen Herzog Philipp von Orléans die Regentschaft geführt hatte, kam er als Nachfolger des großen Monarchen Ludwig XIV. auf den Thron. In der Außenpolitik erlitt er mehrere Niederlagen und koloniale Verluste. Das Salische Gesetz, das die Töchter von der Erbfolge ausschließt, wird hinfällig, denn man greift 1830, nach dem Tode Karls X., auf eine Seitenlinie zurück. Die Maitressenwirtschaft am Hofe des Königs wurde zu einer Ursache der französischen Revolution.

Maria Theresia, die große Königin.

15. Februar 1763 7, 16

„Ein tiefer Einbruch gelingt der großen Königin,
Sie wird dennoch ein mächtiges und unzugängliches Land zurückgeben müssen:
Die Armee der drei Löwen wird völlig geschlagen,
Das geschieht in einem furchtbar schrecklichen Falle."

Maria Theresia verdient den Namen große Königin mit Recht. Sie war eine vorbildliche Mutter, als Regentin beherzter und klüger als ihre Ratgeber. Dennoch mußte sie im Frieden von Hubertusburg am 15. Februar 1763 das durch das Riesengebirge unzugängliche Schlesien, „Juwel in der Krone Österreich", an Friedrich den Großen abtreten. Dieser schlug die Armeen seiner drei löwengleichen Gegner Österreich, Frankreich und Rußland bei Roßbach, Leuthen, Zorndorf und Torgau.

Katharina die Große von Rußland

1762—1796 3, 28

„Aus einem treuherzigen Lande kommt sie, sie stammt von armen Eltern ab.
Endlich und schließlich gelangt sie durch einen Friedensschluß zur Herrschaft:
Lange wird ein tierhaftes Weib regieren,
Eine Ärgere konnte niemals das Regiment ergreifen."

Katharina II. von Rußland, die arme Prinzessin aus Anhalt-Zerbst, die nur 6 Hemden als Aussteuer mitbrachte, gelangte nach vielen Demütigungen nach dem Friedensschluß mit Friedrich dem Großen 1762 auf den Zarenthron. Sie erwarb sich als

Regentin Verdienste, war aber in ihrem Privatleben hemmungslos.

König Friedrich der Große von Preußen

5. November 1757 3, 38

„Das französische Volk und die österreichische Nation
Werden jenseits der Berge Tote, Gefangene und Niederlagen beklagen:
In einem widrigen Monat im Herbst geschieht das,
Der Status quo wird durch Verträge zwischen den großen Herren wiederhergestellt."

Die Schlacht von Roßbach. Frankreich und Österreich, die beiden feindlichen Rivalen, im Bunde gegen Friedrich den Großen, welch seltsame geschichtliche Konstellation! Die beiden Verbündeten erleiden in einem widrigen Monat des Herbstes, im November 1757, durch die Armee Friedrichs des Großen eine schwere Niederlage bei Roßbach. Im Frieden von Hubertusburg 1763 wird der Status quo wieder hergestellt.

1756—1763 9, 81

„Der verschlagene König wird die von drei Hauptquartieren gelegten Hinterhalte
Bemerken und die Feinde angreifen:
Einer Anzahl Österreicher treibt der Husten
Tränen in die Augen,
Das Abenteuer wird dem Spott preisgegeben und schlägt fehl."

Friedrich der Große, der verschlagene König, kam 1756 dem Hinterhalt, den ihm die drei Hauptquartiere in Wien, Petersburg und Versailles gelegt hatten, zuvor. Er räucherte die Österreicher aus, das Unternehmen seiner Feinde wurde dem Spott preisgegeben. So sang das Volk nach Friedrichs Sieg bei Roßbach (5. November 1757):

„Wenn der große Friedrich kommt,
Und klopft nur auf die Hosen,
Dann läuft die ganze Reichsarmee
Panduren und Franzosen."

1762/1793 1, 7

„Er wird zu spät gekommen sein: Die Hinrichtung hat schon stattgefunden;
Der Wind (die Volksstimme) ist mißgünstig, Briefe werden unterwegs beschlagnahmt:
Es handelt sich um 14 Verschwörer einer politischen Richtung,
Die das einfältige Projekt des *Rousseau* wiederholen."

Rousseau als geistiger Urheber der Revolution. Der schwedische Freiherr von Versen suchte die unglückliche Königin Maria Antoinette zu befreien, er kam zu spät, die Hinrichtung hatte schon stattgefunden. Briefe an die Königin wurden von der revolutionären Regierung beschlagnahmt. Die Erklärung der Menschenrechte im Jahre 1789 geht auf das Werk Rousseaus „Contrat social" zurück, das 1762 erschien. In der Vorrede an seinen Sohn Cäsar erwähnt Nostradamus eine zerstörende Umwälzung für das Jahr 1732. In diesem Jahre kam Rousseau, dessen Namen hier Nostradamus nennt, zum ersten Male nach Paris.

1715—1792 2, 30

„Ich sehe den Mann, der die höllischen Götter Hannibals
Zum Schrecken der Menschheit erwecken wird:
Niemals wurde diese mehr in Schrecken versetzt, als zu der Stunde,
Da die *Journale* von Babel (Paris) her die Römer erreichen."

Die heidnischen Götter Hannibals sind Baal und Astarte, Materialismus und Libertinismus. Diese Anschauungen waren eine Begleiterscheinung der französischen Revolution, zu der die Philosophie *Voltaires* (1715—1792) den Grund legte. Der katholischen Kirche (Rom) drohten von Babel (Paris) große Gefahren durch die *Journale* (Zeitschriften), die es zu Nostradamus Lebzeiten noch nicht gab.

Die Schrecken der Rache beginnen

Man merkt dem monarchistisch und christlich gesinnten Seher den Schreck an, mit dem er in seinen Sternstunden die Offenbarungen über das welterschütternde Ereignis der großen Revolution empfing und mit einem weitvorausfühlenden Herzen niederschrieb.
Die Unterdrückung des dritten Standes, vor allem der leibeigenen Bauern durch die priviligierten Adeligen und Priester, die Kriegspolitik Ludwig XIV., die verschwenderische Hofhaltung der französischen Könige, die eine ungeheure Staatsschuld anhäufte, rächte sich furchtbar in der elementaren Entladung der Volkswut in der französischen Revolution.

Le Commun advenement

Zum ersten Male in der Weltgeschichte wird eine Bewegung sichtbar, die sich in den kommenden Jahrhunderten zu einer Schicksalsmacht entwickelt: der Kommunismus. Nostradamus bezeugt das in der Vorrede an seinen Sohn Cäsar mit den Worten:

> „Wollet nicht das Heiligtum den Hunden geben und die Perlen vor die Säue werfen, damit sie nicht jene mit Füßen treten, sich umwenden und euch zerreißen! Das war für mich der Grund, daß ich meine Verkündung in der allgemein dem Volke verständlichen Sprache zurückziehe, meine Feder dem Papier vorenthalte und das bisher klarverständlich Geschriebene auszulöschen gedachte, weil doch (einmal) *der Kommunismus* kommt. (pour le commun advenement) Darum habe ich den Weg gewählt in verborgene und unergründliche Orakel die Dinge der Zukunft, die jeden innerlich beunruhigen, zu kleiden."

Und wiederum sagt Nostradamus in seiner Vorrede an Heinrich den Glücklichen:

> „Am Anfang dieses Jahres wird eine noch größere Verfolgung der christlichen Kirche beginnen, wie sie nicht einmal in Afrika (durch den Islam) geschah. Diese wird anhalten *bis zum Jahre 1792, wo*

man glauben wird, dies sei der Zeitpunkt einer Erneuerung des Jahrhunderts (bzw. des Zeitalters)." —

Die nun folgenden Vierzeiler geben in prophetischer Form den historischen Ablauf der französischen Revolution in ihrer ganzen Tragik wieder, so, wie ihn Nostradamus mit seinen einem prophetischen Teleobjektiv gleichenden Augen 235 Jahre vorher erschaut hat.

1789 f 6, 23

„Die geistigen Grundlagen des königlichen Gedankens werden entwertet,
Die Völker werden gegen ihren König aufgewiegelt:
Der Frieden wird durch die Revolution (zerstört), die heiligen Gesetze durch schlechtere ersetzt.
War Paris jemals in so schwieriger Lage?"

Durch die französische Revolution wurden die geistigen Grundlagen der Monarchie erschüttert. Die Gebote Gottes wurden durch den Materialismus ersetzt. Der Frieden wurde gestört; für Paris begannen furchtbare Zeiten.

1789 8, 17

„Die Gut- und Leichtlebigen werden plötzlich ihrer Ämter (Privilegien) entsetzt,
Durch die drei Brüder gerät die Welt in Unfrieden,
Die Stadt am Meer fällt in die Hände der Feinde,
Es folgen Hungersnot, Brände, Blutvergießen, Seuchen und von allem Schlechten nochmal so viel."

Durch Beschluß der Nationalversammlung am 4. August 1789 verloren der Adel und die Geistlichkeit ihre Privilegien, vor allem ihre Steuerfreiheit. Die Engländer eroberten 1793 den wichtigen Kriegshafen Toulon. Furchtbare Katastrophen und Verluste aller Art folgten der großen Revolution, die Napoleon liquidierte. Die drei Brüder sind die Bourbonenkönige Ludwig XVI., Ludwig XVIII. und Karl X.

1789 f 9, 17

„Der dritte Stand wird zum ersten, aber er wird schlimmere Taten vollbringen als Nero.
Seht nur, wieviel Blut von tapferen Menschen er vergießt!

Er wird die Öfen (das Tuillerienschloß) neu erbauen lassen,
Das goldene Zeitalter ist tot, eine neue Dynastie kommt, die in einem großen Skandal endet."

Der dritte Stand wird grausamer sein als Nero. Es wird berichtet, daß die französischen Adligen und die Priester in der französischen Revolution den Tod auf dem Schafott nicht fürchteten. Dieses wurde im Angesicht der Tuillerien errichtet, dort wo einst die Ziegelöfen lagen. Mit der französischen Revolution schließt das goldene Zeitalter. Die Dynastie Napoleons kommt, die in einem großen Weltskandal endet.

1791 1, 23

„Im dritten Monat, wenn die Sonne aufgeht,
Bekämpfen sich auf dem Marsfeld der Eber und der Leopard:
Der Leopard bleibt auf der Walstatt, sterbend hebt er sein Auge zum Himmel
Und sieht, wie ein Adler die Sonne umkreist."

Der Leopard, das ist die Königspartei, verliert seine Macht an den Eber, die Bergpartei. Bereits im Juli 1791 kommt es zu blutigen Zusammenstößen auf dem Marsfeld. Noch einmal rettet die Nationalgarde den König. Dann wird seine Sache aussichtslos. Der Leopard bleibt auf der Walstatt. Sein sterbendes Auge sieht, wie der Kaiseradler Napoleons den Flug zur Sonne antritt. Ein wunderbares Gleichnis des Sehers!

1791 f 2, 19

„Von neuem kommen Menschen in die Bastille, ohne daß sie sich verteidigen konnten,
Der bisher unbewohnbare Ort ist seitdem überfüllt:
Wiesen, Häuser, Felder, selbst Dörfer nimmt man nach Belieben weg.
Hunger, Pest, Krieg bestellen lange einen Morgen Acker."

Die Kerker der Bastille, des französischen Staatsgefängnisses in Paris, füllten sich im Laufe der französischen Revolution. Den Gefangenen wurde die Möglichkeit genommen, sich zu verteidigen; ihre Güter wurden beschlagnahmt. In dem Vierzeiler 9, 47 wiederholt Nostradamus diese Vorhersage. Er sagt, daß „die Übersättigten", die Adligen, die im Wohlstand lebten, sich im Kerker wiedersehen werden."

1789 f Présage 96 (aus dem Nachlaß):

„Eine geheime Verschwörung zettelt man unter dem niederen Volke an,
Als sie offenbar wird, setzt man eine Maschine in Bewegung
Gegen die Großen,
Dann wird sie (die Revolution) niedergeschlagen und entmachtet."

Der Mord geht um, das Fallbeil wütet. Die Revolution frißt zuerst die Großen, dann ihre eigenen Kinder.

Die Flucht und Hinrichtung der königlichen Familie

12. Juni 1791 9, 20

„Nachts werden durch die Pforte der Königin
Zwei Ehegatten auf einen Irrweg kommen, die Königin, der weiße Edelstein,
Der verlassene König ist in Grau gekleidet; sie betreten Varennes,
Die Wahl des Kapetingers ist die Ursache für Sturm, Feuer, Blut und Hackmesser (Guillotine)."

Die Flucht des Königspaares war ein Irrweg. Ludwig XVI. und seine Gattin Maria Antoinette, Tochter der Kaiserin Maria Theresia von Österreich, verließen in der Nacht zum 12. Juni 1791 heimlich die Tuillerien durch eine Tür, die zu den Zimmern der Königin führte. Auf ihrer Flucht gerieten sie auf einen Irrweg. Die „Gazette Nationale" vom 14. Juni 1791 berichtet nahezu mit den Worten des Nostradamus unter der Überschrift: „Die Flucht des Königspaares ein Irrweg: Hätte der König den Weg nach Verdun eingeschlagen, statt nach Varennes, so wäre die Flucht gelungen; die Königin trug ein weißes Kleid, der König war in Grau gekleidet." (Der weiße Edelstein ist eine Anspielung darauf, daß die Königin infolge der Aufregung in Paris über Nacht weiße Haare bekam). In Varennes wurde das Königspaar erkannt und verraten. (vgl. 9, 34) Die Wahl des Königs, dessen Geschlecht von den Kapetingern abstammte, zum konstitutionellen Monarchen verursachte die Schrecken der Revolution. Er und seine Gattin endeten unter dem Hackmesser (Guillotine).

20. Juni 1792 9, 34

„Der einsame und betrübte Gatte wird nach seiner Rückkehr mit der Mitra geschmückt,
Ein Streit wird an den Tuillerien durch 500 erregt:
Ein Verräter wird *Narbonne* sein, ein Mann mit hohem Titel
Und *Saulce*, der von seinen Ahnen her einen Olladen besitzt."

Der Verrat an Ludwig XVI. Hier werden nicht nur wesentliche Begleitumstände, sondern sogar zwei keinesfalls häufig vertretene Namen in diesem Zusammenhang von Nostradamus genannt. — Nachdem man den König und seine Gattin gezwungen hatte, von Varennes nach Paris zurückzukehren, trennte man das Ehepaar und setzte dem König als Bürger Capet die Jakobinermütze (Mitra) auf. 500 Revolutionäre aus Marseille versuchten am 20. Aug. 1792 einen Sturm auf das Tuillerienschloß. Die Lage des Königspaares war aussichtslos, da es nicht mehr auf das Eingreifen Österreichs hoffen konnte. Nunmehr stand der König einsam da und war dem Zugriff seiner Gegner ausgeliefert. Den Kriegsminister *Narbonne*-Lara, der beiden Teilen verdächtig war, hatte er entlassen. Die Flucht des Königspaares war an dem Verrat des Krämers *Saulce* gescheitert. Das Erstaunlichste an dieser Prophezeiung ist, daß Nostradamus gleich zwei Schlüsselfiguren dieses Weltgeschehens in einem Vierzeiler benennt, und zwar in der richtigen Reihenfolge!

10, 43

„Zuviel gute Tage im Zeichen einer allzu großen königlichen Milde
Sind schnell vergangen und plötzlich dahin durch allzu große Sorglosigkeit:
Darum ist er auch viel leichter geneigt,
an einen Fehltritt der treuen Gattin zu glauben,
Ihm (dem König) wird der Tod durch seine wohlwollende Nachgiebigkeit zuteil."

Über den Charakter Ludwigs XVI., der persönlich ehrenwert war, äußerte sich Napoleon: „Dieser unglückliche Fürst! Er war gutherzig, wohl unterrichtet und bedächtig. Aber er taugte nicht für eine revolutionäre Zeit. Es fehlte ihm an Entschlossenheit und Energie. Die Hofleute haben ihn den Jakobinern hingeworfen und diese ihn aufs Schafott gebracht." In der dritten Zeile ist die Halsbandaffaire des Kardinals Rohan angedeutet, in die Maria Antoinette verwickelt war.

16. Oktober 1793 Dezember 1792 9,77

„Nachdem man sich der Herrschaft bemächtigt hatte, wird der König verurteilt,
Die gefangene Dame (die Königin) wird in den Tod geführt;
Geschworene werden ausgelost:
Das Leben wird man dem Sohn der Königin verweigern,
Aber die Dirne trifft in der Festung dasselbe Schicksal."

Ludwig XVI. wird im Dezember 1792 wegen Verrates an der Freiheit der Nation angeklagt und verurteilt. Er wird am 21. Januar 1793 hingerichtet, die gefangene Dame Maria Antoinette, folgt ihm am 16. Oktober 1793 in den Tod. Das Todesurteil wurde durch das Revolutionstribunal gefällt, das sich aus Geschworenen zusammensetzte, die durch das Los bestimmt waren. Diese Einrichtung wurde dem englischen Gerichtsverfahren unter Cromwell nachgebildet. *Zu Lebzeiten des Nostradamus existierte dieses System noch nicht.* Der Sohn des Königspaares wurde dem Schuster Simon übergeben, der ihn langsam zu Tode quälte. Die Mitglieder des Gerichtshofes, die das Recht prostituiert hatten, endeten ebenso wie die Dirne, die verhaßte Maitresse Dubarry, unter dem Fallbeil.

1793 10, 17

„Die Königin im Arbeitskittel sieht ihre Tochter erbleichen
Infolge eines Schmerzes, den sie im Busen verschließt:
Klagegeschrei wird man aus Angoulême hören,
Die Ehe mit dem Vetter wird nicht vollgültig sein."

Maria Antoinette, die Königin im Arbeitskleid, mußte im Gefängnis grobe Arbeiten verrichten. Sie sah mit an, wie sich ihre Tochter, die Herzogin von Angoulême, darüber grämte. Diese war im Alter von neun Jahren mit ihrem Vetter, dem Herzog von Angoulême, verlobt worden. Die Ehe mit dem Vetter war nur eine Formehe.

21. Januar 1793 6, 92

„Gegen den durch seine Schönheit so anmutigen Fürsten
Geschehen Anschläge gegen seinen Kopf, das zweite Attentat wird verraten:
Die Stadt steht im Zeichen des Schwertes (der Hinrichtung), er wird wie eine Fackel zu Staub verbrannt,
Nach einem allzu bitterem Tod wird das Haupt des gehaßten Königs dem Volke gezeigt."

Die Hinrichtung Ludwigs XVI. Er war als Prinz von besonderer Schönheit und erlag nun den Intrigen seiner Gegner. Zwei Attentate gegen ihn wurden rechtzeitig aufgedeckt. Paris steht im Zeichen der Guillotine. Als Ludwig XVI. am 21. 1. 1793 unter dem Fallbeil stirbt, zeigt der Henker Sansson das abgeschlagene Haupt, dessen Augenlider noch zitterten, der Volksmenge. Der Kopf Ludwigs XVI. wurde verbrannt. damit ihn seine Anhänger nicht als Reliquie aufbewahrten.

21. Januar 1793 8, 22

„Gourdan und Narbonne benachrichtigen mit List Aube,
Die Begnadigung wird in Perpignan hintertrieben:
Die rote Stadt (das revolutionäre Paris) will ihr nicht zustimmen.
Durch einen Schwung von oben (das Fallbeil) büßt
der in graues Tuch gekleidete (König) sein Leben ein."

21. Januar 1793 7, 44

„Es kommt die Zeit, da ein tüchtiger und guter Bourbone regieren wird,
Der aber die Merkmale eines Justizmordes an sich trägt:
Nach seiner Flucht wird er ungerecht verurteilt und die Todesstrafe erleiden."

Die Hinrichtung Königs Ludwigs XVI. finden wir auch in diesen beiden Vierzeilern vorausgesagt. Versuche seiner Freunde, in Südfrankreich diesen rechtlich denkenden König zu retten, werden von der roten Stadt (Paris) hintertrieben. Auf seinem letzten Gang trug der König ein graues Gewand. Seine Hinrichtung war die Folge eines Fehlurteils und daher ein Justizmord.

1793/94 1, 68

„O, welch schreckliche und unglückliche Marter,
Wie kommt man dazu, drei Unschuldige auszuliefern!
Verdächtiges Gift, schlechtes Gefängnis und Verrat wird ihnen zuteil,
Und dann ein letzter Schrecken: sie werden durch Henkersknechte geschändet."

Drei Unschuldige, klagt hier Nostradamus, nämlich Ludwig XVI., Maria Antoinette und die Schwester des Königs, Elisabeth, leiden Qualen im Gefängnis und werden dem Henker ausgeliefert.

8. Juni 1795 1, 65

„Ich sehe ein Kind ohne Hände, man hat niemals solchen Blitzschlag erlebt,
Das königliche Kind wird beim Spiel mit den Würfeln (des Schicksals) verletzt:
Zermalmend gehen Stürme und Blitze auf einem Berg nieder,
Drei, die in Ketten liegen, werden vor aller Augen weggerafft."

Ludwig XVII., das Kind ohne Hände, das niemals regierte, stirbt schändlich mißhandelt am 8. Juni 1795. Zusammen mit seinen Eltern und seiner Tante Elisabeth wird es dahingerafft.

Das Ende der Tyrannen — Die Revolution frißt ihre eigenen Kinder

1793 1, 81

„Von einer menschlichen Herde werden neun ausgesondert,
Die sich von dem Rat und Gericht unterscheiden:
Ihr (verdienstes) Schicksal erwartet sie bei ihrem Abgang,
Kappa, Theta, Lambda: Tod, Verbannung und Verwirrung drohen."

Der Wohlfahrtsausschuß des Jahres 1793 bestand aus neun Mitgliedern. An seiner Spitze stand zuerst Danton, später Robespierre. Beide endeten auf dem Schafott. Kappa, Theta, Lambda sind die drei Buchstaben des griechischen Alphabetes K, Th, L. Im Hebräischen bedeuten sie als das Wort „Katal" = töten und weisen so auf den gewaltsamen Tod der Mitglieder des Wohlfahrtsausschusses hin.

1793/94 4, 55

„Wenn die Krähe hoch über allen Dächern sich auf dem Tuilerienschloß niederläßt,
Wird sie sieben Stunden nichts anderes tun als schreien:
Vorausgesagt wird der Tod der mit Blut gefärbten Statue,
Der Tyrann wird getötet, aber das Volk wird weiter zu den Götzen beten."

Das Ende Robespierres. Der Totenvogel verkündet vom Dach des Königsschlosses aus das Ende der blutgefärbten Statue, d. h. der Göttin der Vernunft und des Tyrannen Robespierre im

Juli 1794. Aber immer noch betet das Volk zu dem Götzen der Revolution.

Juni 1794 Présage 85 (aus dem Nachlaß):

„Der Ungerechte geht zu Boden, man wird ihn stark schlagen,
Ein Hagelwetter (Inflation) überschwemmt den Staatsschatz und selbst der Marmor wird pockennarbig:
Das Volk wird den Führer der Redeschlachten (Robespierre) töten,
Und die Klinge wird an einen Baum (Holzgestell) angeheftet."

Die Hinrichtung Robespierres. Der Führer der Redeschlachten, der so viele Tausende auf das Schafott geschickt hatte, zeigte sich als Feigling, als er selbst das Hinrichtungsgerüst besteigen mußte. Der Henker gab ihm einen Kinnhaken, so daß Robespierre zu Boden ging. Er war auch für das „Hagelwetter" im Staatsschatz, die erste Inflation der Weltgeschichte, durch die Ausgabe der Assignaten, eines bald wertlosen und ungedeckten Papiergeldes, verantwortlich. In der letzten Zeile beschreibt Nostradamus die Gestalt der Guillotine, eines „Holzgestelles, an dem eine Klinge angeheftet ist".

Verfolgung der Kirche und ihrer Priester in der französischen Revolution

1789 f 10, 81

„Der Kirchenschatz wird den Bürgern des Westens zugestellt,
Ebenda wird er an einem geheimen Ort in Sicherheit gebracht:
Die Kirche löst die Fesseln des Hungers, auf den Schatz wird zurückgegriffen,
Er wird geraubt und eine schreckliche Beute der Masse."

Der Wert des Kirchenschatzes in Frankreich betrug vor der Revolution etwa 4 Milliarden frs. Ein großer Teil des baren Geldes wurde der nach Westen zu liegenden Provinz Vendée gegeben, weil diese als besonders königs- und kirchentreu galt. Die Finanzkrise in Frankreich wurde durch die unsoziale Lebensweise vieler Priester mit ausgelöst, hinzu kam eine große Hungersnot, die dem kalten Winter 1788/89 folgte. Man griff auf den Kirchenschatz zurück, indem man ihn beschlagnahmte und auf Grund der konfiszierten Güter die Assignaten (Papiergeld) druckte.

1793 f 4, 24

„Man hört, wie unter der Erde die heilige Dame (die Kirche) ihre Stimme verstellt,
Menschliche Flamme sieht man leuchten statt der göttlichen Inspiration:
Man wird es soweit bringen, daß die Priester mit ihrem eigenen Blut die Erde färben,
Die heiligen Kirchen zerstört man mit Rücksicht auf die Unreinen (Ungläubigen)."

Das Evangelium wird während der französischen Revolution nur noch in Katakomben verkündet. Das Volk glaubt an die Göttin der Vernunft statt an die göttliche Inspiration. Viele Priester wurden hingerichtet und die christliche Religionsausübung bei Todessrafe verboten.

1793 f 8, 80

„Das Blut von unschuldigen Witwen und Jungfrauen fließt,
Viele Schandtaten geschehen auf Veranlassung des großen Roten:
Die heiligen Bilder werden mit brennendem Wachs besudelt,
Zu Tode erschrocken wird man nur noch Götzendienst sehen."

Der große Rote, Robespierre, ließ auch Frauen hinrichten, die sich zu der christlichen Kirche bekannten. Jakobiner schändeten oder zerstörten die Kirchen, so auch die Franziskaner-Minoritenkirche in Salon, in der die Gebeine des Nostradamus ruhten.

Einige weltbedeutende Ereignisse aus dem 18. Jahrhundert

Nostradamus nennt zwei Jahreszahlen und zwar zunächst 1700 in 1, 49. In diesem Jahre erobert Peter der Große die nördliche Ecke (Europas), die Ostseeprovinzen. Schweden verlor dadurch seine Vormachtstellung im Norden unseres Erdteiles. —
In 3, 77 erwähnt Nostradamus die Zahl 1727. In diesem Jahr wird der Friede von Hamadan geschlossen, in dem die Türkei die westlichen Provinzen Persiens gewann. Zu beachten ist ferner daß Nostradamus in 10, 27 den Namen des Papstes Clemens 150 Jahre früher voraussagt. In 1, 77 verkündet Nostra-

damus die Eroberung Gibraltars durch England, die 1704 erfolgte. —
Es folgen zwei kulturgeschichtliche Prophezeiungen des 18. Jahrhunderts:

17. Juli 1751 2, 48

„Ich sehe eine große Truppe, die die Berge überschreiten wird,
Saturn steht im Schützen, Mars rückläufig in den Fischen.
Gift und Galle verbirgt sich in den Köpfen von Lachsen,
Der Kopf wird an einem Strick vom Häuptling aufgehängt."

Die Indianer (Lachse) unterliegen den Weißen. Die in der Zeile zwei angegebene Konstellation ereignete sich am 17. Juli 1751. Gerade damals unterliegen die Indianer, die Nostradamus wegen ihrer rötlichen Hautfarbe Lachse nennt, unter ihrem tapferen Häuptling Pontiac den Weißen. Oft führten auch Indianerstämme den Lachs als Totem. Der Skalp (abgetrennte Kopfhaut) wurde von den Häuptlingen als Siegesbeute an dem Gürtel aufgehängt.

16. Juni 1794 5, 57

„Von der Montgolfière aus, die mit dem Winde fährt, wird einer ausgehen,
Der durch das Loch der Armee Nachrichten geben wird:
Zwischen zwei Felsen wird die Beute erobert werden,
Unter dem VI. Papst wird das Ansehen abnehmen."

Die Montgolfière wurde als Heißluftballon im Jahre 1783 von den Brüdern Montgolfier erfunden. 1794 wurde sie zuerst gegen die Österreicher in der Schlacht bei Fleurus zu Beobachtungszwecken eingesetzt. Das Loch ist ein Hinweis auf die Öffnung an dem Ballon, die dazu bestimmt ist, Luft in den Ballon aufzunehmen. Zwischen zwei Felsen, nämlich zwischen den beiden Päpsten (Petrus heißt Fels), Pius VI. und Pius VII. nahm sich Napoleon im Frieden von Tolentino als Kriegsbeute einen Teil des Kirchenstaates. Unter Pius VI. sank das Ansehen des Papsttums.

Napoleon I. „Der Verderber“

Aggressive Politik des Korsen gegen die Päpste
Die letzten Bourbonenkönige
Napoleon III., der Neffe des Großen
Das geeinte Deutschland wird Kaiserreich

Geburt, Name und unvergleichliche Karriere Napoleons

1769—1814 1, 4 Der Prolog

„Durch das Weltenschicksal wird ein Monarch geschaffen,
Der im Frieden und am Leben nicht lange bleiben wird,
Der Fischerbarke droht dann der Untergang,
Weil sie mit besonderem Unglück gesteuert wird.“

Dem Weltenschicksal ist es vorbehalten, einen Monarchen, in diesem Falle als Diktator, zu schaffen, der selbst zum Schicksal Europas wurde. Der Seher weist hier auf die Kirchenpolitik Napoleons hin, die unter den Päpsten Pius VI. und Pius VII. beinahe zum Untergang der Fischerbarke, d. h. des Papsttums geführt hätte.

15. August 1769 3, 35

„Im tiefsten Winkel des europäischen Westens
Wird von armen Eltern ein Kind geboren:
Das wird durch seine Beredsamkeit große Truppenmengen verführen,
Sein Ruhm wird durch eine Regierungsunternehmung nach dem Orient noch mehr wachsen.“

Napoleons Geburt in Korsika. Seine Eltern waren arm, seine suggestive Beredsamkeit begeisterte immer wieder die Herzen seiner Soldaten. Auch der ägyptische Feldzug brachte ihm trotz seines Mißlingens großen Ruhm.

1769—1821 1, 76

„Die Vokabel seines wilden Namens wird so für sich sprechen,
Daß die drei Schicksalsschwestern aus dem Namen sein Schicksal entnehmen können:
Dann wird er ein großes Volk durch Wort und Tat verführen,
Mehr Lärm und Berühmtheit wird kein anderer hinterlassen."

Die Bedeutung des Namens Napoleon. Napoleon bedeutet im Griechischen: Das ist wirklich ein Zerstörer (ne apollyon)! Die Schicksalsschwestern sind die drei Parzen, die den Lebensfaden des Menschen spinnen bzw. ihn abschneiden.

1769—1821 1, 60

„Ein Kaiser wird geboren nahe bei Italien,
Der dem Reich teuer zu stehen kommen wird:
Es werden die Völker sagen, mit denen er ein Bündnis schließt:
Man finde in ihm mehr einen Schlächter als einen Fürsten."

Geburt und Bedeutung Napoleons. Napoleon I. wird nahe bei Italien in Korsika geboren. Er zwingt Frankreich und die mit ihm verbündeten Länder viele Opfer an Gut und Blut zu bringen. Zu Metternich sagte Napoleon: „Ich bin auf dem Schlachtfeld aufgewachsen, und ein Mann wie ich schert sich den Henker um das Leben von einer Million Menschen."

1793—1815 8, 57

„Vom gemeinen Soldaten wird er bis zum Kaiser emporsteigen,
Von der kurzen Uniform wird er zur langen Robe gelangen:
Tapfer ist er unter Waffen; in der Kirche, wo es noch mehr brennt,
Wird er die Priester auspressen, so wie es der Schwamm mit dem Wasser tut."

Napoleons unvergleichliche Karriere. Vom einfachen Artillerieleutnant in seiner kurzen Uniform bis zum Imperator in der Kaiserrobe, das war der einzigartige Aufstieg des Korsen. Genialer Feldherr, preßte er dennoch die Kirche aus, wie aus den Vorhersagen 2, 97—99 hervorgeht, die wir unten anführen (Seite 171 f).

1801 3, 24

„Das Unternehmen endet in einer großen Verwirrung,
Menschenleben und unzählbare Schätze gehen verloren:

Du sollst nicht noch einmal eine Expansion wagen,
Frankreich, du wirst noch einmal an mein Wort denken!"

Nostradamus warnt Frankreich vor kolonialen Abenteuern. Das Unternehmen Napoleons in Ägypten verlief zuletzt unglücklich. Die französische Flotte wurde am 1. August 1798 von Nelson vernichtet. Die Truppen Napoleons aßen in Syrien, wie der Seher in 3, 23 berichtet, Pferde- und Eselfleisch. 1801 mußte Frankreich Ägypten räumen, nachdem es viele Menschenleben und Geld geopfert hatte. — Der einzige, der diese Warnung des großen französischen Propheten beachtet hat, ist *de Gaulle*, der die „schmutzigen Kriege" in Hinterindien und in Algier beendete.

Napoleon Diktator und Imperator

9. November 1799 4, 26

„Der große Bienenschwarm wird sich erheben,
So daß man nicht weiß, aus welchem Bienenstock er abgeflogen ist:
Das Einflugloch ist aufgeschlossen, und Wirrwarr gibt es in den Waben.
Die Stadt wird verraten durch fünf nicht nackte Zungen."

Der Staatsstreich Napoleons. Dieser Vers ist im französischen Urtext mit altspanischen Worten durchsetzt. Die Biene ist die Wappenfigur der Familie Bonaparte! Bei großen Festlichkeiten wurden, nachdem Napoleon sich als Kaiser hatte krönen lassen, die Säle mit vergoldeten Bienen geschmückt. Wie eine Schar wilder räuberischer Bienen stürzen sich Napoleon und sein Bruder Lucian mit ihrem Gefolge am 9. 11. 1799 auf das Direktorium und treiben den Rat der 500 auseinander. Die „fünf nicht nackten Rednerzungen" sind die fünf Mitglieder des großen Direktoriums, die als Sprecher eine lange Robe trugen.

2. Dezember 1804 4, 54

„Vor dem Namen, den noch niemals ein französischer König trug —
Nie war ein Blitz so furchtbar —
Zittern Italien, Spanien und die Engländer,
Nach der Österreicherin ist er sehr begierig."

Vive l'empereur! Den Namen Kaiser führte seit Karl dem Großen kein Herrscher Frankreichs. Vor dem Blitz Napoleon zittert ganz Europa. Ungeheures Aufsehen erregte seine Scheidung von Josefine Beauharnais und seine Hochzeit mit der Habsburgischen Kaiserstochter Maria Luise (vgl. 1, 88).

21./22. Mai 1805 2, 24

„Wilde Tiere durchschwimmen Ströme, wenn sie der Hunger treibt.
Der größte Teil des Schlachtfeldes wird in der Nähe der Donau liegen:
In einem eisernen Käfig wird sie die Großen mit sich schleppen,
Wenn nichts (wagend) der Sohn des Deutschen Acht geben wird."

Die Schlacht bei Aspern. Als Napoleon versucht, sein Heer nach der Insel Lobau in der Donau überzusetzen, erleidet er seine erste große Niederlage. Erzherzog Karl, der „Sohn des Deutschen", hätte ihn völlig vernichten können, wagte es aber nicht. So behielt Napoleon seine Rüstung (eisernen Käfig) und konnte sich auf das rechte Ufer der Donau zurückziehen.

15. Dezember 1809 1, 88

„Die göttliche Strafe wird den großen Fürsten treffen,
Kurz bevor er die Frau geheiratet hat:
Seine Stützpunkte und sein Kredit werden schlagartig schwinden;
Dem geschorenen Haupt stirbt der Rat."

Der Umschwung im Schicksal Napoleons, von Nostradamus „la teste rasée", das geschorene Haupt mit dem militärisch kurzen Haarschnitt im Gegensatz zu Allongeperücken der französischen Könige, genannt, fand in dem Augenblick statt, als er sich von Josefine Beauharnaise scheiden ließ und Marie Luise von Österreich heiratete. Die Weltgeschichte hat diese Vorhersage des Sehers bestätigt. Von nun an ging es mit dem Korsen abwärts.

20. März 1811 5, 61

„Das Kind des Großen wird, als es noch gar nicht geboren war,
Die hohen Apeninnenberge beherrschen.
Er wird die Leute unter der Waage erzittern machen,
Auf den Bergen sieht man die Feuerzeichen bis zum Mont-Cénis."

Der Sohn Napoleons wurde schon vor seiner Geburt am 20. März 1811 von dem Imperator zum „König von Rom“ ernannt. Am Tage seiner Geburt flammten die Feuerzeichen bis zum Mont-Cénis. Österreich, das unter dem Tierkreiszeichen der Waage steht, befürchtete, daß der Sohn Napoleons und der österreichischen Kaisertochter Marie Luise die Habsburger Monarchie beseitigen könnte. Er starb früh am österreichischen Kaiserhofe an Schwindsucht.

Der Sturz Napoleons

1812—1815

1811 6, 6

„Gegen Norden, nicht weit vom Wendekreis des Krebses,
Ist der Komet zu sehen:
Hört Susa, Siena, Böotien, Eritrea!
Sterben wird der Große von Rom, die Nacht ist verschwunden.“

Ein großer Komet verkündet Napoleons Untergang. Im Jahre 1811 erschien ein großer Komet am Himmel. Nach altem Volksglauben bedeutet er ein kosmisches Signal für den Untergang eines Großen, hier Napoleons, der ein neues Römerreich gegründet hatte.

15. — 20. September 1812 9, 99

„Der Nordwind wird die Aufhebung der Besetzung bewirken,
Über die Mauern hin werden Brandasche und Kalkstaub geworfen:
Durch nachfolgende Niederschläge (Schnee) wird (den Feinden) eine wirksame Schlinge gelegt,
Ihre letzte Rettung besteht darin, ihren Grenzen entgegen zu marschieren.“

15. — 20. September 1812 2, 91

„Dort, wo die Sonne aufgeht, wird man ein großes Feuer sehen,
Der Lärm und der Schein weisen nach Norden:
Ringsumher wird man Todesschreie hören,
Tod durch Schwert, Feuer, Hunger und Entkräftung hat das Heer zu erwarten.“

Der Brand von Moskau, den der russische Gouverneur Rostopschin angelegt hatte, zwang Napoleon die Besetzung aufzuheben. Die französischen Truppen verloren dadurch das schützende Obdach. Napoleon vergeudete fünf Wochen mit ergebnislosen Verhandlungen, die der Marschall Lauriston mit Kaiser Alexander von Rußland führte. Die „grande armée" geriet auf dem Rückzug in den früh einsetzenden nordischen Winter. Nur kleine Teile der dezimierten Truppen erreichten nach furchtbaren Leiden die Grenzen.

1. März 1815 10, 24

„Der in Elba (Italien) internierte und besiegte Fürst
Wird bei Genua das Meer passieren und bis Marseille vordringen,
Durch große Anstrengungen der fremden Nationen wird er überwunden,
Ein Schuß tifft ihn nicht, ein Faß mit Honigsaft (wird weggerollt)."

Die Flucht Napoleons aus Elba. Napoleon entweicht aus Elba, flieht am 1. März 1815 an Genua vorüber und landet mit zehn Schiffen in Cannes unweit Marseille. In dem Feldzug der hundert Tage wird er abermals von seinen ehemaligen Gegnern besiegt. Er findet den Tod nicht in der Schlacht bei Waterloo, sondern wird wie in einem Faß Bienenhonig weggerollt und nach der Felseninsel St. Helena gebracht. Auch hier wird die *Biene* als Wappenfigur der Familie Bonaparte erwähnt (vgl. 4, 26).

5. Mai 1821 10, 90

„Hundertmal wird der unmenschliche Tyrann sterben,
An seine Stelle tritt ein Weiser und Gütiger:
Den ganzen Senat wird er in der Hand haben,
Er wird durch einen frechen Buben gekränkt werden."

Napoleons hundertfacher Tod auf St. Helena. Der Gefangene wurde von den Engländern schikaniert und starb an Magenkrebs. Vor seinem Tode bekannte er: „Ich selbst war mein größter Feind. Meine eigenen Pläne, diese Expedition nach Moskau, waren die Veranlassung, daß ich stürzte. Ich muß allerdings sagen, daß diejenigen, die mir niemals widersprachen und zu allem, was ich vorschlug, ja sagten, mir viel Schaden zufügten. Das waren meine größten Feinde." — Der Nachfolger Napoleons war Ludwig XVIII. (1814—1824). Unter seiner Regierung waren die beiden Kammern einig. Ein böser Bube, der Stallknecht Louvel, unternahm ein Attentat gegen den Bruder des Königs.

1838 4, 20

„Der segensreiche Friede wird lange den Ort berühmt machen,
Während der Zeit seiner Regierung fehlt der Lilie die Blüte.
Der Leib stirbt von Wasser umgeben, Erde wird man dorthin tragen,
Vergeblich hofft man auf die Stunde, in der man den Leib (an dem gewünschten Ort) begraben kann."

Der segensreiche Friede, der dem Wiener Kongreß 1815 folgte, machte die Stadt *Wien* berühmt. Während der Zeit der Regierung Ludwigs XVIII., der kinderlos war, fehlte die Blüte der Lilie, d. h. ein Nachkomme der Bourbonen. Napoleon starb auf der Insel St. Helena. Sein Gefolge hatte französische Erde mitgenommen. Aber erst 1838, nach der Überführung der sterblichen Überreste des Imperators, wurde sein Vermächtnis erfüllt: „Ich wünsche, daß meine Asche an den Ufern der Seine bestattet werde, inmitten des französischen Volkes, das ich so sehr geliebt habe."

Die aggressive Kirchenpolitik gegen die Päpste Pius VI. und Pius VII.

Bereits in 1, 4 sagt Nostradamus voraus, daß unter dem Monarchen (Napoleon) die „Fischerbarke", das Papsttum, zu versinken droht, da sie mit besonderem Unglück gesteuert wird. Diese Prophezeiung ging in Erfüllung unter den Päpsten Pius VI., der von 1775—1799 den Stuhl Petri innehatte, und Pius VII., 1800—1823. Das tragische Schicksal dieser Kirchenfürsten finden wir bereits in der Päpsteweissagung des Malachias angedeutet. Malachias verwendet für Papst Pius VI. den symbolischen Namen „peregrinus apostolicus", d. h. der apostolische Auswanderer. Das trifft wortwörtlich zu, da Napoleon Papst Pius VI. gefangen nehmen ließ und ihn in ein Exil an der Rhone brachte, wo er — wie auch Nostradamus in 8, 46 berichtet — einsam starb. Seinen Nachfolger Pius VII. zwang Napoleon nach Paris zu kommen, um dort ein Konkordat zu unterschreiben. Hier charakterisiert Malachias seinen Gegenspieler, den

Korsen, und seine Zeit mit dem Namen „aquila rapax", d.h. der Raubadler. Auch Nostradamus nennt Napoleon in 1, 23, 2, 44, 8, 46 den Adler. Ich verweise auf die große Päpsteweissagung des Malachias, wie sie *M. Kahir* in seinem Buche: „Nahe an 2000 Jahre" Gegenwart und Zukunft in prophetischer Schau gedeutet hat. (Erschienen im Turm-Verlag, Bietigheim/Württ., 1961.)

1799 8, 46

„Der alleinbleibende Pol (der Papst) wird drei Meilen von der Rhone entfernt sterben,
Darum fliehe die beiden nächsten Distrikte von Tarascon:
Mars wird nun die größte Schreckensherrschaft auf den Thron setzen,
Der Hahn und Adler Frankreichs bekämpfen sich wegen der drei Brüder."

Pius VI., in dem Nostradamus einen feststehenden Pol in der Erscheinungen Flucht sieht, stirbt 1799 auf einem Schlosse bei Valence (Rhone) als Gefangener Napoleons. Von da an bekämpfen sich 14 Jahre lang der Hahn, d. h. das königliche Frankreich und der Adler Napoleons. Die drei Brüder sind die Könige Ludwig XVI., Ludwig XVIII. und Karl X.

2, 97

„Römischer Papst, hüte dich nahe zu kommen
der Stadt, die von zwei Flüssen umspült wird!
Aber du wirst doch kommen und dort dein Blut aushusten,
Du und dein Gefolge, wenn die Rose blüht."

Nostradamus warnt den Papst Pius VII., der 1800 nach 5, 56 als Nachfolger Pius VI. gewählt wird, nach Paris zu kommen, wo sich Seine und Marne vereinigen. Napoleon hatte ihn bereits gezwungen, im Jahre 1801 auf die Kirchengüter zu verzichten (2, 12). Aber resigniert ruft der Seher aus: „Du wirst doch kommen müssen." Denn Napoleon ist stärker und schleppt ihn im Sommer 1812, wenn die Rose blüht, nach Fontainebleau. Dort trennt er ihn von seinen Ratgebern. Pius VII. wird „sein Blut aushusten": er mußte ein Konkordat unterschreiben.

1812 2, 98

„Der Blutbespritzte verstellt sein Gesicht,
Er nähert sich dem (wehrlosen) priesterlichen Schlachtopfer:

Es donnert im Löwen, wie der Seher vorausgesagt hat,
In den Tod wird er dann geschickt für seine Verlobte."

Napoleon bedroht Pius VII. und sucht ihn für seine Ziele zu gewinnen. Der blutbespritzte Imperator verstellt sein Gesicht. Er macht Pius VII. das Angebot, mit ihm zusammen Europa zu regieren. Der Papst antwortet auf diesen Anbiederungsversuch mit dem Wort: „Komediante". Darauf verliert der Kaiser das Gesicht; in einem furchtbaren Wutausbruch zertrümmert er eine kostbare Vase und bedroht sein „priesterliches Schlachtopfer" mit dem Tode. Pius VII. entgegnet nur: „Tragediante". Da bricht Napoleon zusammen und bekennt, daß er wirklich ein Tragödienspieler sei, und als Dämon des Krieges die Welt immer wieder in neue Unruhe stürzen müsse. Er zwingt aber trotzdem den Papst das Konkordat am 25. Januar 1813 zu unterschreiben. Pius VII. wird gewissermaßen in den Tod geschickt für seine Verlobte, die katholische Kirche. „Es donnert im Löwen", d. h. in der Zeit vom 23. Juli bis 23. August.

1815 6, 46

„Ein Gerechter, der im Exil war, wird zurückgeschickt
Beim Ausbruch eines Krieges, der bis an die Grenze des Landes sich ausdehnt, das nicht säkularisiert wurde.
Die Ansprache an die Roten (das Kardinalskollegium) wird ihn verdächtig machen.
Das Königtum wird wiederhergestellt am Arno für den Adler."

Pius VII., der Gerechte, kehrte nach dem Sturz Napoleons in den Kirchenstaat zurück, der nicht säkularisiert worden war und dessen Bestand der Wiener Kongreß 1815 garantierte. Bei einer Ansprache an das Kardinalskollegium hob er die Verdienste der nicht katholischen Staaten am Sturze Napoleons hervor, was den Kardinälen sehr mißfiel. Toskana, das Land am Arno, wird durch den Adler — Österreich hat einen Doppeladler im Wappen — österreichisches Herzogtum. Es war sehr schwer die Bedeutung des Wortes *nonseggle* in Zeile 2 zu ergründen. Es heißt *„nicht säkularisiert"*. Dieses Schlagwort gab es noch nicht in der Zeit des Nostradamus. Es wurde erst gebräuchlich, als im Wiener Kongreß der weltliche Besitz der Bistümer in das Eigentum von Fürsten und Könige überging.

1814—1824 10, 16

„Glücklich in der Regierung Frankreichs, glücklich in deinem Privatleben,
Bist du, der nichts von Blut, Tod, Leidenschaft und Raub weiß:
Ohne alle Schmeichelei wird man dir den Beinamen „Ersehnter" geben,
O König, der du dich zwar der Öffentlichkeit entziehst, aber dein Vertrauen auf eine gute Küche setztest."

Ludwig XVIII., der restaurierte Bourbone (1814—1824), wird hier humorvoll charakterisiert. Er war glücklicher als sein Bruder Ludwig XVI., der ein Opfer der Revolution wurde. Er kümmerte sich nicht viel um Staatsgeschäfte, aber seine gute Küche war sprichwörtlich; er litt infolge des vielen und guten Essens an Fettleibigkeit.

15. Juli 1840 9, 89

„Sieben Jahre wird *Philipp* vom Glück begünstigt sein,
Er wird den Einfluß der Araber einschränken:
Dann im Zenit seines Lebens gehen die Angelegenheiten rückwärts,
Der junge Herkules wird seine Tatkraft zerstören."

Ludwig Philipp, der Bürgerkönig, den Nostradamus hier mit seinem richtigen Namen bezeichnet, war während der ersten sieben Jahre seiner Regierung vom Glück begünstigt. Er eroberte Algier für Frankreich und schränkte damit den Expansionsdrang der Araber ein. Auf der Höhe seines Lebens ging sein Ansehen zurück infolge des Ausgangs der sog. orientalischen Streitfrage (15. Juli 1840). Mit dem „jungen Herkules" ist das französische Volk gemeint, das Philipp 1848 vom Throne vertrieb.

Napoleon III. der Neffe des Großen

1870 4, 5

„Das Kreuz bedeutet Frieden, wenn man die göttlichen Gebote erfüllt,
Spanien und Frankreich werden sich eng aneinander anschließen:
Eine große Niederlage naht nach einem sehr bitteren Kampf,
Kein noch so kühnes Herz gibt es, das nicht zittert."

Nostradamus mahnt: Das Kreuz bedeutet Friede, aber Napoleon III. beachtete diese Warnung nicht. Er protestierte gegen die Übertragung der spanischen Krone an einen Prinzen von Hohenzollern. Diese Angelegenheit führte zum *Krieg*, als der französische Botschafter Benedetti in Ems am 9. Juli 1870 von König Wilhelm verlangte, dem Prinzen von Hohenzollern die Annahme der spanischen Krone zu verbieten. In dem nun folgenden Krieg erlitt Frankreich eine furchtbare Niederlage und Napoleon verlor den Thron.

2. September 1870 2, 92

„Goldfarbenes Feuer, das vom Himmel fällt, wird auf Erden gesehen,
Dann wird er von einem Hochgeborenen geschlagen, ein wunderbares Ereignis tritt ein:
Großes Hinmorden von Menschen, gefangen wird der Neffe des Großen.
Dem Theatertod entgeht der Stolze."

Die Schlacht von Sedan. Wenn die Sternschnuppenschwärme Ende August wie ein goldfarbenes Feuer aus dem Sternbild der Perseiden fallen, nimmt am 2. September 1870 der Hochgeborene, König Wilhelm I. den Neffen des großen Napoleon bei Sedan gefangen. Das wunderbare Ereignis ist die Gründung des deutschen Reiches. Theatralisch schreibt Napoleon an König Wilhelm I.: „Da es mir nicht vergönnt war, an der Spitze meines Heeres zu sterben ...".

Das geeinte Deutschland wird Kaiserreich.

19.—26. Januar 1871 5, 81

„Der königliche Vogel wird über der Sonnenstadt (Paris) kreisen,
Sieben Monate vorher wird er unheimliche Vorbedeutungen senden:
Die Mauer im Osten wird fallen unter Donner und Blitz,
Sieben Tage lang klopfen die Feinde stündlich an die Pforten."

Der preußische Königsadler kreiste während der Belagerung von Paris über der Sonnenstadt. Die Mauern im Osten sind die Forts der Ostfront. Diese wurden zuerst von der deutschen Artillerie beschossen. Sieben Tage lang, vom 19.—26. Januar 1871, tobten die Kämpfe um den Mont Valérien. Die „Vossische Zeitung“ in Berlin veröffentlichte am 28. August 1870 einen Vierzeiler, der angeblich von Nostradamus stammen sollte, in dem der Untergang Napoleons für den 2. September 1870 vorausgesagt wurde. Da die deutschen Truppen im März 1871 nach der Übergabe in Paris einmarschierten, könnte mit den „sieben Monaten vorher gesandten unheimlichen Vorbedeutungen“ diese Veröffentlichung gemeint sein. (Der Vierzeiler stammte, wie später festgestellt wurde, von einem Chevalier de Chatelaine, der als Gegner Napoleons in London lebte.)

18. Januar 1871 6, 24

„Mars und Jupiter wird man vereint finden,
Unterm Krebs beginnt ein unheilvoller Krieg:
Ein wenig danach wurde der neue König gesalbt,
Welcher für lange Zeit die Erde befrieden wird.“

Die Kaiserkrönung von Versailles. Noch unterm Krebs, d. h. im Juli 1870, beginnt ein unheilvoller Krieg für Frankreich, in dessen Verlauf König Wilhelm I. am 18. Januar 1871 zum deutschen Kaiser gekrönt wird. Durch die kluge Politik dieses Kaisers und Bismarcks wird lange Zeit der Welt der Friede erhalten. Im Juli 1870 finden sich Mars und Jupiter in Konjunktion, d. h. der Krieg (Mars) endet mit der Erhöhung für einen Herrscher (Jupiter), in diesem Falle König Wilhelms I. zum Kaiser.

1879 1, 99

„Der große Monarch wird ein Bündnis machen
Mit zwei Königen, mit denen ihn Freundschaft verbindet:
O, welches Seufzen wird dieser große diplomatische Wurf hervorbringen!
Welches Mitleid hat man doch ringsum mit den Kindern Narbonnes (Frankreichs).“

Der Dreibund des deutschen Reiches mit Österreich und Italien (1879) und der Rückversicherungsvertrag mit Rußland waren unzweifelhaft der größte Kunstgriff der Bismarckschen Politik, der dadurch Revanchegelüste Frankreichs unterband.

30. Januar 1889 8, 79

„Ich sehe den Mann, den der Vater durch eine Waffe verlieren wird, geboren von einer Frau, die wie eine Nonne lebt;
Über diese waltet die Gorgo, die das Blut in Stein verwandelt:
In Österreich wird man erreichen, daß alles mit Schweigen bedeckt wird;
Er wird sich selbst eine Kugel vor den Kopf brennen und seine Geliebte (töten)."

Die Tragödie von Meyerling. Kaiserin Elisabeth von Österreich lebte zurückgezogen wie eine Nonne, doch wie beim Anblick eines Gorgonenhauptes erstarrte sie zu Stein, als ihr der Tod ihres einzigen Sohnes, des Kronprinzen Rudolf in Meyerling gemeldet wurde. Luise von Toskana gibt in ihrem Buche: „Mein Lebensweg" folgende Darstellung: „Kronprinz Rudolf wurde während eines lärmenden Gastmahls von seiner jungen Geliebten, der Baronin Vetsera, mit einer Flasche schwer aus Eifersucht verletzt. Er schoß daraufhin das Mädchen nieder und sich selbst eine Kugel in den Kopf." Kaiser Franz Josef unterdrückte den Skandal und erlangte beim Papst ein kirchliches Begräbnis für seinen Sohn. „Mit einem Rudolf begann die Dynastie der Habsburger, mit einem Rudolf endete sie."

Zwei Vorhersagen über kirchliche Ereignisse in Rom.

18. Juli 1870 3, 17

„Man sieht einen nächtlichen Brand auf dem Aventin (Rom),
Der Himmel verfinstert sich plötzlich in Flandern:
Wenn die Monarchie den Neffen verjagen wird.
Dann werden die Kirchenleute den Anstoß zu einem Skandal geben."

Die Verkündigung des Unfehlbarkeitsdogmas am 18. Juli 1870 in Rom rief großen Widerstand hervor. Kurz darauf verdunkelte sich der Himmel in Flandern. Napoleon III. wird bei Sedan, das an der flandrischen Grenze liegt, geschlagen. Der Neffe des großen Napoleon, der eine Schutztruppe im Kirchenstaat unterhielt, wird aus der echten monarchischen Erbfolge verjagt.

20. September 1870 2, 93

„Nahe am Tiber herrscht die Libitina (Göttin des Todes),
Ein Weilchen vor der großen Überschwemmung:
Das Haupt des Schiffes gerät in Gefangenschaft,
Er wird in den unteren Schiffsraum geworfen, Schloß und Paläste gehen in Flammen auf."

Das Ende des Kirchenstaates. Nach der Schlacht von Sedan ziehen die Franzosen ihre Schutztruppe aus dem Kirchenstaat zurück. Am 20. September 1870 stürmen die italienischen Nationalisten die Papststadt, nachdem sie eine Bresche in die Porta Pia geschossen hatten. Damit war die Einigung Italiens zu einem selbständigen Staat beendet. Der Papst betrachtete sich seitdem als Gefangener im Vatikan. Erst der Papst Paul VI. beendete diesen Zustand, indem er große Reisen nach Jerusalem und New York unternahm. (Die große Tiberüberschwemmung fand im Dezember 1870 statt).

Einige Vorhersagen auf dem Gebiet der Kultur.

1863 2, 20

„Schwestern und Brüder sind aus verschiedenen Orten gefangen,
Sie finden sich wieder, wie sie in der Nähe des Monarchen vorübergehen müssen:
Er betrachtet sie als Zweige seiner Familie, die mit ihm herzlich verbunden sind,
Widerwillig sieht er am Kinn, Stirn und Nase die Zeichen (Brandmale)."

Die Aufhebung der Sklaverei verkündete Präsident Lincoln im Gebiet der USA im Jahre 1863. Er sieht also in den Sklaven Schwestern und Brüder, Zweige der großen Menschheitsfamilie, obwohl sie mit besonderen Malen gebrandmarkt sind.

1866 5, 20

„Eine große Armee wird die Alpenpässe überschreiten
Ein wenig, bevor ein Dampfungetüm geboren wurde:
Erstaunlich schnell wird sie sich wieder umwenden,
Der Große aus Toskana kommt an einen ihm sehr verwandten Ort."

Der Bau der Bahn über den Brenner erfolgte 1867 mit Dampflokomotiven. 1866 war Erzherzog Albrecht mit einer österreichischen Armee nach Italien gezogen. Trotz seines Sieges bei Custozza am 24. Juni 1866 wird die Armee unerwartet zum Schutze Wiens zurückgerufen. Der Große von Toskana, der italienische König Viktor Emanuel I., erhält im Frieden zu Wien am 3. 10. 1866 Venetien, ein Land, das mit Italien blutmäßig verwandt ist.

1898 1, 22

„Das, was immer lebt und ist doch unbeseelt,
Wird Verletzungen bringen, bis es künstlich abgetötet ist:

Die Entdeckung des Radiums. Radium, dessen Lebenskraft unerschöpflich, das den menschlichen Körper ohne Bleischutz verletzt, wurde in Frankreich durch Madame Curie als neues Element entdeckt.

Die ersten zwei Drittel des 20. Jahrhunderts

Zwei Weltkriege — Revolutionen und Diktaturen — große Erfindungen

Unser Jahrhundert ist, weltgeschichtlich gesehen, entscheidend für die Zukunft der Menschheit. Darum hat ihm Nostradamus viele seiner Prophezeiungen gewidmet, die uns ansprechen und innerlich berühren. Sind wir doch nicht nur Zuschauer, sondern selbst Akteure auf der Bühne des großen Welttheaters in diesem Säkulum. Die Älteren unter uns, von denen schon viele aus dem Reich der fünf Sinne in das der tausend eingegangen sind, erlebten zwei Weltkriege; die Jüngeren den letzten, der noch mehr Opfer forderte, nicht nur an der Front, sondern in den Bombennächten, als Frauen und Kinder um ihr Leben zitternd in den unterirdischen Kellern saßen.
Ähnlich wie das 16. Jahrhundert brachte auch das 20. Jahrhundert weltumstürzende Erfindungen, von denen auch Nostradamus weiß. Eine Erweiterung des Horizontes schenkte uns die *Astronomie*, als immer neue Sonnen und Welten entdeckt wurden. Die Sehnsucht der Menschheit plant schon Flüge zum Mond, unseren Bruderplaneten und in den Weltraum. Darüber hinaus haben geniale Physiker nicht „mit Hebeln und Schrauben", sondern durch prometheisches Denken und Forschen dem Weltgeist das Geheimnis des *Atoms* entrissen. Jene aus dem Kleinsten geoffenbarte Kraft, deren Ausdehnungsmöglichkeit Titanenkräfte entfesselt, konfrontiert uns mit einer Entscheidung, wie sie bisher niemals den Menschen dieses Planeten gestellt wurde. Werden wir unsere Erde zerstören oder diese einmaligen Entdeckungen zu friedlichen Zwecken verwenden und so den Boden vorbereiten für ein neues Schauspiel mit neuen Menschen, unseren Enkeln und Urenkeln? Hier gibt uns nur ein fester Charakter als bester Teil der menschlichen Natur die Sicherheit, die richtige Entscheidung zu treffen und den schmalen Weg zwischen Tod und Leben zu finden. „Wer der Natur zutraulich folgt, den drückt sie wie ein Kind ans Herz. Alles, was sie gibt, macht sie zur Wohltat. Ihre Krone ist die Liebe. Nur durch sie kommt man ihr nahe." (Goethe)

Im folgenden findet der Leser die Prophezeiungen des Nostradamus für die Zeit von 1900 bis in unsere Gegenwart. Für das *letzte* Drittel unseres Jahrhunderts wolle der Leser in der Einführung dieses Buches das Kapitel: „Neuland der Zukunft“ I: „Blick in das letzte Drittel dieses Jahrhunderts“ nachlesen. Ferner möge er dazu auch in der „prophetischen Konkordanz zu den Prophezeiungen des Nostradamus von 1900—2050“ die hier aufgeführten Vierzeiler vergleichen.

Der erste Weltkrieg

28. Juni 1914 2, 57

„Vor dem Konflikt wird der Große stürzen,
Der Große kommt zu Tode und erleidet einen plötzlichen und beklagenswerten Tod:
Die Flottenausrüstung ist unfertig, der größte Teil wird ertrinken,
Die Ufer am Strom sind mit Blut gefärbt.“

Das Attentat in Sarajewo, bei dem der Erzherzog Franz Ferdinand und seine Gattin durch die Mörderhand des Serben Princip fiel, war der Auftakt zum ersten Weltkrieg. Die deutsche Flottenausrüstung war nicht vollendet, russische Armeen ertrinken nach der Schlacht von Tannenberg Ende August 1914 in den Masurischen Seen, am Rhein spielen sich blutige Kämpfe ab.

1914 1, 26

„Mitten am Tage (aus heiterem Himmel) zuckt der große Donnerkeil hernieder,
Unheilverkündend fordert er künftige Opfer:
Gemäß meiner Voraussage überfällt in nächtlicher Stunde
Die Kriegspest Reims (Frankreich), London (England) und (später) Etrurien (Italien).“

Der Ausbruch des Krieges 1914. Wie durch einen Blitz aus heiterem Himmel werden die Nationen Europas durch die Nachricht von der Ermordung des österreichischen Thronfolgers erschreckt. Der erste Weltkrieg bricht aus, er zieht Frankreich, England und später Italien in seinen Strudel hinein.

10. November 1914 10, 83

„Das Zeichen zum Angriff wird nicht gegeben werden,
Man wird aber gezwungen, den Kampfplatz zu verlassen:
In der Umgebung von Gent wird die Fahne erkannt werden,
Die alle ihre eigenen Landsleute in den Tod schicken wird."

Die Schlacht bei Langemarck. Kriegsfreiwillige Regimenter, die über Gent an die Yserfront vorrücken, warteten den Befehl zum Angriff nicht ab, sondern stürmten bei Langemarck singend in den Tod. Trotzdem konnten sie die Verteidigungslinie nicht durchbrechen. Ich selbst habe diese Schlacht miterlebt und überlebt. Wir waren noch keine ausgebildeten Soldaten, aber meine Kameraden starben mit hohem soldatischem Anstand, begeistert von dem damaligen Ideal: Es ist süß und ehrenvoll, für das Vaterland zu sterben!"

1914—1918 1, 64

„Man wird glauben, daß nachts die Sonne scheint,
Wenn man das Schwein in halb menschlicher Gestalt entdeckt:
Schlachtenlärm und Gesang, am Himmel wird man kämpfen sehen
Und wilde Tiere wird man brüllen hören."

Eine Vision der Schlacht an der Front. Leuchtkugeln erleuchten das Dunkel taghell, Sturmtrupps tauchen auf — Männer, die sich selbst „Frontschwein" nennen und unter ihren Gasmasken auch wahrhaft so aussehen; Luftkämpfe und das Brüllen der Geschütze. Karl E. Krafft schreibt dazu: „Ein Bild der modernen Materialschlachten, eine Großreportage im Telegrammstil aus dem 16. Jahrhundert."

1914—1918 4, 99

„Der erstgeborene tapfere Sohn der Königstochter
Wird so weit die Franzosen in ihrem eigenen Lande zurückdrängen,
Daß er Blitze schleudern kann mit einem Gerät (Geschütz), so viel er will.
Über kurz oder lang wird dann der Westen (die Westfront) preisgegeben."

Kaiser Wilhelm II., der Sohn der Viktoria, der Prinzess Royal von England, drängte ab 1914 die französischen Armeen soweit zurück, daß er von Burgund aus nach Paris mit den Ferngeschützen Blitze schleudern konnte. Dann aber mußte er doch die Westfront preisgeben.

1914—1918
1939—1945 2, 68

„Die Anstrengungen des Adlerlandes (Deutschland) werden groß sein,
Unter dem Ozean wird die Pforte geöffnet werden:
Das Königreich auf der Insel wird wieder seinen Besitz behaupten,
Doch zittern wird London, wenn es das Segel (Zeppelinluftschiff) entdeckt."

1914—1918
1939—1945 3, 71

„Die auf den Inseln werden lange belagert,
Sie gewinnen Kraft und Stärke gegen ihre Feinde:
Die draußen werden vom Hungertod niedergeschlagen,
In größeren Hunger als jemals sind sie geraten."

U-Bootkrieg, Zeppelinangriffe und Hungerblockade. Deutschlands Anstrengungen, durch die U-Bootblockade England den Zugang zum Ozean abzuschneiden, mißlang zweimal, obwohl die U-Boote unter dem Meere in den Ozean durchschlüpften. London zitterte vor den Zeppelinluftschiffen, die wie ein weißes Segel am Himmel dahinschwebten, im zweiten Weltkrieg ebenfalls vor den deutschen Bombenfliegern. Im ersten Weltkrieg gelang es durch die Hungerblockade, Deutschland in die Knie zu zwingen.

1914—1918
1939—1945 2, 100

„Auf den Inseln erhebt sich ein entsetzlicher Tumult,
Freilich, man wird nur von einem Krieg der Seeräuber (der U-Bootkapitäne) hören:
So groß wird die Frechheit der Beutemacher sein,
Daß man sich gezwungen sieht, sich der großen Liga (USA) zu unterstellen."

England ruft die Hilfe der USA an. Trotzdem die U-Bootblockade mißlang, fügten die Beutemacher, die U-Bootkapitäne,

England so viel Schaden zu, daß es sich um Hilfe an die große Liga, d. h. an die USA wendet. Damit beginnt die dreihundertjährige Hegemonie, die Nostradamus dem großen Empire England voraussagt (10, 100) abzubröckeln.

1916 f 2, 77

„Ich sehe Pechfackeln (Brandgranaten) im Bogen durch die Luft hin- und herfliegen,
Man hört Kampfgeschrei und Heulen (der Geschosse) in mitternächtlicher Stunde:
Die in die zerstörten Gräben hineingesandten (Soldaten) werden zerrissen,
Durch minenartige Gänge fliehen die (dieser Gefahr) ausgelieferten."

Die Hölle von Verdun

1914—1918
1939—1945 2, 75

„Man hört die Stimme des ungewöhnlichen Vogels
Über den Kanonen, die auf dem Atmungsstock (Söller) stehen:
Dann wird der Scheffel Weizen so teuer werden,
Daß sich die Menschen untereinander auffressen wollen."

Flugzeuge und Flakgeschütze. Vor 400 Jahren hört der Seher in seinen Visionen, die akustisch untermalt waren, das Dröhnen der Flugzeugmotoren und das Bellen der Flakgeschütze, die auf dem Söller (französisch respiral estage: die Plattform des Hauses, wo man frische Luft schöpft) stehen. Das Wort Kanone war Nostradamus schon in unserem Sinne bekannt. Beiden Kriegen folgte eine furchtbare Hungersnot.

Frühjahr 1918 2, 76

„Blitze schleudert in Burgund ein dumpf dröhnendes Ungeheuer,
Mit einer Maschine würde man das nicht machen können:
In ihrer Behörde benachrichtigt ein lahmgewordener Priester
Die Feinde über diese Angelegenheit."

Die von dem Ingenieur Rausenberger und von Krupp konstruierten Ferngeschütze beschossen Paris aus 100 km Entfernung. Ihr Standort war in der Nähe von St. Gobain, einem

Ort im ehemaligen Burgund. Ein deutscher Spion war der Abbé Cochin, das Wort „lahm" bezieht sich wohl auf seine Gesinnung.

März 1918 9, 31

„Die Erde zittert in Mortara (Oberitalien),
Wenn der Kaiser von Deutschland zur Hälfte eingedrungen ist:
Der eingeschläferte Friede wird den Krieg wieder neu entstehen lassen.
In Frankreich tun sich Abgründe auf."

Die kritische Lage zu Beginn des Jahres 1918. Den Österreichern gelang ein Einbruch in die oberitalienische Tiefebene. Die französische Front befand sich in einer gefährlichen Lage. Man erwartete die deutsche Frühlingsoffensive und befürchtete das Schlimmste. Interessant ist die Umschreibung bei Nostradamus, die er für den deutschen Kaiser gebraucht. Er nennt ihn „Cassich saint George!" Cassich ist ein jiddisches Wort für Kaiser; St. Georg war im Mittelalter der Schutzpatron Deutschlands. Er wird als Drachentöter dargestellt, ist also der Siegfried der Nibelungensage, mit dem sich Kaiser Wilhelm II. verglich.

Frühjahr 1918 7, 30

„Wenn der Führer der französischen Armee
Befürchtet die Hauptfront zu verlieren:
Wird sich unter einer Decke (Uniform), die hafer- und schieferfarben ist,
Österreich auf Genua (Italien) stürzen."

Die österreichische Offensive gegen Italien: Im Juni 1918 befürchtete Marschall Foch, daß die französische Front dem deutschen Ansturm nicht mehr widerstehen würde. Mitte Juni 1918 stießen österreichische Truppen in ihren neuen hafer- und schieferfarbenen Uniformen über die Piave vor.

Frühjahr 1918 4, 8 und 9, 40

„Die große Stadt wird infolge eines schnellen, unvermuteten Sturmes
In der Nacht genommen, die Wachen werden überrumpelt:
Feldwachen und schlaflose Nächte gibt es bei St. Quentin.
Die Vorposten werden niedergemacht und die Haupttore aufgebrochen."

„In der Nähe von St. Quentin, im Burliser Wald,
Werden auf dem Gebiet einer Abtei Flamen zerstückelt:
Die beiden Erstgeborenen kämpfen dort mit unbesonnenen Schlägen,
Ihr Gefolge wird bedrängt und die gesamte Garde niedergemetzelt."

Der Durchbruch bei St. Quentin. Diese Stadt wurde in der Frühjahrsoffensive, die am 23. 3. 1918 begann, von deutschen Truppen überrumpelt und erobert. Die beiden Erstgeborenen sind die beiden Kronprinzen Wilhelm von Preußen und Ruprecht von Bayern, deren beste Truppen bei St. Quentin verbluteten. Ausgangspunkt der Kämpfe war der Wald von Bourlon. So genau ist Nostradamus orientiert.

Frühjahr 1918 4, 100

„Feuer fällt vom Himmel und trifft das Königsschloß,
Wenn das Licht des Mars erbleichen wird:
Dann herrscht 7 Monate lang noch großer Krieg,
Das Volk stirbt durch Übeltaten."

Das Ende des ersten Weltkrieges. Die Geschosse des von Nostradamus in 2, 76, 1, 80 und 4, 99 erwähnten Ferngeschützes durchdrangen die Stratosphäre und fielen gleichsam vom Himmel auf das ehemalige Königsschloß in Paris. Das geschah Ende März/Anfang April 1918. Kurz zuvor brannte das Licht des Kriegsgottes Mars schwächer, denn im Februar 1918 begannen die Verhandlungen mit Rußland über den Frieden von Brest-Litowsk. Zählt man nun zum April 1918 sieben Monate hinzu, so kommt man auf den November 1918, das Ende des ersten Weltkrieges.

Ende 1917—1918 1, 100

„Lange Zeit wird man am Himmel den grauen Vogel sehen
In der Nähe von Dôle und dem Lande Toskana:
Er hält im Schnabel einen grünenden Zweig,
Groß geworden, wird er sterben und den Krieg beenden."

Die Friedenstaube. Deutsche Friedensangebote wurden über die Schweiz (Dôle ist ein Berg im Schweizer Jura) nach Toskana geleitet. Der Friedenszweig aber mußte erst verwelken, ehe der Krieg ein Ende fand.

1914—1918 1, 15

„Mars bedroht uns mit seiner kriegerischen Stärke,
70mal wird er das Blut verspritzen lassen:
Vermehrung und Untergang des Ansehens der Kirche,
Und größer die Zahl derer, die nichts von ihr wissen wollten."

70 Schlachten fanden im ersten Weltkrieg im Westen statt. Als die Sache für Frankreich schlecht stand, proklamierte man den heiligen Krieg gegen die „Hunnen". Nach dem Siege erkaltete in Frankreich, aber auch sonst in Europa, der Eifer für den christlichen Glauben.

November 1918 6, 99

„Der gelehrte Feind (l'ennemi docte) wird sich verwirrt abwenden,
Das große Feldheer ist krank und kraftlos infolge eines Hinterhaltes:
Die Pyrenäen und die savoyischen Alpen werden außerhalb des Bereiches seiner Taten liegen.
Nahe am Strom werden alte Urnen entdeckt."

Der gelehrte Feind, die Deutschen (Humanisten), verloren den ersten Weltkrieg auch durch die im Feldheer sich ausbreitende Grippe. Das erwähnt Ludendorff in seinen „Kriegserinnerungen", Seite 514. Mit dem Hinterhalt sind die revolutionären Bestrebungen in der Heimat gemeint. Am Tiberfluß entdeckt man alte Gräber der großen Römer, als deren Nachfolger sich die Faschisten betrachten.

November 1918 4, 75

„Noch dicht vor dem letzten Kampf wird man den Abfall herbeiführen,
Der feindliche Führer wird den Sieg behaupten:
Die Nachhut nimmt eine Verteidigungsstellung ein,
Die Besiegten sterben auf dem weißen Feld (nach dem Waffenstillstand)."

Das bittere Ende 1918. Vor dem letzten Entscheidungskampf bricht in Deutschland die Revolution aus. Die Alliierten behalten den Sieg. Die Nachhut des Frontheeres deckt den Rückzug, in der Zeit des Waffenstillstandes rafft die Grippeepidemie 600 000 Menschen dahin.

1914—1918 8, 60

„Als erster in Gallien, als erster in Rumänien,
Über Land und Meer hinweg, gegen die Engländer und Paris
Wird er wunderbare Taten durch seine großartige Organisationskunst vollbringen,
Trotz seines Ungestüms wird er das Land Lothringen verlieren."

Hut ab vor dem deutschen Soldaten! Vor 400 Jahren ehrt der französische Seher seinen Gegner, den deutschen Soldaten. Durch seine Tapferkeit und Organisationskunst im ersten wie im zweiten Weltkrieg vollbrachte er unsterbliche Taten. Dennoch verliert er Lothringen, sogar zweimal, 1918 und 1945.

13. März 1881
1917—1918 2, 11

„Der nächste Sohn des Älteren wird emporkommen,
Hoch wird er erhoben bis zum Schiedsrichter der Reiche:
Sein herber Ruhm wird einen jeden erschrecken,
Aber seine Kinder werden aus der Herrschaft vertrieben."

Ermordung des Zaren Alexander II. von Rußland. Ende der Zarenherrschaft nach dem ersten Weltkrieg. Nach der Ermordung des Zaren Alexanders II. am 13. März 1881 folgt diesem älteren Alexander der nächste, nämlich sein Sohn Alexander III. (1881—1894). Der genialen Politik Bismarcks gelang es, diesen für eine Friedenspolitik zu gewinnen, die das europäische Gleichgewicht garantierte und aufrecht erhielt. Im November 1894 folgte Zar Nikolaus, der nach der Oktoberrevolution zusammen mit seiner Familie im Juni 1918 nicht nur die Herrschaft (Thron), sondern auch sein Leben verlor.

1918 4, 16

„Die freie Stadt ist ganz der Freiheit hörig,
Sie erhebt sich zum Zufluchtsort der (politisch) Bedrängten und Grübler:
Diejenigen, die nicht allzu mutig sind, wechseln die Herrschaft
Aus hundert werden es bald mehr wie tausend geworden sein."

Die Stadt Genf in der Schweiz dient der Idee der Freiheit und nimmt politisch Verfolgte auf. Darunter sind auch solche, die über neue politische und soziale Reformen nachgrübeln. Da sie in ihren Heimatländern bedroht werden, wechseln sie die Herrschaft und begeben sich oder fliehen in die Schweiz als einem sprichwörtlich freiem Land. Einer von diesen war auch Lenin, der in der Schweiz lebte und der auf Veranlassung der deutschen Heeresleitung in einem plombierten Waggon nach Rußland gebracht wurde und dort die große Oktoberrevolution gegen die bisherige Zarenherrschaft leitete.

Die Novemberrevolution

November 1918 4, 13

„Nachrichten treffen ein über die ungeheuren Verluste,
Diese Meldung versetzt das Hauptquartier in Schrecken:
Fronttrupen verbünden sich gegen Revolutionäre,
Die zwiefache Front wird der Große verlassen."

Das bittere Ende. Hindenburg meldet dem Kaiser 1918, daß das Frontheer ungeheure Verluste habe und daß sich Soldatenräte gegen ein weiteres Ausharren aufwerfen. Da verläßt der Kaiser Wilhelm II. die zweifache Front im Osten und im Westen und geht nach Holland.

November 1918 4, 45

„Durch einen Konflikt wird der Herrscher das Reich verlassen,
Der oberste Führer wird aus Not nachgeben:
Der Tod schlägt viele zu Boden, wenige werden nach rückwärts entkommen,
Alle werden auseinandergerissen, einer ist Zeuge."

Der Kaiser verläßt die Front. Der Krieg offenbart die Risse in der Monarchie. Als die Revolution ausbrach, riet Hindenburg als Chef des Feldheeres dem Kaiser nach Holland zu gehen. Der Tod in Gestalt der Grippe forderte noch 600 000 Tote. In der Heimat werden durch den Parteihader alle auseinander gerissen. Nostradamus ist Zeuge.

November 1918 5, 38

„Die es unternommen haben,
Das mächtige, unvergleichliche und unbesiegliche Reich zu zerstören,
Werden es durch Betrug schaffen. Drei geben sich in der Nacht Nachricht,
Während der Größte am Tische sitzt und in der Bibel liest."

Das Ende des Kaiserreiches. Das mächtige deutsche Kaiserreich wird durch Betrug zerstört. Der „Vorwärts" veröffentlichte die Abdankung des Kaisers, bevor sie vollzogen war. Die drei Parteien des Zentrums, der Sozialdemokratie und der Unabhängigen konspirieren gegen die Monarchie, während der Kaiser in der Bibel las und an das Gottesgnadentum glaubte.

November 1918—
Januar 1919 8, 19, 8, 20

„Zur Unterstützung der großen revolutionären Mütze
Werden die Roten marschieren, um sie leuchten zu lassen:
Von den häufigen Todesfällen wird fast jede Familie heimgesucht,
Einer will immer röter als der andere sein."

„Die falsche Botschaft, die man für Wahlzwecke erdichtet hat,
Durcheilt die Stadt, die Ruhe wird gestört, Gefängnisse werden erbrochen,
Stimmen werden gekauft, Blut färbt den Boden der Kapelle,
Auf einen anderen wird das Kaiserreich übertragen."

Die Novemberrevolution und die ihr folgenden Machtkämpfe. Die Revolution begann mit den Meutereien der Matrosen. Zur Unterstützung dieser Revolte wurde die Arbeiterschaft zu großen Demonstrationen auf die Straße gerufen. „Rot" beherrschte das Straßenbild fast völlig. Das war im Jahre 1918, in dem kaum eine deutsche Familie nicht wenigstens einen Gefallenen des Krieges zu beklagen hatte. Gleichzeitig grassierte eine Grippeepidemie, eine Art Lungenpest, die so viele Todesopfer in Deutschland forderte, daß man die Toten auf Lastwagen zu den Friedhöfen fahren mußte. Die Revolution selbst stand unter dem von Nostradamus geprägten Motto: „Einer will immer röter als der andere sein." Auch darin hat Nostradamus recht, daß man durch Versprechungen und Verteilen von Lebensmitteln die Stimmen der Arbeiter kaufte. Die Offiziersanwärter verteidigten im November 1918 das Kaiserschloß unter den Linden, so daß tatsächlich der Boden der Schloßkapelle mit Blut gefärbt wurde, als man diesen Widerstand brach. Kein zeitgenössischer Schriftsteller hätte diese schrecklichen Ereignisse besser beschreiben können als fast 400 Jahre vorher Nostradamus.

November 1918 1, 82

„Wenn die Holzsäulen (Bäume) stark zittern,
Wird Österreich begraben, bedeckt mit einem roten Leichentuch:
Dann wird man es sehen außerhalb der großen Völkerversammlung,
Wien zittert und das ganze österreichische Land."

Das Ende des Kaiserreiches Österreich und Habsburgs. Wenn im Novembersturm des Jahres 1918 die Bäume stark erzittern, übernimmt eine rote (sozialdemokratische) Regierung das schreckliche Erbe Habsburgs. Der Anschluß an Deutschland mißlingt, Österreich wird nicht in den Völkerbund aufgenommen. Hunger und Entbehrungen ziehen in die sonst so fröhliche Stadt Wien ein.

Zwischen den beiden Weltkriegen

nach 1920 6, 90

„Die abscheuliche Verleumdung stinkt zum Himmel,
Nachdem sie Erfolg gehabt hat, wird man glücklich sein, (daß sie nicht wahr ist):
Ein großes Entschuldigen beginnt, man will wieder gewogen sein,
Wenn der Neptun (England) zum Frieden geneigt ist."

Der Verleumdungsfeldzug gegen Deutschland im ersten Weltkrieg, den der Zeitungslord Northcliffe führte, in dem er den deutschen Soldaten unerhörte Grausamkeiten andichtete, war eine abscheuliche Tat. Als die Schwaden des Hasses sich verzogen hatten und England, der Neptun, sich zum Frieden neigte, entschuldigten sich die Neutralen, daß sie an diese Lügen geglaubt hatten.

1919, 1945 u. 1956 2, 90

„Auf Leben und Tod wird die Regierungsform in Ungarn geändert.
Das neue Gesetz wird rauher als die Knechtschaft sein:
Ihre große Stadt (Budapest) ist voller Heulen, Klagen und Geschrei,
Castor und Pollux werden Feinde auf der Rennbahn sein."

Dreimal erlebte Ungarn den Bürgerkrieg. Das erste Mal unter dem Diktator Bela Khun, der das Land in eine neue Knechtschaft stürzte. Das zweite Mal nach der Niederlage im Jahre 1945, als die Bolschewisten auf Befehl Stalins grausame Rache an dem ungarischen Volke übten. Das dritte Mal in dem Aufstand 1956, der noch in unserer Erinnerung ist, gegen die rote Diktatur. Castor und Pollux, der Sage nach Zwillingsbrüder, bekämpfen sich auf der Rennbahn, ein treffendes poetisches Bild für den Bruderkrieg. Dennoch haben diese blutigen Ereignisse dem tapferen ungarischen Volk Mut und Kraft zum Überleben geschenkt.

1922 6, 20, 5, 51

„Die geheuchelte Union wird von kurzer Dauer sein,
Die einen ändern sich, die Mehrzahl führt Reformen ein:
Auf den Schiffen wird ein Volk sich weniger in die Ruder legen,
Dann wird Rom einen neuen Leoporden haben.“

1926 f

„Die Völker von Rumänien, England und Polen,
Und von Böhmen werden einen neuen Bund schließen:
Um die Säulen des Herkules (Straße von Gibraltar) passieren zu können.
In Barcelona und im tyrrhenischen Meer wird es grausame (faschistische) Umtriebe geben.“

Die alte und die neue Entente. Die alte Entente cordiale löste sich bald nach dem ersten Weltkrieg auf. England rüstete ab, d. h. es legte sich weniger in die Ruder, wie Nostradamus sagt. Der Leopard in Rom ist kein Löwe, sondern ein löwenähnliches Tier, quasi ein Diktator, hier Mussolini.
Tatsächlich schlossen England, Polen, Rumänien und die Tschechoslowakei eine neue Entente, die den Zweck hatte, die Machtstellung Englands im Mittelmeer zu schützen, zumal in Spanien (Barcelona) und Italien (tyrrhenisches Meer) die faschistischen Umtriebe zunehmen.

1936 f 2, 39

„Ein Jahr vor dem italienischen Streitfall
Ringen Deutsche, Franzosen und Spanier um die Entscheidung:
Die Schule der Republik (des Parlamentarismus) wird einstürzen.
Abgesehen von wenigen, die man rettet, finden (alle) den Erstickungstod.“

Das Versagen des Völkerbundes. Die Schule des Parlamentarismus, der Völkerbund, versagte, als in Spanien der Bürgerkrieg ausbrach, in dem auch Freiwillige aus Deutschland, Frankreich und Italien mitkämpften. Der italienische Konflikt ist Mussolinis Feldzug gegen Abessinien.

10. Dezember 1936 10, 22

„Weil er der Ehescheidung nicht zustimmen wollte,
Die dann nachher als nichtstandesgemäß erkannt wurde,
Wird der König der Inseln mit Gewalt zur Abdankung gezwungen.
An seiner Stelle wird einer kommen, welcher keine königlichen Merkmale haben wird."

Der Thronverzicht Eduard VIII. Weil Eduard VIII. eine geschiedene Frau (Mrs. Elizabeth Simpson-Warfield) heiraten wollte, wurde er nach den Gesetzen der englischen Krone für den Thron Englands untragbar. Er sah sich also genötigt, auf die Krone zu verzichten. An seiner Stelle bestieg am 10. Dezember 1936 Georg VI. den Thron, der trotz seiner menschlichen Qualitäten eine weniger königliche Haltung besaß.

Die Diktaturen und Diktatoren in Rußland, Italien, Spanien und Deutschland

Rußland

1560—1917
1917 ff 1, 14

„Vom Slawenvolk hört man Gesänge, Lieder und Bitten,
Solange Prinzen und hohe Herren Menschen ins Gefängnis warfen:
In Zukunft geschieht das nur durch Dummköpfe ohne Verstand,
Ihre Worte werden wie göttliche Offenbarungen aufgenommen."

Die Verhaftungen in Rußland. In Rußland, dem Slawenvolk, wurden während der Zarenzeit viele Personen verhaftet und nach Sibirien verbannt. Das System der Verhaftungen wurde nach dem Sturz des Zarentums beibehalten, als eine politische Macht ans Ruder kam, deren Worte wie Offenbarungen aufgenommen wurden.

Oktober 1917 5, 52

„Einen Herrscher wird es geben, der das Gegenteil von seinem Vorgänger bewirkt,
Die Verbannten werden zur Regierungspartei erhoben:
Vom Blute triefen wird das Volk, das so keusch ist wie eine Hippolyte,
Lange wird es blühen unter demselben Zeichen."

Der Sieg der Bolschewisten in der Oktoberrevolution. Lenin erhebt die in der Zarenzeit verbotene sozialistische Partei zur Regierungsmacht. Die Oktoberrevolution verläuft sehr blutig. Lange aber wird Hammer und Sichel über das Volk herrschen, das die Eigenschaften der Hippolyte, der Gattin des Acastus, besitzt, die nach der Methode der Madame Potiphar gegen Josef verfuhr und immer anderen die eigene Schuld in die Schuhe schob.

1917 ff 3, 60

„Durch ganz Asien findet eine Einziehung der Güter statt,
Das gleiche geschieht in Mysien, Lykien und Pamphylien:
Blut wird man vergießen infolge Freispruchs
Eines jungen Schwarzhaarigen, voll von Treulosigkeit."

Nach der Oktoberrevolution 1917 wurden in Rußland die großen Güter enteignet. Etwas später finden in Kleinasien (Mysien, Lykien, Pamphylien) unter Kemal Pascha Landreformen statt. Die Zeile drei könnte, für sich allein genommen, auf Lenin verweisen, den Führer der blutigen Oktoberrevolution, der von den Deutschen außer Verfolgung gesetzt und im plombierten Waggon nach Rußland gebracht worden war. Mit dem Schwarzhaarigen (noir) in Zeile vier ist offensichtlich der junge Stalin gemeint, den für seine revolutionäre und terroristische Tätigkeit nie eine Strafe getroffen hatte. Er liquidierte, zur Macht gekommen, die Großbauern und Großgrundbesitzer.

1917 3, 95

„Man wird sehen, wie das Gesetz des (Thomas) More hinfällig wird,
Danach wird ein anderes entstehen, das noch viel verführerischer ist:
Der Borysthenes (Dnjepr) wird ihm zuerst verfallen,
Durch Geschenke und Überredung lockt es an sich heran."

Der Bolschewismus und seine Methoden. Thomas More, englischer Kanzler, verkündet zum ersten Male in seinem Buche: „Utopia“, das 1516 erschien, kommunistische Tendenzen. Diese aber setzten sich nicht durch, bis in Rußland am Dnjeper der Bolschewismus entsteht, der die Menschen durch Reden (Schulungen und Propaganda) und Geschenke (Prämien) anlockt. Es ist allerdings auch möglich bei dem Worte „More“ an das maurische Gesetz, den Koran zu denken. Die Deutung des Vierzeilers würde sich aber dadurch nicht ändern.

Jüngste Vergangenheit
und Gegenwart 6, 21

> „Wenn die Leute am nördlichen Pol zusammengeschlossen sind,
> Gibt es im Orient (Osten) große Schrecken und Furcht:
> Ein Neuer (Herrscher) wird gewählt, das große Zittern geht weiter,
> Rhodos und Byzanz werden mit barbarischem Blute gefärbt.“

Die Föderation der Sowjetrepubliken besitzt die ausgedehntesten Landesgrenzen zum nördlichen Pol. (von 30 Grad östlicher Länge bis 170 Grad westlicher Länge = 160 Grad Längengrade). Seit Bestehen der Sowjetunion herrscht nicht nur im eigenen Lande Schrecken und Furcht, sondern auch dort, wo der russische Imperialismus sich festsetzt, in Osteuropa und in Teilen Asiens. Daß der Nervenkrieg, das „große Zittern“ auch unter den Diktatoren, die Stalin folgten, weitergeht, ist nicht zu bestreiten. Daß Rußland in einem politisch-günstigen Augenblick nach Kleinasien (Rhodos und Byzanz) vorzustoßen versuchen wird, ist nicht ausgeschlossen. Chruschtschow drohte den Engländern und Franzosen gelegentlich ihres Überfalles auf Ägypten im November 1956 im östlichen Mittelmeer einzugreifen, falls diese nicht ihre Invasion einstellten.

1917—1945 5, 26

> „Das Slawenvolk wird durch Kriegsglück
> Auf eine hohe Stufe gelangen und hoch erhoben werden:
> Man ändert die Herrschaft. Ein Mann, in der Provinz geboren (Stalin),
> Truppen passieren das Meer und werden über die Berge befördert.“

Rußlands Aufstieg durch das Kriegsglück in zwei Weltkriegen. Obwohl im ersten Weltkrieg besiegt, stieg Rußland unter dem

Mann aus der Provinz, Stalin, unter der veränderten Herrschaft des Bolschewismus zur Weltmacht empor. Auch im zweiten Weltkrieg blieb nach vielen Niederlagen Rußland das Kriegsglück treu. Die vierte Zeile deutet auf Unternehmungen der Roten Armee zu Wasser und zu Lande hin.

Italien

1922—1945 8, 66

> „Wenn man die Inschrift mit den beiden (Initialen) D. M. findet,
> Und eine alte Gruft beim Licht der Lampe entdeckt wird,
> Dann wird königliches und fürstliches Recht stark auf die Probe gestellt,
> Bis die Flagge des Königs zusammen mit der des Duce verhüllt wird."

Nach den Jahren 1922 las man überall an den Wänden der italienischen Häuser angeschrieben ein großes D. und ein großes M., was als Propagandaschlager auf den *D*uce *M*ussolini hinwies. Im Jahre 1927 wurde in Ägypten das Grab des Königs Tut-ench-Amon entdeckt. Die Unternehmungen des Faschismus stellten das Königtum in Italien auf eine schwere Probe. Nach 1945 verschwand mit der Flagge des Duce auch die des Königs Viktor Emanuel, der König verzichtete auf den Thron.

1922 f 6, 66

> „Bei der Grundsteinlegung zu der neuen Partei
> Werden die Gebeine des großen Römers gefunden:
> Ein Grabmal, das mit Marmor bedeckt war, wird zum Vorschein kommen,
> Die Erde bebt im Averner See, (Altertümer) sind schlecht vergraben."

Die Faschisten betrachteten sich als Nachfolger der großen Römer. Auf dem Grund des Nemisees bei Rom wurden kostbare Plastiken gefunden. Der Averner See galt bei den Alten als Eingang zur Unterwelt, die schließlich Mussolini verschlang. Im französischen Text steht „aurn", abzuleiten von dem griechischen „aornos", d. h. ein Ort ohne Vögel, weil die Vögel den Averner See, einen alten Krater, wegen seiner giftigen Dämpfe nicht überfliegen.

1937 4, 59

„Zwei Umzingelte im glühenden Eifer
Löschen ihren Durst aus zwei gleichen Tassen:
Man braucht Gewalt gegen einen alten Träumer,
Den Genfern wird man die Spur der Iranier zeigen."

Die Achse zwischen Deutschland und Italien. Hitler und Mussolini löschen ihren Durst aus zwei gleichen Tassen, nämlich Nationalsozialismus und Faschismus. In ihrem Fanatismus bemerken sie nicht, daß sie sich im eigenen Netze fangen. Der alte Träumer, der Völkerbund in Genf, wird bald die Spuren der Iranier, d. h. der Arier, und die Gewalttaten der Diktatoren erleben.

April 1945 5, 28

„Ich sehe einen Mann, am Arm aufgehängt, am Fuß gefesselt,
Sein Antlitz ist bleich, ein Dolch im Busen verborgen:
Drei sind es, die sich zu einem Kampf verschworen haben,
Auf den Großen von Genua ist das Schwert gerichtet."

Das Ende Mussolinis. Mussolini, der Große von Genua, das hier für Italien steht, wurde von dem Partisanen Lazaro Urbino am 26. April 1945 in Dongo am Comer See ermordet. Am 28. April wurde seine Leiche in Mailand aufgehängt. Die drei Großen, die gegen ihn das Eisen richteten, waren England, Frankreich und Rußland.

Spanien.

1936 f 9, 16

„Aus einer Festung wird *Franco* seine Anhänger herausführen,
Er ist der Gesandte, der nicht spaßt und das Schisma bringt:
Die um *Rivera* sind in ein Handgemenge geraten,
In einen letzten großen Strudel (Entscheidungskampf) sind sie eingetreten."

Franco und Rivera, zwei Namen unserer Zeitgeschichte in einem Vers! Franco befreite seine gefangenen Anhänger aus dem Alkazar von Toledo. Er brachte in Spanien durch den Bürgerkrieg eine Spaltung, das Schisma. Er wurde von Rivera als Führer der Falangisten unterstützt. Noch immer ist ungewiß, wie die Diktatur Francos einmal endet.

1936 f 6, 64

„Man wird keine abgeschlossenen Verträge mehr halten,
Alle, die sie annehmen, werden mit einem Betrug umgehen:
Gegen Frieden und Waffenstillstand verwahren sich Land und Meer
Durch Einwirkung von Barcelona, das von der Industrie(arbeiter)klasse beherrscht ist.“

Der Bürgerkrieg in Spanien brachte Rechtlosigkeit; Vermittlungsversuche waren vergeblich. Im Mittelpunkt der letzten Kämpfe stand Barcelona, das vor seiner Einnahme von der Industriearbeiterklasse („classe d'industrie“) beherrscht wurde. Vor 400 Jahren fand Nostradamus dieses Wort, das uns heute geläufig ist.

Deutschland.

1921—1945 3, 67

„Eine neue Sekte von Philosophen wird entstehen,
Die (angeblich) Gold, Tod, Ehren und Reichtum verachten:
Die germanischen Berge werden keine Grenzen für sie bedeuten,
In ihrem Gefolge werden sie Stützpunkte und Druckmittel haben.“

Der Nationalsozialismus, eine seltsame Mischung von Romantik und Grausamkeit, besaß tatsächlich einen ungeheuren Expansionsdrang. Auch er operierte mit Stützpunkten und Druckmitteln.

20. 4. 1889 3, 58

„In der Nähe des Rheins der norejischen Berge (Inn)
Wird ein Großer geboren aus dem Volk, das zu spät gekommen ist;
Er wird Sarmatien (das Weichselland) und Pannonien (den Donauraum) verteidigen,
So daß man nicht wissen wird, wie er schließlich endet.“

Die Geburt Hitlers in Braunau am Inn. Der Rhein der norejischen Berge ist der Inn, an dem Hitlers Geburtsort Braunau liegt. Noreja ist der Name einer alten römischen Provinz mit der Hauptstadt Juvavum, das heutige Salzburg. Hitler wird ein Großer des Volkes genannt, „das zu spät gekommen ist". Deutschland meldete als eine der letzten europäischen Mächte, die zu kolonisieren versuchten, seine Ansprüche an, als die Welt schon nahezu aufgeteilt war. Polen (Sarmatien) und der Donauraum (Österreich-Ungarn) wurden von Hitler beim Rückzug verteidigt. Sein obskures Ende ist bekannt. — Diesen Vers kannte Hitler sehr wahrscheinlich. Als ich in der Staatsbibliothek Berlin im Jahre 1939 die einzig vorhandene Ausgabe der Centurien, angeblich 1568 von Pierre Rigaud in Lyon gedruckt, in die Hand bekam, bemerkte der zuständige Bibliotheksrat: „Eben ist dieses Werk aus der Reichskanzlei gekommen." Ein Lesezeichen lag noch zwischen den Seiten 58 und 59 und diese Prophezeiung war außerdem rot angestrichen!

1933 7, 33

„Durch Betrug kommt er zur Herrschaft, die Produktion wird geplündert,
Die Flotte wird blockiert, Überfahrten (Passagen) werden ausspioniert:
Zwei, die Freundschaft heucheln, werden sich verbünden,
Erwecken wird man den Haß, der lange schon nachgelassen hatte."

Hitler kommt durch Betrug zur Herrschaft und schließt einen Nichtangriffspakt mit Rußland. Nachdem Hitler am 30. Januar 1933 Reichskanzler geworden war, unterdrückt er durch einen großangelegten Betrug (Reichstagsbrand) die übrigen Parteien. Um den Krieg vorzubereiten, erschöpft er die Produktion Deutschlands, blockiert den Außenhandel und stellt ein umfangreiches Spionagesystem auf. Die beiden, die Freundschaft heucheln und einen Nichtangriffspakt schließen (1939), sind Hitler und Stalin. Hitlers rücksichtslose Politik entfacht den Haß gegen Deutschland aufs neue. (vgl. den folgenden Vers 10, 38).

1935—1939 10, 38

„Wer die Veränderung liebt, der bleibt nicht still sitzen.
Dem heiligen Barbaren werden wieder Garnisonen zur Verfügung stehen:
Der Bärenhafte (Rußland) und Hadrie schließen eine Bürgschaft ab wegen Frankreich,
Aus Furcht begeben sich (Teile) der Armee nach Graubünden."

Hitler besetzt die Rheinlande und schließt einen Nichtangriffspakt mit Stalin. Nostradamus nennt mehrfach Hitler Hadrie, ein Anklang an den Kaiser Hadrian (117—138 n. Chr.). Dieser zerstörte zum zweiten Male Jerusalem und verstreute die Juden in alle Welt (132—135 n. Chr.) Dieselben Untaten vollbrachte der deutsche Diktator, indem er die Juden verfolgte und Millionen vernichtete. In der ersten Zeile spricht Nostradamus von einer „Amour allègre", einer munteren Liebe, die Veränderungen liebt. Diese innere Unruhe charakterisiert ebenfalls Hitler, der immer etwas Neues plante. Bei dem „heiligen Barbaren" ist man versucht, an das „Heil Hitler" zu denken. Auf jeden Fall wird man in der zweiten Zeile die Aufrüstung und die Errichtung von Garnisonen nach der Besetzung des Rheinlandes erkennen, das durch den Vertrag von Versailles entmilitarisiert war. In der dritten Zeile findet sich ein Hinweis auf den Nichtangriffspakt Hitlers mit Rußland, bei dem das Wort „der Bärenhafte" (Ursins) im Urtext besonders als Anklang an USSR interessant ist. Graubünden ist ein Schweizer Kanton; offen bliebe da, ob hier an eine Internierung französischer Truppen in der Schweiz während des zweiten Weltkrieges zu denken ist.

ab 1933 6, 25

„Durch den widrigen Mars (Krieg) wird die Alleinherrschaft
Des großen Fischers, der im Trüben fischt, entstehen;
Ein Junger wird schwarz und rot (als Symbol) seiner Hierarchie erwählen;
Die Fürsprecher gehen einem lärmenden Tag entgegen."

Hitler fischt im Trüben

Der Diktator glaubte, die europäischen Nationen weiterhin bluffen zu können, um im Trüben zu fischen. Er erwählte das schwarze Hakenkreuz (im weißen Feld) von rot umgeben als Symbol seiner nationalsozialistischen Diktatur, die schließlich am Ende des zweiten Weltkrieges für ihn und seine Anhänger mit einem furchtbaren Skandal endete. Bei dem lärmenden Tag kann man an die sogenannte Kristallnacht im November 1938 denken und an Goebbels Wort: „Ehe wir abtreten, werden wir die Tür hinter uns mit einem solchen Knall zuschlagen, daß es alle Welt hören soll.

1918—1933 ab 1936 1, 61

„Die Republik, elend und unglücklich,
Wird von der neuen Obrigkeit verwüstet:
Der große Umfang der verderblichen Auswanderung
Wird das Schwabenland (Deutschland) dazu bringen, ihren großen Vertrag wieder an sich zu reißen."

Hitler zerreißt den Vertrag von Versailles

Der im Juni 1919 unter Zwang abgeschlossene Versailler Vertrag verursachte der Weimarer Republik solche Schwierigkeiten, daß die Regierung die Lage nicht mehr meistern konnte. Wegen der Arbeitslosigkeit von 5 Millionen Bürgern wanderten viele Tausende in das Ausland ab. Dieser Vertrag, ein Verbrechen gegen die Menschlichkeit, war der Hauptgrund, daß der Nationalsozialismus entstand und Hitler 1933 die Macht in Deutschland übernahm. Ab 1936 zerriß Hitler durch die Wiedererrichtung von Garnisonen im Rheinland den „großen Kontrakt".

1933 f 5, 29

„Die Freiheit wird nicht wiederzuerlangen sein,
Ein finstrer, hochmütiger Mensch von niedriger Geburt wird sie in Besitz nehmen (unterdrücken):
Wenn das Material für den Seekrieg fertiggestellt ist,
Wird der Mann von der Donau (Hitler) Venedig (Italien) zum Krieg überreden."

Hitler, geboren am Inn, einem Nebenfluß der Donau, überredet 1940 Italien, für das hier als Teil des ganzen Italien Venedig steht, zum Krieg gegen die verbündeten Nationen. Die dunkle Herkunft Hitlers ist bekannt, ebenso sein hochfahrendes, finsteres Wesen.

nach 1933 1, 45

„Der Mörder der Parteien bereitet große Pein seinem Ankläger,
Tiere werden zu Vorführungen in Theater abgerichtet:
Ein Emporkömmling ist der Erfinder antiker Grausamkeiten,
Durch dieses Parteiwesen gerät die Welt in Zwiespalt und Verwirrung."

Hitler beseitigte alle Parteien, die ihre Stimme gegen sein System erhoben. Er richtete Konzentrationslager ein, in denen auch Hunde auf die unglücklichen Opfer gehetzt wurden. Mit antiken Grausamkeiten sadistischer Art wurden die Insassen dieser Lager gequält und getötet. Durch die Verbrechen der NSDAP gerät die Welt in Zwiespalt und Verzweiflung.

1942 f 9, 53

„Der neue Nero wird lebendige Kinder
In drei Kamine werfen lassen, damit sie verbrennen:
Glücklich, wer von dem Ort solcher Anschläge (Verbrechen) weit entfernt ist,
Drei seines Blutes werden veranlassen, daß ihn der Tod erspäht."

Himmler, der neue Nero, ließ, wie Aussagen in den Auschwitzprozessen beweisen, auch Kinder in den Verbrennungsöfen (Kaminen) vergasen. Das Wort Nero, das auf italienisch schwarz bedeutet, ist ein Hinweis auf die schwarze SS-Uniform. Die drei letzten Minister, die Hitler ernannte, Dönitz, Speer und von Krossigk ließen den Mann fallen, der für die Reinhaltung des Blutes eintrat. Himmler, der sich verkleidet hatte, wurde auf der Flucht über die Brücke des Flüßchens Oste von einem englischen Posten festgenommen und im Hauptquartier erkannt. Er vergiftete sich mit Zyankali, das er in einer Zahnplombe verborgen hatte. So hatte doch der Tod den großen Massenmörder erspäht.

Der zweite Weltkrieg

1939—40 f 1, 51

„Wenn der Widder die Führung hat und Jupiter und Saturn in Konjunktion stehen,
Ewiger Gott, welche Veränderungen werden wir erleben!
Durch ein langes Jahrhundert hindurch wiederholen sich schlechte Zeiten,
Frankreich und Italien, welche Aufregungen stehen dir bevor!"

Prolog des Nostradamus zu dem zweiten Weltkrieg. Deutschland steht nach Ansicht der Kosmologen unter dem Tierkreiszeichen des Widders. Der Herr dieses Tierkreiszeichen ist der Planet *Mars,* also der Kriegsgott. In den Jahren 1939/40 fand eine conjunctio magna, eine dreimalige Zusammenstirnung zwischen Jupiter und Saturn statt. Dieses kosmische Signal eröffnete den zweiten Weltkrieg, unter dessen Folgen und Veränderungen noch heute nicht nur Frankreich und Italien, sondern auch wir selbst und andere europäische Staaten leiden.

1939 3, 57

„Siebenmal wird man das britische Volk sich verändern sehen innerhalb von 290 Jahren, nachdem es mit Blut besudelt ist.
Frankreich ohne jede Chance wegen eines deutschen Stützpunktes (Ostpreußen),
Der Widder zweifelt (nimmt Anstoß) an seinem Bastarner Pol (Polengrenze)."

Angesichts der großen Schwierigkeiten für Übersetzer und Deuter zitiere ich den Urtext nach Benoist Rigaud:

„Sept fois changer verrez gent Britannique,
Taintz en sang en deux cens nonante an:
Franche non point par appuy Germanique,
Aries doubte son pole Bastarnan."

Die Entstehung des zweiten Weltkrieges durch die englisch-polnische Krise im Jahre 1921 für 1939 vorausgesagt. In seinem

Buche: „Die Weissagungen des Nostradamus", das 1921 erschien, schreibt der Telegrafendirektor C. Loog: „Zu Zeiten des Tacitus saß der deutsche Stamm der Bastarner jenseits der Weichsel, also in Polen. *Nostradamus will uns offenbar erzählen, daß 1939 mit der letzten und größten englischen Krise auch eine Krise für das nach dem ersten Weltkrieg wiedererstandene Polen Hand in Hand geht.*" Loog baut diese Deutung auf folgenden Überlegungen auf: Im Jahre 1649 ermordete England seinen König Karl I. und lud eine schwere Blutschuld auf sich. Sechs verschiedene Systemänderungen in England glaubte der Interpret feststellen zu können; die sechste im Jahre 1926, als das „British Commonwealth of Nations" gegründet wurde. Im Jahre 1939 befürchtete England, daß nach Errichtung des deutschen Protektorates über Böhmen und Mähren, Polen das nächste Annektionsziel Hitlers sein würde. So kam es zu einer Garantierung Polens durch England und auf Grund dieser Garantie zum Eintritt Englands in den Krieg gegen Hitler. Ohne Zweifel führte diese Entwicklung das britische Weltreich in die schwerste und folgenreichste Krise seit seinem Bestehen. Die letzte der sieben prophezeiten Wandlungen ist das Kriegskabinett Chamberlain. *Also zählt man nun zu 1649 290 Jahre hinzu, so kommt man auf 1939, den Beginn des zweiten Weltkrieges, der mit dem Überfall auf Polen begann.* Wie schon in 1, 51 erwähnt, steht Deutschland unter dem Tierkreiszeichen des Widders. Diesen kosmologischen Begriff finden wir auch in der vierten Zeile.

1938 9, 90

„Ein Führer des großen Deutschlands
Wird sich verstellen, als wollte er Hilfe leisten
Dem König der Könige. Hilfe kommt ihm aus Pannonien,
Doch wird seine Revolte ein großes Blutvergießen zur Folge haben."

Hitler, der Führer von Großdeutschland, „holt Österreich heim ins Reich". Unzweifelhaft liegt hier ein Hinweis auf Hitler, „den capitaine de la grand Germanie", wie er sich selber nannte, vor. Bei dem König der Könige denke man an die k. u. k. (kaiserliche und königliche) Monarchie Österreich, deren Restgebiet Hitler in ein großes Deutschland 1938 einverleibte. Österreich ist ebenso wie Ungarn ein Teil von Pannonien, dem Donauraum. Bei dem Worte „Revolte" kann man an die Machtergreifung Hitlers denken, aber ebenso an den Putschversuch der österreichischen Nazis gegen Dollfuß und die Besetzung Österreichs und der Tschechoslowakei durch die deutsche Wehrmacht Hitlers. Alle diese Ereignisse können als Grund des zweiten Weltkrieges angesehen werden, der ein großes Blutvergießen und Millionen Tote hinterließ.

1938 8, 58

„Der Streit im Königreich wird die Brüder entzweien,
Im Namen Englands wird man zu den Waffen greifen:
Der Anspruch Englands wird zu spät geltend gemacht,
Überrascht in der Nacht wird man am Horizont Frankreichs (Flugzeuge) lenken."

Die Münchener Konferenz — England handelt zu spät. Die Differenzen in der englischen Königsfamilie, die durch die Heirat Eduard VIII. mit einer geschiedenen bürgerlichen Frau entstanden, gingen dem zweiten Weltkrieg voraus (vgl. 10, 22). In der Münchener Konferenz im September 1938 hat England seine Ansprüche zu schwach vertreten, darum mußte es 1939 zu den Waffen greifen, als es seine Garantie an Polen, das von Hitler überfallen wurde, einlösen mußte. Englische Flieger kamen später Frankreich zu Hilfe.

1939
1945 6, 65

„Halb grau und halb braun wird der Krieg eröffnet,
Nachts beginnt man mit einem Überfall, dann folgen Plünderungen:
Der Braune wird ergriffen und muß durch die Kelter wandern,
Sein Tempel steht offen. Zwei werden auf dem Pflaster verbrannt."

Hitler, der Braune, überfällt Polen. Mit einem grauen Feldheer und einer braunen politischen Armee begann Hitler den Krieg mit dem Überfall auf Polen. Der Braune wird überwältigt, d. h. der Nationalsozialismus zerbricht. Hitlers Tempel, die Reichskanzlei, die den griechischen Götterburgen nachgebaut war, steht dem Zugriff seiner Gegner offen. Der Mann aus Braunau und Eva Braun werden auf dem Zementfußboden der Reichskanzlei verbrannt. — Im französischen Text steht hier für braun ein altes Wort „bureau(d)", womit man heute noch die braune Kutte der Franziskanermönche bezeichnet. Dieser Vers ist ein Beweis, daß Nostradamus auch die Farben in den Dienst seiner Visionen stellte. Die Farbe ist nicht nur eine Modesache, sie ist schicksalsgebunden und ein Charakteristikum. Auf den obigen Vers angewandt, bedeutet das, daß Hitler in *Braunau* geboren war, *braune* Uniformen hatte und Eva *Braun* heiratete. Diese Schicksalsbezogenheit finden wir auch in 9, 53, wo er Himmler den neuen Nero (nero italienisch *schwarz*) nennt. Ferner, um noch ein Beispiel von vielen zu geben, in 9, 51, wo er die Republiken der Sowjetunion als *rote* Parteien bezeichnet.

1. September 1939 1, 92

„Unter einem Mann wird der Frieden überall verkündet,
Aber es dauert nicht lange, dann gibt es Plünderungen und Revolten:
Dadurch, daß man ihm eine Stadt (Danzig) und Land (den Korridor) abschlägt, tastet er das Meer (England) an.
Tote und Gefangene: ein Drittel von einer Million."

Hitler beginnt den Krieg gegen Polen, weil man ihm Danzig und den Korridor verweigert. Vorher hatte er in großen Reden seine Friedensliebe verkündet. Durch den Überfall auf Polen wird England als Seemacht gezwungen, Hitler den Krieg zu erklären. Der Feldzug kostete laut dem deutschen Heeresbericht genau eine drittel Million Tote und Gefangene.

Der Blitzkrieg gegen Frankreich

Juni 1940 3, 7

„Feuer fällt auf die Waffen der Flüchtenden,
Nahkampf der Vögel, die sich in die Luft erheben:
Von der Erde her schreit (funkt) man um Hilfe in den Himmelsraum,
Wenn nahe an den Mauern die Kämpfer angelangt sein werden."

Die deutschen Heere nahen sich im Juni 1940 Paris. Nostradamus schildert die Luftkämpfe und sagt die Hilferufe voraus, die Frankreich in den Äther funkte, damit England helfen sollte.

Juni 1940 3, 8 u. 3, 9

„Die Cimbern (Deutschen) vereint mit ihren Nachbarn,
Werden kommen um (Frankreich) bis nach Spanien hin zu verwüsten:
Menschenmassen ballen sich zusammen: Guyenne und Limousin
Sind miteinander im Bunde und leisten sich gegenseitig Beistand."

Juni bis August 1944

„Bordeaux, Rouen und la Rochelle im Bunde
Werden die Stellung um den Großen Ozean halten.
Engländer, Bretonen und Flamen vereint,
Werden sie jagen bis in die Nähe von Rouen."

Nach dem Polenfeldzug erschien im Dezember 1939 ein Herr bei mir, der sich als Gelehrter vorstellte und angeblich von meiner Kenntnis der Prophezeiungen des Nostradamus gehört hatte. Er richtete an mich die Frage: „Wie würde denn nach einem Blitzkrieg gegen Polen ein Blitz Hitlers gegen Frankreich enden?" Ich verwies ihn auf die oben angeführten Verse 3, 7 — 3, 9. Nach meiner Interpretation würden die Deutschen, hier durch das Wort Cimbern bezeichnet, vereint mit ihren Nachbarn, wobei ich an den Nichtangriffspakt Hitlers mit Stalin dachte, bis an die spanische Grenze vordringen. Ich ließ aber meinen Besucher nicht im Unklaren, daß sich später ein Widerstand im Lande (das Maquis!) erheben würde. Und daß nach einiger Zeit auf die Aussagen von 3, 9 die deutschen Truppen in der Nähe von Rouen zurückgeschlagen würden. Es sei also ein solcher Blitzkrieg ein sehr gefährliches Unternehmen.
Wie war ich erstaunt, als amerikanische Zeitungen nach der Kapitulation von Paris im Juni 1940 berichteten, daß ganz Frankreich und vor allem Paris sich meine Deutungen zu eigen gemacht hatte. Der Minister des Inneren Mandell hatte bei hohen Strafen verboten, noch über die Unglücksorakel des „alten Verrückten" zu sprechen. Freilich hatten die Propagandisten des Naziregimes, die sich ohne mein Wissen und meinen Willen meiner Deutungen bemächtigt hatten, den Inhalt von 3, 9 wohlweislich verschwiegen. Am eigenen Leibe mußten sie nach dem Tag X und dem Durchbruch bei Avranches, das dicht bei Rouen liegt, erfahren, daß man der Wahrheit nicht spotten darf und daß auch diesmal „der Himmel auf Seiten des Nostradamus gestanden hatte", was ein Ausspruch seines großen Zeitgenossen, des Dichters Ronsard ist.

Als nun im Juli 1944 die Alliierten Nordfrankreich wiedererobert hatten, bat mich der Reichssendeleiter zu sich nach Berlin. Er eröffnete mir streng vertraulich, daß Minister Goebbels die Absicht habe, zu einer Verständigung mit den Westmächten, vor allem mit England zu kommen: ob nicht Nostradamus auch hier Fingerzeige und Hilfestellung geben könne? Da es sich um eine Möglichkeit handelte, den Frieden herbeizuführen, verwies ich den Reichssendeleiter auf 9, 51:

> „Contre les rouges sectes se banderont,
> Feu, eau, fer, corde par Paix se minera,
> Au point mourir ceux qui machineront,
> Fors un que monde sur tout ruynera."
> „Gegen die roten Parteien werden sich verbünden
> Feuer, Wasser, Eisen; die Seile (Telegrafendrähte) werden im Frieden zerrissen:
> Zu diesem Zeitpunkt werden die Ränkeschmiede (Kriegstreiber) sterben,
> Unbeschadet eines Dinges, das die Welt vollkommen vernichten kann."

Dieser Vierzeiler legt es nahe, so führte ich aus, daß sich die Mächte, die sich wie Feuer und Wasser bekämpften, zusammenfinden würden gegen die Föderation der Sowjetrepubliken. Die Telegrafendrähte würden in einem heuchlerischen Frieden (im kalten Krieg) zerreißen und die Verbindung zwischen den einzelnen Völkern sich abschwächen. Es würde eine Erfindung gemacht werden, die einen neuen Krieg verhindern kann. Wir haben hier die Situation am Ende des zweiten Weltkrieges vor uns, wo der Abwurf der *Atombombe* auf die japanische Stadt Hiroshima faktisch den Krieg beendete und etwaige kriegslüsterne Nationen abhielt, weiterzukämpfen. Die Anwendung dieser furchtbarsten Waffe schildert uns, wie wir später noch lesen werden, Nostradamus in 6, 97. — Der Vorstoß des Ministers Goebbels mit den Westmächten zu einer Einigung zu kommen, scheiterte an dem Widerstand Himmlers, der in seinem Cäsarenwahnsinn glaubte, ein Bündnis mit der Sowjetunion zu schließen.

Der Reichssendeleiter Hadamowsky, verzweifelt über das Mißlingen dieses Planes, ging an die Front und fiel im Februar 1945 als Führer einer Panzerkompanie. Da er sich ein menschliches Herz bewahrt hatte, veranlaßte er auf meine Bitten, daß vorher einige mir bekannte KZ-Häftlinge entlassen wurden und so das Leben behielten. Das war eine kleine Hilfestellung, die Nostradamus mit seinen Prophezeiungen gab, an der großen ging man aus Hybris vorüber.

6. Juni 1944 4, 19

„Vor Rouen wird die Belagerung der Inselbewohner (Anglikaner) verlegt,
Von der Meer- und Landseite sind die Zufahrten abgesperrt:
Die Bewohner aus dem Hennegau, Flandern, Gent und Lüttich erleben es,
Wie durch erhobene (in die Luft geschleuderte) Geschenke (Granaten) die Ufer zerstört werden."

Nochmals der Tag X, an welchem am 6. Juni 1944 der Angriff der Verbündeten auf die Halbinsel Contentin erfolgt, die der Seinemündung und Rouen westwärts vorgelagert ist. Mit Granaten aus Schiffsgeschützen wurden die deutschen Befestigungen an der Küste Frankreichs und Belgiens zerstört.

Juni 1940 —
Ende 1944 1, 8

„Wie oft wirst du erobert, Sonnenstadt,
Eintauschen wirst du fremde und nutzlose Gesetze!
Dein Unglück naht: Noch mehr Tribut wirst du entrichten,
Der große Hadrie (Hitler) wird deine Adern wieder zum Laufen bringen."

Die Sonnenstadt Paris, von Hitler im Juni 1940 erobert, erhält durch den tapferen Widerstand seiner Bewohner die Freiheit und bleibt unzerstört. Wiederum begegnet uns hier Hitler (Hadrie) im Zusammenhang mit der Hauptstadt Frankreichs, Paris. Auf seinen Befehl führten dort die deutschen Besatzungstruppen harte Gesetze für die Bevölkerung ein. Ja, nach dem Durchbruch von Rouen, als die Alliierten sich Paris näherten, befahl Hitler die Stadt völlig zu vernichten und selbst die größten Kunstschätze und Bauten in die Luft zu sprengen. Damit brachte er das Blut in den Adern von Paris wieder in Wallung. Die Bevölkerung leistete passiven und aktiven Widerstand. Der deutsche Kommandant befolgte nicht den Befehl Hitlers, so blieb die Sonnenstadt unzerstört.

Man 1941 2, 36

„Die Werke des großen Propheten werden beschlagnahmt,
Sie werden unter Tyrannenhände kommen:
Den Herrscher werden sie hinsichtlich seiner Unternehmungen zu Trugschlüssen verleiten,
Ja, seine Raubzüge werden ihn bald um die Ruhe bringen."

Hitler läßt die Centurien des Nostradamus beschlagnahmen. Der Stellvertreter des Führers, Hess, flog am 11. Mai 1941 auf Rat seines astrologischen Mentors, eines Dr. Schmidt-Nabus, nach England, um die Engländer zum Frieden geneigt zu machen und den Rußlandfeldzug, den Hitler plante, zu vereiteln. Im Mai 1941 ließ Hitler alle Astrologen von der Gestapo verhaften und auch die Centurien des Nostradamus beschlagnahmen. Nur der Schweizer Astrologe Krafft entging dieser Razzia und legte mitunter die Prophezeiungen des Sehers zu Hitlers Gunsten aus. Darüber wolle der Leser den Exkurs zu 5, 94 (Seite 215 f) nachlesen. Das Mißlingen seines Raubzuges gegen die Sowjetunion nahm dem Diktator die Ruhe.

Ende 1942
Januar 1943 2, 37

„Von den großen Ersatztruppen, die man senden wird
In die belagerte Festung, werden alle von Hunger und Krankheit verschlungen ..."

Stalingrad. Wenn auch hier ein deutlicher Hinweis auf Zeit und Ort fehlt, so trifft doch diese Prophezeiung auch auf Stalingrad zu. Die Ersatztruppen und Lebensmittel, die Flugzeuge zu der in Stalingrad eingeschlossenen Armee brachten, konnten die verzweifelte Lage nicht ändern. Hunderttausende deutsche Soldaten starben an Hunger und Flecktyphus, oder gerieten, völlig entkräftet, in russische Gefangenschaft.

1943—1945 3, 73

„Wenn der Hinkende zur Herrschaft kommen wird,
Wird er einen Rivalen haben, der einem Bastard nahesteht.
Er und das Reich werden stark die Krätze bekommen,
Bevor er sie heilen will, kommt seine Tat zu spät."

Goebbels der Hinkende wird Ende 1943 von Hitler zum Reichsverteidigungskommissar mit großen Vollmachten ernannt. Sein Mitbewerber war Himmler, der Hitler nahestand, den Rassenforscher als nicht rein arisch, sondern als Bastardtyp bezeichneten. Bekanntlich war Hitler unehelich geboren und sein wirklicher Vater wurde nie festgestellt. Das Bild der Krätze ist drastisch, aber treffend. Goebbels konnte seine Macht und seine Tatkraft nicht mehr erfolgreich nutzen.

1944/45 6, 49

„Der große Priester über die Partei des Mars
Wird die Grenzen des Donauraumes unterwerfen:
Er jagt die christlichen Staaten mit dem Schwerte rips, raps,
Er macht Gefangene und Beute an Gold und Ringen im Werte von mehr als 100 000 *Rubel.*"

Stalin, der nahezu göttliche Ehren in seiner Partei genoß, unterwarf auch den Donauraum, seine Truppen machten Gefangene und erbeuteten Kostbarkeiten im Werte von mehr als 100 000 Rubel. Der *Rubel,* im Original des französischen Textes „rubes" geschrieben, wurde erst im 17. Jahrhundert Zahlungsmittel in Rußland, war also zu Lebzeiten des Sehers noch nicht im Umlauf. (Das Wort kommt von dem indischen Worte rubatj, d. h. Stücke von einem Silberbarren abschneiden). Das Wort Mammer im französischen Text der ersten Zeile ist von Mamers=Mars abzuleiten.

1942—45 5, 96

„Im Mittelpunkt der großen Welt steht die Rose (Roosevelt),
Für neue Taten wird das Blut des Volkes vergossen:
Der Wahrheit wird man den Mund verschließen,
Dann in der Bedrängnis wird die erwartete (Hilfe) zu spät kommen."

Roosevelt stand im zweiten Weltkrieg im Mittelpunkt der großen Weltpolitik, denn das Eingreifen der USA in den zweiten Weltkrieg entschied auch diesmal den Endsieg der Alliierten. Die Zeilen 2—4 sind nicht auf Roosevelt, sondern auf Hitler zu deuten. Dieser vergoß für seine wahnsinnigen Ziele das Blut von sechs Millionen Deutschen. Jeglicher Widerspruch gegen diese Gewaltpolitik wurde von der Gestapo erstickt. Zuletzt hoffte Hitler auf einen Akkord mit den Westmächten, aber selbst der

Tod Roosevelts im April 1945 brachte nicht die geringste Änderung der ausweglosen Situation.

30. 4. 1945 2, 55

„In dem Konflikt wird der Große, der wenig galt,
Doch zuletzt das Wunder vollbringen:
Während Hadrie (Hitler) sehen wird, daß ihm alles fehlt,
Wirft auf dem Festmahl ein Schuß den Stolzen zu Boden."

Hitlers Ende. Der Große, den man bisher unterschätzte, ist Rußland. Die Rote Armee nimmt Berlin ein. Als Hitler endlich seine verzweifelte Lage erkennt und nicht mehr auf Entsatz hoffen kann, erschießt er sich einen Tag nach der Hochzeit (Festmahl) mit Eva Braun. Interessant ist die Tatsache, daß das Wort „pongnale" vom lat. pugio=Dolch abzuleiten ist, im heutigen Französisch nicht nur Faust (poing), sondern auch Taschenpistole bedeutet. (vgl. auch 6, 65: deux au plastre grillez, zwei werden auf dem Pflaster (Zementfußboden der Reichskanzlei) verbrannt, nämlich Hitler und Eva Braun).

Nostradamus über Berlin

Auferstanden aus Ruinen

Die prophetischen Augen des südfranzösischen Sehers verfolgten den Lebenslauf dieser schwer geprüften tapferen Stadt von ihren Anfängen bis in die Gegenwart. Die Frage ist verständlich: Warum interessierte sich Nostradamus für das Schicksal Berlins, einer zu seinen Lebzeiten vor 400 Jahren weit entfernten kleinen Residenz, den Kaufleuten weniger bekannt als die Schwesterstadt Neukölln, der Brückenort an der Spree? Die Antwort lautet: Propheten sehen infolge ihrer Begnadung den Keim eines großen Schicksals auch in einem sehr untergeordneten Ort liegen und sich entwickeln.

So sieht auch Nostradamus ein Zepter im Schoße Berlins ruhen, Symbol des Aufstieges dieser unbedeutenden Gemeinde zu einer Haupt- und Weltstadt, über die der Glanz einer königlichen und später kaiserlichen Krone leuchtet. Nach der schweren Katastrophe Berlins im zweiten Weltkrieg hat es dennoch nicht seine geschichtliche Mission verloren. Heute ist es der neuralgische Punkt, an dem sich die Weltanschauungen scheiden. An ihren Mauern strandete die rote Flut. Mehrfach erobert, und im letzten Weltkrieg fast völlig zerstört, hat es niemals eine Niederlage innerlich erlitten. Diese tapfere Stadt hat die schwersten Prüfungen und Schicksalsschläge überstanden, sie war stärker als ihr Schicksal. Heute noch täglich bedroht, ist sie allen Deutschen ein Beweis, was Charakterstärke und unerschütterlicher Glaube vermag. Auch der kalte Krieg wird Berlin nicht in die Knie zwingen. Nach der Prophezeiung von Nostradamus in 11, 3 „wird alles wieder an den richtigen Ort gestellt". Also wird Berlin einst wieder die Hauptstadt eines zukünftigen vereinten deutschen Reiches werden und „auf freiem Grund mit freiem Volke stehen." Opfer für die Freiheit werden niemals umsonst gebracht, hier wird aus jedem Kreuz eine Krone.

18. 1. 1871 1, 32

„Das große Kaiserreich wird übertragen
Auf eine kleine Ortschaft, die überraschend schnell wachsen wird:
Ein untergeordneter Ort in kleiner Grafschaft (erlangt Bedeutung),
In seinem Schoße wird man das Zepter niederlegen."

Der Emporstieg Brandenburgs und Berlins zum Kaiserreich und dessen Hauptstadt. Unter dem Burggrafen Friedrich von Nürnberg, einem Hohenzollern, der 1415 von Kaiser Siegismund mit der Mark Brandenburg und der Kurfürstenwürde belehnt wurde, begann der Aufstieg Berlins in die Weltgeschichte. Unter den Hohenzollern wurde die Mark Brandenburg als Herz Preußens am 18. 1. 1701 zum Königreich erhoben. Am 18. 1. 1871 steigt diese Stadt zur Hauptstadt und Residenz des deutschen Kaiserreiches empor. Trotz ihres wechselhaften Schicksals und der Katastrophe im zweiten Weltkrieg hat Berlin auch in der Gegenwart weltgeschichtliche Bedeutung und eine einzigartige Mission.

27. 10. 1806 4, 52

„In der belagerten Stadt stehen auf der Mauer Männer und Frauen,
Außer dem Kommandanten sind die Feinde zur Übergabe bereit:
Der Wind (die Volksstimmung) wird stark gegen die Gensdarmen gerichtet sein,
Diese werden (wie eine Herde) getrieben und mit Kalkstaub und Asche überschüttet."

Kapitulation Berlins vor Napoleon. Spandau, die Schutzfestung Berlins, kapituliert gegen den Willen ihres Kommandanten, als Napoleon nach seinem Siege bei Jena und Auerstedt mit seiner Armee vor Berlin steht. Am 27. Oktober 1806 hält der Imperator seinen triumphalen Einzug durch das Brandenburger Tor in Berlin. Dabei wurde das glänzende Regiment des Gensdarmes, an das noch heute der Gendarmenmarkt in Berlin erinnert, in einem jämmerlichen Aufzuge, völlig abgerissen, dem Volke vor Augen geführt, das es verhöhnte und mit Sand bewarf. Die feudalen Offiziere dieses Regimentes hatten sich vor ihrem Auszug in den Krieg vor der französischen Botschaft in Berlin gerühmt, in wenigen Wochen dem Korsen den Garaus zu machen. Nun mußten dieselben Männer, die sich feige in der Schlacht bei Jena benommen hatten, vor den Augen ihres eigenen Volkes Spießruten laufen. Selbst Treitschke erwähnt in seiner deutschen Geschichte (Bd, I, S. 251) „diese empörenden Auftritte roher Spötterei in Berlin".

ab 1943 2, 23

„Ich sehe einen Palast und Vögel durch Vögel verjagt,
Bald nachdem der Fürst als Emporkömmling aufgestiegen ist:
So oft wird der Feind von dem Fluß zurückgeschlagen,
Wie es (den Außenbatterien) gelingt, den ununterbrochenen Flug der Vögel abzufangen."

Der Luftkampf um Berlin. Die Vögel Görings werden durch die Vögel der amerikanisch-englischen Luftflotte verjagt, bald nachdem der Parvenu Hitler zur Macht emporgestiegen war. Die feindlichen Flieger orientierten sich nach dem Palast (der Reichskanzlei) und dem Fluß (der Spree).

20. Juli 1944 6, 34

„Der Abschuß von Feuer (Brandbomben) aus Flugmaschinen
Wird die Belagerten in Aufruhr gegen ihren großen Führer versetzen:
Im Innern der Stadt wird es eine so große Empörung geben,
Daß, als sie niedergeschlagen wird, alle in Verzweiflung geraten."

Der 20. Juli 1944 in Berlin. Das Versprechen Görings, kein feindliches Flugzeug würde Berlin erreichen, konnte nicht gehalten werden. Im November 1943 trafen die schweren Bombenangriffe auf deutsche Städte erstmals Berlin. Die Bevölkerung und die in Berlin verbliebene militärische Führung begann an Hitler zu zweifeln, der hier, vielleicht spöttisch, „grand chef", großer Führer, genannt wird. Tapfere Offiziere und prominente Verwaltungsbeamte suchen am 20. Juli 1944 zu retten, was noch zu retten war. Der Putsch scheiterte und Berlin wurde zu einer Stadt ohne Hoffnung. Dafür, daß hier tatsächlich Berlin und der 20. Juli 1944 gemeint ist, zeugt neben der beschriebenen Gesamtsituation die dritte Zeile des Textes: *„Dedans* (innen) sera telle sedition". Aus der Bendlerstraße kam der Befehl, die Wilhelmstraße zu besetzen, und diese beiden Straßen liegen im *Zentrum* Berlins.

April 1945 3, 11

„Die Waffen am Himmel schlagen lange Zeit (alles zu Boden),
Der Wald mitten in der Stadt stürzt zusammen:
Tödliche Krämpfe, Gewissensbisse, das Schwert (wütet), die Fakkel fliegt ihr ins Gesicht,
Wenn die Alleinherrschaft des Hadrie (Hitler) zusammenbricht."

Die Eroberung Berlins. Zum dritten Male erwähnt hier der Seher den Luftkrieg um und über Berlin. In apokalyptischen Bildern schildert er, wie der Tiergarten, Berlins grünes Juwel, unter den Bombenwürfen zusammenstürzt. Ein Feuerzyklon rast durch die in Todeskrämpfen sich windende Stadt. Die Reue kommt zu spät, als in den Bunkern der Reichskanzlei die Gewaltherrschaft Hitlers zusammenbricht.

Berlin im kalten Kriege unbesiegt

1940 f 5, 94

„Translatera en la grande Germanie
Brabant & Flandres, Gand, Bruges & Bologne:
La traifue fainte, le grand duc d'Armenie
Assaillira Vienne & la Cologne."

„Einverleiben wird er (Hitler) in Großdeutschland
Brabant und Flandern, Gent, Brügge und Boulogne:
Im geheuchelten Waffenstillstand wird der große Führer aus Armenien
Wien und Cölln (= Neukölln als Teil Berlins!) berennen."

Hitler und Stalin. Stalins vergeblicher Versuch, Wien und Berlin zu behalten. Die beiden Diktatoren werden hier in einem Vierzeiler zusammen genannt. Die Prophezeiung ist noch heute aktuell, obwohl die beiden Hauptakteure vom politischen Welttheater unserer Tage bereits abgetreten sind. Die Nennung eines Großdeutschlands kann uns nicht verblüffen, da der Seher in 9, 90 von einem „Führer von Großdeutschland" spricht. Bereits im Jahre 1938 hatte der Schweizer Nostradamusforscher und Astrologe Krafft erkannt, daß der große Führer von Armenien Stalin war. Er kam spontan zu Goebbels und wollte ihn warnen. Goebbels erkannte sofort, daß sich dieser Vers dazu eignet, das Glück zu korrigieren. Er beredete Krafft, statt le grand duc d'Armenie zu setzen le grand duc d'*Arminie*. Er machte also aus einem Führer aus Armenien einen Führer des Arminiuslandes und damit aus Stalin Hitler! Krafft ging leider darauf ein und erhielt eine Stellung als Referent im Propagandaministerium. Gleichzeitig wurde er zum astrologischen Berater Hitlers ernannt.

Aber der Sohn und Bürger eines sprichwörtlich freien Landes wie die Schweiz ließ sich nicht gleichschalten. Durch irrtümliche oder auch bewußt unklare Prognosen suchte er die Pläne Hitlers zu durchkreuzen. Er wurde 1944 zusammen mit seinem Freund und Schüler Görner von der Gestapo wegen Sabotage verhaftet und zunächst in milder Haft in einem Büro in der Lützowstraße festgehalten. Nachdem es mir gelungen war, 1941 den Astrologen Bernd Unglaub aus den Händen der Gestapo zu retten, versuchte ich das gleiche bei Krafft. Es war zu spät. Er wurde plötzlich aus Berlin abtransportiert und ist in einem KZ hingerichtet worden.

Am 10. Juli 1949 veröffentlichte ich in einer großen Berliner Zeitung einen Beitrag, in dem ich besonders den zweiten Teil des Verses 5, 94 erläuterte. Die beiden letzten Zeilen spiegelten den *kalten Krieg* und den Versuch des großen Führers aus Armenien wider, die beiden Viersektorenstädte Wien und Köln für immer in seinen Besitz zu bekommen. *Ich hatte in dem „Cölln" den alten Namen für Berlin, lautend Kölln, heute Neukölln erkannt.* Zu Nostradamus Zeiten war die Schwesterstadt Berlin nur ein untergeordneter Begriff. „La traifue fainte" umschreibt genau den kalten Krieg, den der große Führer aus Armenien, das ist *Stalin* — (Georgien, seine Heimatprovinz, ist erst ein späterer geografischer Begriff) — gegen die beiden Viersektorenstädte Wien und Berlin eröffnete. Ich schrieb in dem erwähnten Beitrag: „Es wird ihm nicht gelingen, Wien und Berlin in Besitz zu nehmen. Er wird beide Hauptstädte nur

berennen." Niemand wird abstreiten, daß diese Deutung für die Berliner, die noch unter dem Eindruck der Blockade standen, ein großer Trost war, richtig war und sich erfüllt hat.
Doch hat dieser schicksalshafte Vierzeiler noch eine andere Bedeutung. Er zeigt die Grenzen für die machthungrigen Pläne der beiden Diktatoren an. Hitler kam über Holland, Belgien und Nordfrankreich insofern nicht hinaus, weil er versäumt hatte, nach dem Sieg bei Dünkirchen Vorbereitungen für eine Invasion nach England zu treffen. Stalin hat vergeblich Wien und Berlin berannt. Trotz des Ultimatums, das Chruschtschow im Jahre 1959 Westberlin stellte, ist es unter dem Schutz der Westmächte und der Bundesrepublik frei geblieben. Wien erfreut sich seit 1955 der Freiheit, ein Erfolg der klugen und weitsichtigen österreichischen Diplomatie. Wie wichtig wäre es, wenn die Mächtigen, für einen Staat Verantwortlichen die Grenzen ihrer Macht erkennen! Das setzt aber voraus, daß sie hier dem geheimen Rat des Propheten folgen müßten. Wir können jedenfalls mit Nostradamus konstatieren, daß im Falle Wien und Berlin der Herr der Geschichte selbst ein Machtwort gesprochen hat: Bis hierher und nicht weiter!

1940—1945 11, 3
1945 f

> „In der Stadt wird das Oberste zu unterst gekehrt,
> Auf den Kopf gestellt ist alles durch tausend Schüsse
> Aus den Kanonen, aber die *unterirdischen Festungen*
> *Wird man 5 Jahre lang halten.* Es wird alles wieder an seinen Ort gestellt,
> Und wenn sie (die Stadt) ihren Feinden überantwortet ist,
> Wird ihr nach dem Kriege das Wasser Schaden zufügen."

Berlin in und nach dem zweiten Weltkrieg. Selbst, wenn man kein Nostradamus-Interpret ist, wird man erraten, daß hier nur *Berlin* gemeint sein kann. Das bezeugen die Luftschutzkeller, in denen die gefährdete Bevölkerung Berlins, zitternd und bebend, fünf Jahre lang den Gefahren aus der Luft trotzte. Nach der Eroberung brachte die Spaltung in vier Sektoren der Stadt Berlin großen Schaden und Behinderungen. Es ist sehr wohl möglich, daß Nostradamus mit dem Wort „l'eau" = Wasser das *Scheidewasser* gemeint hat, das die Goldschmiede auch heute noch gebrauchen, um Metalle voneinander zu scheiden. Wie dem auch sei, jedenfalls enthält dieser Vers Trost und Hoffnung, die uns die unsterbliche Seele des Sehers Nostradamus hinterlassen hat: *„Es wird alles wieder an seinen Ort gestellt“*. Damit sagt er Berlin eine Zukunft voraus, in der es dereinst wieder die Hauptstadt eines vereinten Deutschlands werden wird.

Die Nachkriegszeit

Mai 1945 f 4, 56

„Nach dem Siege der tollwütigen Zunge (Propaganda)
Wird der Geist in seinem Frieden und seiner Ruhe aufgestört:
Der Sieger, blutrot durch seinen Kampf, hält feierliche Reden,
Er röstet die Zunge, das Fleisch und die Knochen.“

Das Ende von Dr. Goebbels. Sowjetische Propaganda. Nach der Verkündung des totalen Krieges durch Goebbels wurde der Geist durch eine tollwütige Propaganda verwirrt. Im Bunker werden die Leichen Goebbels und seiner Familie, die Gift genommen hatten, von Flammen angesengt, aufgefunden. Der rote Sieger, der Russe mit der blutroten Fahne, hielt feierliche Reden und versprach den Berlinern Hilfe.

1945 f Présage 72 (Nachlaß seit 1605 bekannt)

„Ein wunderbares und zugleich schreckliches Ereignis wird man erleben, ganz unglaubliche Dinge!
Ein Wahnsinniger (Hitler) wird die Bösewichter erwecken,
Die später nur noch durch das Kabel bei der Stange gehalten werden.
Die Mehrzahl wird dann über die Felder hin exiliert.“

Die Vertreibung der Deutschen aus den Ostgebieten als Folge von Hitlers Wahnsinnspolitik. Nach dem verlorenen Kriege setzte die größte Völkerwanderung ein, die Europa je erlebt hat. 11 Millionen Deutsche wurden gezwungen, ihre Heimat im Osten zu verlassen. Das Werk eines Wahnsinnigen, der die Bösewichter (seine Funktionäre) nur noch durch das Kabel, womit Radio oder Telefon gemeint sind, bei der Stange halten konnte.

nach 1945 3, 76

„In Deutschland werden verschiedene Parteien entstehen,
Die sich stark dem glücklichen Heidentum nähern:

Wenn das Herz gefangen ist, werden die Kleinen wieder aufgenommen.
Es kehren viele zurück, um den wahren Zehnten (an die Kirche) zu entrichten."

Die Liquidation des Nationalsozialismus. Die Gedanken des altgermanischen Heidentums wurden im Nazionalsozialismus wieder erweckt. Als Deutschland, das Herz (Europas), in Gefangenschaft geraten war, wurden die Mitläufer der heidnischen Sekte, der NSDAP entnazifiziert, d. h. wieder aufgenommen. Viele ehemals aus der Kirche ausgetretene Pgs. fanden zurück und „zahlten wieder den wahren Zehnten".

6. August 1945 6, 97

„Zeitabschnitt (19)45: Der Himmel wird brennen,
Feuer nähert sich der großen neuen Stadt:
Urplötzlich züngelt die große Flamme hierhin und dorthin und wird (hoch)springen,
Wenn die Normannen den Beweis erbringen wollen."

Der Abwurf der ersten Atombombe auf Hiroshima im August 1945 beendete endgültig den zweiten Weltkrieg. Man ergänze die Zahl 45 durch eine vorgesetzte 19. Nach einer anschaulichen Schilderung der ersten Kernwaffenexplosion nennt der Seher hier die Amerikaner, die diese Waffe zum ersten Male ausprobierten, Normannen. Da Nostradamus die Gabe hat, auch rückwärts zu schauen, hatte er vielleicht eine deutliche Vorstellung, daß die Normannen auf ihren Wikingerfahrten noch vor Kolumbus den neuen Erdteil Amerika entdeckten.

nach 1945 10, 1

„Dem Feind hat der Feind Treue versprochen,
Er wird sich nicht danach richten, die Gefangenen werden zurückbehalten:
In Feindesland gefallen, werden sie gequält und getötet,
der Rest wird in ein (Arbeits)hemd gesteckt,
Verurteilt wird der Rest zur Unterstützung des Gegners (zu arbeiten.)"

Verbrechen gegen die Gefangenen. Auch im zweiten Weltkrieg wurden die Bestimmungen der Genfer Konvention von den kämpfenden Nationen nicht eingehalten. Besonders litt Deutschland nach dem zweiten Weltkrieg daran, daß viele Soldaten jahrelang in russischer Gefangenschaft zurückgehalten wurden und für die Russen bis zur Erschöpfung arbeiten mußten.

1948 10, 51

„Tiefer als Lothringen gelegene Landesteile
Werden zu einem untergeordneten Deutschland zusammengeschlossen
Durch die, die in der Picardie, der Normandie und in Maine eine Belagerung erlebten,
Aber sie werden sich wiedervereinigen in Kantonen.“

Die Gründung der deutschen Bundesrepublik mit Kantonalverfassung. Nostradamus sagt hier den Zusammenschluß der drei westlichen Besatzungszonen, jenseits von Lothringen gelegen, zur deutschen Bundesrepublik mit Kantonalverfassung voraus. Diese Deutung wird gestützt durch die Erwähnung der Länder. Über die Beendigung des zweiten Weltkrieges durch die Atombombe auf Hiroshima vgl. 6, 97 (Seite 219). Die Vorhersage über den Atlantikpakt in 9, 51 vgl. Seite 208.

Die Gründung des Staates Israels

1948 8, 96

„Die Synagoge, unfruchtbar und ohne Gewinn,
Wird unter den Ungläubigen Aufnahme finden:
Von der Tochter Babylons droht ihr Verfolgung,
Elend und traurig wird sie ihr die Flügel abschneiden.“

Der Zionismus hatte nach der Balfour-Deklaration 1917 unter dem Schutze Englands die Besiedelung des heiligen Landes durch Juden in die Wege geleitet. Er stieß dabei auf den Widerstand der arabischen Bevölkerung. Aber selbst, nachdem es gelungen ist, im Jahre 1948 den Staat Israel zu gründen, reißen die Schwierigkeiten nicht ab, die die Araber (Tochter Babylons) dem jungen Staatswesen bereiten. Eine radikale Lösung dieses Problems wird erst Heinrich dem Glücklichen, dem ersten Präsidenten des Vereinten Europas, im kommenden Jahrhundert gelingen. (vgl. 10, 86).

Jüngste Gegenwart 9, 52

„Von der einen Seite naht sich der Frieden, von der andern der Krieg,
Niemals gab es eine Hetzjagd von diesem Ausmaß:
Beklagt die Männer und die Frauen und das unschuldig vergossene Blut auf der ganzen Erde!
Ja, es wird dahin kommen, daß Frankreich jeder Partei ausgeliefert ist."

Die fast aussichtslose innen- und außenpolitische Situation Frankreichs vor der Übernahme durch General de Gaulle wird hier vorausgesagt. Die „schmutzigen", nervenzerrüttenden Kriege in Hinterindien und in Algier mit ihren Blutopfern auch unter der Zivilbevölkerung, zusammen mit den nicht abreißenden Regierungskrisen, die Frankreich jeder Partei auslieferten, brachten es an den Rand des Verderbens, aus dem erst de Gaulle sein Vaterland rettete.

Gegenwart 4, 39

„Die Rhodier (Cyprer) werden um Hilfe bitten,
Weil sie durch die Nachlässigkeit ihrer Erben sich verlassen fühlen:
Das arabische Reich wird seine Laufbahn verstärken,
Durch die Hesperier (Westmächte) wird die Angelegenheit berichtigt."

Der Traum Nassers, ein arabisches Empire zu gründen, erfüllt sich gegenwärtig noch nicht, weil die Haltung der Westmächte in dieser prekären Lage standhaft und richtig ist. Im letzten Drittel dieses Jahrhunderts werden jedoch die Araber Europa noch schwer zu schaffen machen.

1914—1918
1939—1945 8, 15

„Vers Aquilon grands efforts par hommasse
Presque l'Europe & l'univers vexer,
Les deux eclypses mettra en telle chasse,
Et aux Pannons vie &mort renforcer."

„Gegen das Adlerland richtet sich großer Kraftaufwand durch Menschenmassen,
Diese werden fast ganz Europa und den Erdkreis quälen:
Zwei Verfinsterungen bringen ihn in rasende Bewegung,
Und den Pannoniern wird Leben und Tod neue Kräfte geben."

Deutschland im ersten und zweiten Weltkrieg. Dieser Vierzeiler ist von wenig seriösen Nostradamus-Interpreten zur Sensationsmache mißbraucht worden. Sie lesen aus ihm einen Hinweis auf einen dritten (unvermeidbaren) Weltkrieg heraus, in dem Deutschland durch ein ungeheures Aufgebot von feindlichen Truppen, zusammen mit fast ganz Europa, ungeheure Leiden auf sich nehmen muß.

Ich sehe im Gegenteil eine Verkündung des Sehers, daß dieser Krieg *nicht* stattfindet, sondern daß er schon in der Form der beiden Weltkriege stattgefunden hat. In diese katastrophalen Ereignisse wurde fast ganz Europa und auch überseeische Länder hineingezogen.

Wenn wir in dem Wort „Aquilon" nur Deutschland sehen würden, das einen Adler als Wappenemblem trägt, so kann das Wort „hommasse" meine Deutung bestätigen, denn es kann auch übersetzt werden: „Menschen mit groben Zügen". Ich erinnere daran, daß die deutschen Frauen und Kinder, nachdem die Rote Armee unser Vaterland erobert und besetzt hatte, sich besonders vor den mongolischen Soldaten mit ihren ungewohnten Gesichtern fürchteten.

Die beiden Verfinsterungen sind keine kosmischen Ereignisse, sondern ein Gleichnis dafür, daß in den Weltkriegen, besonders im zweiten, in Europa die Lichter ausgingen, um sich gegen Bombenangriffe aus der Luft zu schützen. Pannonien ist der Donauraum, zu dem als Teile Ungarn und Österreich, soweit es an der Donau liegt, gehören. Nostradamus sagt hier, wie in 2, 90 die Erhebung der Ungarn gegen die rote Diktatur, vor allem im Oktober und November 1956, voraus. Auch in dem vorher erwähnten Vers gebraucht er die Wendung: „Auf Leben und Tod wird die Regierung in Ungarn geändert." Wenn auch der Aufstand niedergeschlagen wurde, so fühlt sich das ungarische Volk doch nicht besiegt und hält an der Hoffnung auf die Freiheit fest. Österreich hat durch den Staatsvertrag bereits seine volle Freiheit wiedergewonnen und nach dem Abzug der Besatzungstruppen einen wirtschaftlichen Aufschwung erlebt.

Man kann „aquilon" auch mit Nordwind, im übertragenen Sinne Norden übersetzen, dann würde es, wie in dem Vierzeiler 2, 91, nach Rußland weisen. Dort gebraucht Nostradamus dieses Wort im Zusammenhang mit dem Brand von Moskau im Jahre 1812:

> „Dort, wo die Sonne aufgeht, wird man ein großes Feuer sehen,

Der Lärm und der Schein weisen nach Aquilon (Norden)."
Es ist also möglich, daß die Prophezeiung in 8, 15 sich auf den Einbruch der asiatischen Riesenheere beziehen kann. Diese haben Rußland als Torhüter Europas am Ural überrannt. Vgl. hierzu die Ausführungen auf Seite 60 f im ersten Teil. Die Invasionsheere dringen dann vom Kaspischen Meer her durch Armenien zum Südufer des Schwarzen Meeres vor. Sie erobern Konstantinopel, stoßen dann über den Balkan und Pannonien (den Donauraum), der ja in 8, 15 erwähnt wird, bis zum Rhein und den Donauquellen vor, wo sie Heinrich der Glückliche in der größten Schlacht aller Zeiten bei Ulm vernichtet. Die Einwohner Pannoniens werden schwer unter dem Durchzug der asiatischen Horden zu leiden haben, sich später erholen und einen neuen Aufschwung erleben.

Nostradamus hat gesagt: „Man wird die Wahrheit meiner Prophezeiungen erst dann erkennen, wenn sie sich erfüllt haben." Um die Erfüllung nach Sinn und Geist vorher zu enträtseln, muß man ein drittes reaktiviertes Auge haben, das der österreichische Psychometer *F. A. Kordon-Veri,* Velden am Wörthersee in der Hypophyse (Gehirnanhang), einem nur erbsengroßen Organ über der Nasenwurzel mit noch nicht voll erforschter Wirkungskraft sieht. — Jedem Leser, der sich auf sein Augenmaß verlassen kann, steht darüber hinaus das große Lehr- und Lernbuch der Weltgeschichte zur Verfügung, um einen Blick in die Zukunft zu tun. *„Ein Blick in die Zukunft vermeidet Fehler in der Gegenwart"*, sagt ein indisches Sprichwort.

Teil III

Prophetische Konkordanz von 1900—2050

Erster Abschnitt
für die Zeit von 1900 bis 1950

(mit kennzeichnenden Überschriften und Seitenzahlenhinweis auf die kompletten Vierzeiler mit Auslegung in Teil II)

Der erste Weltkrieg

28. Juni 1914 2, 57
Die Ermordung des Erzherzogs in Sarajewo (S. 181)

Juni 1914 9, 60
Der Krieg entsteht auf dem Balkan.

August 1914 1, 26
Blitzartiger Ausbruch des ersten Weltkrieges (S. 181)

1914—1918 4, 99
Kaiser Wilhelm II. dringt tief in Frankreich ein (S. 182)

10. Nov. 1914 10, 83
Die Schlacht bei Langemarck (S. 182)

1914—1918 1, 15
70 Schlachten im ersten Weltkrieg an der Westfront (S. 187)

1914—1918 2, 68
U-Boot-Krieg und Zeppelinluftschiffangriffe (S. 183)

1914—1918 3, 71
Nochmals U-Boot-Krieg und Hungerblockade (S. 183)

1916 f 2, 77
Die Hölle von Verdun (S. 184)

1914—1918 1, 64
Gasmasken, „Frontschweine", Leuchtkugeln an der Westfront (S. 182)

1914—1918
1939—1945 2, 75
Bombenflugzeuge und Flakgeschütze (S. 184)

Frühjahr 1918 7, 39
Die entscheidende Stunde des Weltkrieges (S. 185)

1916—1918 5, 42
Krieg gegen Italien

März 1918 9, 31
Die deutsche Frühjahrsoffensive (S. 185)

Frühjahr 1918 4, 9 und 9, 40
Der Durchbruch bei St. Quentin (S. 185, 186)

Frühjahr 1918 2, 76 (vgl. auch 1, 18 u. 4, 100)
Die Beschießung von Paris mit einem Ferngeschütz (S. 184)

Frühjahr 1918 4, 100
Das Licht des Weltkrieges erbleicht. Frieden von Brestlitowsk (S. 186)

1918 5, 70
Niederlage Österreichs und der Türkei

1918 1, 100
Die Friedenstaube (S. 186)

1917/18
1940/45 2, 100
England ruft die Hilfe der USA gegen die U-Boote an (S. 183)

Nov. 1918 4, 12
Rückzug der deutschen Armeen aus Frankreich

Nov. 1918 6, 99
Der „gelehrte Feind" flieht (S. 187)

Nov. 1918 4, 75
Waffenstillstand und Grippetod (S. 187)

1914—1918 8, 60
Hut ab vor dem deutschen Soldaten! (S. 188)

*

Die Novemberrevolution

Nov. 1918 4, 13 4, 45
Ausbruch der Revolution, der Kaiser geht nach Holland (S. 189)

Nov. 1918 5, 83
Das Ende der deutschen Monarchie (S. 189)

Nov. 1918 6, 91
Die Matrosen meutern

Nov. 1918 5, 50
Das Ende der Habsburger- und Hohenzollernmonarchie

1, 82
Das Ende Österreichs und Habsburgs (S. 191)

Nov. 1918—
Januar 1919 8, 19 und 8, 20
Die Revolutionskämpfe in Berlin (S. 190)

1918 Die Ermordung des Zaren Nikolaus II. (S. 188)

*

Zwischen den beiden Weltkriegen

nach 1920 6, 90
Ende des Verleumdungsfeldzuges gegen Deutschland (S. 191)

nach 1920
1936 f 8, 10 und 2, 39
Das Versagen des Völkerbundes (S. 192, 193)

1919, 1945
1956 2, 90
Bürgerkrieg in Ungarn (dreimalig) (S. 191, 192)

1922 f 6, 20
Auflösung der alten Entente cordiale (S. 192)

1926 f 5, 51
Die neue Entente (S. 192)

1918—1933 1, 61
Die Not der Novemberrepublik durch den Vertrag von Versailles (S. 201)

10. Dezember
1936 10, 22
Die Abdankung König Eduards VIII. von England (S. 183)

*

Die Diktaturen in
Rußland, Italien, Spanien und Deutschland:

Rußland

1793
Vorrede an Cäsar Nostradamus — der Kommunismus kommt. (commun advenement) (S. 99)

1560—1917
1917—1952 1, 14
Politische Verfolgungen in Rußland (S. 193)

Oktober 1917 5, 52
Der Sieg des Bolschewismus in der Oktoberrevolution (S. 194)

1917—1990 ? 6, 74
Der Triumph des Bolschewismus (S. 67)

1917 f 3, 60
Die Folgen der Oktoberrevolution, die Vernichtung der Kulaken (S. 194)

1917 f 3, 95
Die Propaganda des Marxismus—Leninismus (S. 199)

1917 bis zur
Gegenwart 6, 21
Der Aufstieg Stalins, Schrecken und Nervenkrieg (S. 195)

1917—1945 5, 26
Rußlands Aufstieg durch Kriegsglück (S. 195)

Italien

1922 6, 6
Die Besetzung des Ruhrgebietes. Die ersten Spuren des Faschismus

1922 f 6, 66
Die Faschisten betrachten sich als Nachfolger der alten Römer (S. 196)

1922—1945 8, 66
Der D (Duce) M. (Mussolini) (S. 196)

1935/36 9, 80
Der Abessinienfeldzug, verhängnisvolle Politik Mussolinis

1937 f 4, 59 und 5, 23
Mussolini und Hitler, die Achse Rom—Berlin (S. 197)

28. April
1945 6, 36
Das Ende des Faschismus

26. April
1945 5, 28
Mussolini wird ermordet (S. 197)

Spanien

1936 f 9, 16
Franko und Rivera (S. 197)

1936 f 6, 64
Franko gegen die Arbeiterklasse (S. 198)

Deutschland

1921—1945 3, 67
Die NSDAP (S. 198)

20. 4. 1889 3, 58
Die Geburt Hitlers in Braunau am Inn (S. 198)

1933—1945 6, 77
Hitler kommt durch Betrug zur Herrschaft. Pakt mit Stalin

1933 f 6, 25
Hitler fischt im Trüben (S. 200)

1935—1940 10, 38
Der Unruhegeist Hitler besetzt die Rheinlande und schließt ein Bündnis mit Rußland (S. 199, 200)

1933 und
1940 5, 29
Hitler unterdrückt die Freiheit und überredet Italien zum Krieg (S. 201)

1933—1945 1, 45
Hitler richtet KZ-Lager ein und beseitigt die Parteien. (S. 201, 202)

1934—1945 9, 53
Himmler, der neue Nero, und die Verbrennungskamine (S. 202)

1938 f 9, 90
Hitler, der Führer von Großdeutschland, holt Österreich „heim ins Reich“ (S. 204)

*

Der zweite Weltkrieg

1939/40 1, 51
Das kosmische Signal der großen Konjunktion zwischen Jupiter und Saturn bringt schicksalhafte Veränderungen (S. 203)

1938 8, 58
Die Münchner Konferenz. England handelte zu spät (S. 205)

1939 3, 57
Englands Garantie an Polen und der zweite Weltkrieg (S. 203)

1939—1945 1, 9
Das punische Herz (England) reizt Hitler und die Faschisten zum Krieg.

1. September
1939 1, 92
Hitler verkündet Frieden und überfällt Polen (S. 206)

Der Blitzkrieg gegen Frankreich

Juni 1940 3, 7
Deutsche Heere nahen sich Paris (S. 206)

Juni 1940 1, 8
Hitler in der Sonnenstadt Paris (S. 209)

Juni/Juli 1940 3, 8
Deutsche Heere dringen bis nach Spanien vor. Widerstandsbewegung in Südfrankreich (S. 207)

6. Juni 1944 4, 19
Die Landung der Alliierten am Tag X (S. 209)

6. Juni —
August 1944 3, 9
Der Durchbruch bei Rouen (Avranches) nach dem Tage X (S. 207)

Juni 1941 3, 36
Hitler beschlagnahmt nach der Flucht von Hess die Werke des Nostradamus (S. 210)

Ende 1942 bis
Januar 1943 2, 37
Die Katastrophe von Stalingrad (S. 210)

1939—1945 2, 100
England ruft abermals gegen die U-Boot-Kapitäne die Hilfe der USA an (S. 183)

1942—1945 5, 96
Roosevelt im Mittelpunkt der großen Weltpolitik (S. 211)

Der totale Krieg — Luftangriffe auf Berlin

1943—1945 3, 73
Goebbels, der Hinkende, eröffnet den totalen Krieg (S. 210, 211)

1942—1945 2, 23
Luftangriffe auf Berlin (S. 214)

1942—Mai 1945 3, 11
Der Luftkrieg schlägt Berlin zu Boden. Die Einnahme von Berlin (S. 215)

1939—1945
Zukunft 11, 3
Berlins tapferer Widerstand im Luftkrieg. Es wird einst wieder Reichshauptstadt (S. 217 f)

1940—1945
1945 bis zur Gegenwart 5, 94
Hitler und Stalin. Großdeutschland und Blockade Berlins. Der kalte Krieg. (S. 215, 216)

1944—1945 6, 49
Stalin erobert den Donauraum. (S. 211)

1939—1945 11, 13
Hitler, der Glücksritter, und Stalin, der Kaisergeneral.

30. April
1945 2, 55
Hitlers Selbstmord in der Reichskanzlei nach der Hochzeit mit Eva Braun. (S. 212)

September 1939
30. April 1945 6, 65
Hitler, der Braune, eröffnet den Krieg mit dem Überfall auf Polen. Er wird zusammen mit Eva Braun in der Reichskanzlei verbrannt. (S. 205)

8. August 1945 6, 97
Beendigung des zweiten Weltkrieges durch den Abwurf der ersten Atombombe auf Hiroshima. (S. 219)

1945 bis zur
Gegenwart 9, 51
Der Atlantikpakt. Die Atombombe schreckt die kriegslüsternen Nationen ab. (S. 208)

*

Die Nachkriegszeit

1945—1947 Présage 72
Die Vertreibung der Deutschen aus den Ostprovinzen als Folge von Hitlers Wahnsinnspolitik. (S. 218)

nach 1945 3, 76
Die Entnazifizierung. (S. 218, 219)

1948 10, 51
Die Gründung der Deutschen Bundesrepublik mit Kantonalverfassung. (S. 220)

nach 1945 10, 1
Die Verbrechen an den Gefangenen. (S. 219)

3, 59
Der Tod infolge Überalterung. Der Rentenberg. (S. 242)

Prophetische Konkordanz von 1950—2050

Die Vorhersagen komplett zitiert

Jüngste Vergangenheit 9, 52
Kritische Lage Frankreichs vor der Machtübernahme durch de Gaulle. (S. 41, 221)

„Von der einen Seite naht sich der Frieden, von der andern der Krieg.
Niemals gab es eine Hetzjagd von so großem Ausmaß:
Beklagt die Männer und die Frauen und das unschuldig vergossene Blut auf der ganzen Erde,
Ja, es wird geschehen, daß Frankreich jeder Partei ausgeliefert ist."

Jüngste Vergangenheit
Gegenwart 4, 15

„Aus derselben Quelle, aus der, wie man sich denken kann, der Hunger entsteht,
Wird auch kommen die Sättigung:
Statt mit hündischer Gier das Auge auf das Meer (zu richten)
Wird einer dem andern Öl und Brot geben."

Die EWG Nostradamus bestätigt hier in seinem prophetischen Vademecum die Grundgedanken der Europäischen Wirtschaftsgemeinschaft als einer wirtschaftlichen Autarkie. Er rät die Einfuhr über das Meer aus überseeischen Ländern zu stoppen und statt dessen durch wirtschaftlichen Zusammenschluß und Austausch von Waren den Hunger zu besiegen. Die Hilfe kommt aus der Quelle der Isolierung, wird aber dann nach dem Rat des Sehers aus eigener Kraft eines jeden Landes überwunden.

1948 f 8, 96
Die Gründung des Staates Israel und sein Leidensweg. (S. 34, 220)

„Die Synagoge, unfruchtbar und ohne Gewinn,
Wird Aufnahme finden zwischen den Ungläubigen (Islamiten).

Von der Tochter Babylons (Arabern) droht ihr Verfolgung,
Elend und traurig wird man ihr die Flügel abschneiden."

Jüngste Vergangenheit 4, 51
China besetzt Tibet und greift Indien an. (S. 61)

„Ein ehrgeiziger Führer (Mao) wird seinen Feind verfolgen,
Er wird trotz Gegenangriffe in das Land der Gegner einrücken:
Zu Fuß vorwärts hastend wird man den Verfolgten so nahe kommen,
Daß eines Tages sich der Kampf in der Nähe des *Ganges* entspinnt."

Oktober 1956 5, 16
Der Überfall Englands und Frankreichs auf Ägypten. Weltmacht Öl. (S. 33)

„Die Preise für die sabäischen Tropfen (das *Erdöl)* erreichen ihren höchsten Stand.
Menschenfleisch wird während des Sterbens (durch Napalmbomben) zu Asche verbrannt:
Auf der Insel Pharillon entsteht durch (Luft)kreuzer Zerstörung,
Dann, wenn in Rhodos (Cypern) sich ein hartnäckiges Gespenst zeigt."

Gegenwart 4, 39
Nassers Traum, Pharao eines arabischen Empires zu werden, erfüllt sich noch nicht. (S. 33, 221)

„Die Einwohner von Rhodos (Cypern) werden Hilfe erbitten,
Weil sie durch die Nachlässigkeit ihrer Erben sich verlassen fühlen;
Das *arabische Empire* wird seinen Kurs verstärken,
Durch die Westmächte wird diese Angelegenheit berichtigt."

Die arabische Aggression, unterstützt von China

Zeile 1 u. 2
nahe Zukunft
Zeile 3 u. 4
um 2030 4, 68 Vergleiche 4, 68 5, 68 (S. 63)
Bündnis des Beherrschers des arabischen Empire mit dem Diktator Chinas.

„In dem Jahre, sehr nahe und doch entfernt von der Venus,
Werden die beiden Größten von Asien und Afrika
Mit dem vom Rhein und der Donau (Heinrich dem Glücklichen),
wie man melden wird, zusammentreffen.
Schreie und Klagen höre ich in Malta und an der ligurischen Küste."

Letztes Drittel des
20. Jahrhunderts 5, 55 (S. 36)
Ein islamitischer Führer greift Spanien und Italien an.

„In einer Gegend des glücklichen Arabiens wird ein Mächtiger geboren,
Der sich zum Islam bekennt:
Er wird Spanien quälen und Granada wiedererobern,
Noch mehr richtet er aus auf dem Meere gegen das Volk von Ligurien (Italien)."

Letztes Drittel
des 20. Jahrhunderts 3, 68 (S. 36)
Anarchie im Mittelmeer.

„Das Volk ist ohne Führer in Italien und Spanien,
Es gibt Tote und zu Boden Geworfene im Chersonnes (Griechenland):
Der Befehl wurde verraten durch Leichtsinn und Tollheit;
Blut schwimmt überall umher in den Schiffspassagen."

Letztes Drittel
des 20. Jahrhunderts 3, 27 (S. 37)
Frankreich für den Islam begeistert.

„Der libysche Fürst, der Macht hat im Westen,
Wird die Franzosen stark für das Arabische begeistern:
Die Schriftgelehrten wird er sich willfährig machen,
Damit diese die arabische Sprache ins Französische übersetzen."

Letztes Drittel
des 20. Jahrhunderts 1, 18 (S. 37)
Frankreich öffnet dem Islam die Tür.

„Durch Zwietracht vernachlässigt Frankreich (die Außenpolitik).
Dadurch wird die Tür dem Islam geöffnet:
Die Erde trieft von Blut, ebenso das Adriatische Meer.
Der Hafen von Marseille ist mit Schiffen überfüllt."

Letztes Drittel
des 20. Jahrhunderts 8, 97 (S. 38)
Englands Niederlagen an den Grenzen von VAR.

„An den Grenzen von VAR (Vereinigte Arabische Republik)
ändert sich das Schicksal des Allmächtigen (Englands).
Nahe an der Küste werden drei schöne Kinder (Siege) geboren:
Der Untergang für das Volk kommt, weil die Zeit reif ist,
Die Regierungsform im Land (England) wird sich ändern und (später) mehr erstarken."

Letztes Drittel
des 20. Jahrhunderts 10, 100 (S. 39)
Das Ende der 300jährigen Hegemonie Englands beginnt.

„Das große Empire wird bei England bleiben,
Allmächtig wird es mehr als 300 Jahre sein:
Dann passieren große Truppen Meer und Land,
Die Portugiesen werden nicht damit zufrieden sein."

Letztes Drittel
des 20. Jahrhunderts 1, 73 (S. 42)
Frankreich von fünf Seiten überfallen.

„Frankreich wird von fünf Seiten her infolge seiner Nachlässigkeit überfallen,
Tunis und Algier werden durch die Perser (Araber) revolutioniert:
Leon, Sevilla und Barcelona fallen,
Es wird keine Flotte mehr im Gebiet der Venetier (im Adriameer) geben."

Letztes Drittel
des 20. Jahrhunderts 5, 25 (S. 36)
Die Vernichtung des Vatikans durch die arabische Aggression.

„Der arabische Fürst wird über das Meer her die Regierung der Kirche zu Boden zwingen;
Mars, Sonne und Venus stehen im Löwen:
Nach Persien zu stehen rund eine Million (Soldaten) bereit,
Um über Byzanz und Ägypten mit Würmern (Bakterien) und Schlangen (Feldschlangen = Geschützen) eine Invasion zu unternehmen."

*

Gegen Ende dieses
Jahrhunderts 3, 24

Nostradamus warnt Frankreich vor kolonialen Abenteuern.

„Das Unternehmen endet in einer großen Verwirrung,
Menschenleben und unzählbare Schätze gehen verloren:
Du sollst nicht noch einmal eine Expansion wagen,
Frankreich, Du wirst noch einmal an mein Wort denken!"

Nahe Zukunft 3, 69

Gefährliche Freundschaft zwischen Frankreich und Moskau.

„Ein großes Heer wird durch einen jungen Mann zusammengebracht.
Er wird sich den Feinden in die Hände geben,
Aber der Alte, der Sohn des halben Schweins (als Wappentier),
Wird Chalon (Frankreich) und Mascon (Moskau)? zu Freunden machen."

Gegen Ende dieses
Jahrhunderts 2, 1

Der atlantische Bruderkrieg beginnt.

„Gegen Aquitanien (Südfrankreich) machen die britischen Inseln (einen Angriff),
Auf das Gebiet (der Inseln) selbst geschehen große Überfälle:
Regen und Frost werden drei (Frankreich, England und die USA) sehr unmutig machen,
Bei dem Mondhafen (Konstantinopel als Stützpunkt des arabischen Großreiches) wird man große Einbrüche unternehmen."

Gegen Ende dieses
Jahrhunderts 5, 35

Eine anglikanische Aggressionsflotte naht sich la Rochelle. Letztes Friedensangebot.

„Über die freie Stadt am großen Salzmeer,
Die noch heute in ihrem Magen (Namen) den Stein (le roche) trägt,
Wird die anglikanische Flotte im Schutz des Nebels kommen,
Sie winkt mit einem Ölzweig, der große Krieg wird eröffnet."

Gegen Ende dieses
Jahrhunderts 5, 34

Die Aggressionsflotte läuft in die Girondemündung ein.

„Der tiefste Teil des Westens gehört nun den Anglikanern,
Wo ist nun der Führer der britannischen Inseln?
Er wird eine Flotte in die Gironde einlaufen lassen, die von Mittelfrankreich herkommt,
Statt Wein und Salz ist Feuer (Pulver) in Stückfässern verborgen.

Gegen Ende dieses
Jahrhunderts 9, 6

Die Angelsachsen nehmen Südfrankreich in Besitz.

„Im Gebiet von Guyenne befinden sich unzählige Angelsachsen,
Sie werden das Land unter dem Namen Angli-Aquitanien in Besitz nehmen."

Gegen Ende dieses
Jahrhunderts 2, 72, 3, 43, und 3, 33

Schwere Niederlagen Frankreichs durch das mit den anglikanischen Mächten verbündete Italien.

„Die französische Armee wird in Italien große Qualen leiden,
Von allen Seiten gibt es Konflikte und große Verluste:
Fliehe die Römer, Frankreich, wenn Du nicht geschlagen sein willst!
Nahe am Tessin und am Rubicon ist eine Schlacht unentschieden."
„Ihr Männer, die ihr rings um den Tarn, am Lot und an der Garonne wohnt,
Hütet euch den Appennin zu überschreiten:
Euer Grab ist nahe bei Rom und Ankona!
Der König Kraushaar (italienischer Dektator) wird hier seine Siegesfahnen aufrichten."

(S. 42)

„Das große Grabmal des aquitanischen (französischen) Volkes
Wird in der Nähe von Toskana sein,
Wenn der Krieg nahe an der germanischen Ecke
Und im Gebiet von Mantua tobt."

Gegenwart 3, 59
Noch eine Kriegsfolge. Tod durch Überalterung. Der Rentenberg.

„Das barbarische (deutsche) Reich wird durch den dritten Stand usurpiert,
Den größten Teil seines Blutes wird es in den Tod schicken:
Durch den Tod infolge Überalterung wird noch ein Viertel davon heimgesucht,
Aus Angst, daß Blut nicht genug Blut töten mag."

Gegen Ende dieses Jahrhunderts, nach dem atlantischen Bruderkrieg 2, 87 (S. 46)
Deutschland wird eine Monarchie.

„Nachher wird kommen von den äußersten Gegenden (Ausland)
Ein deutscher Fürst, der den *goldenen* Thron besteigt:
Abhängigkeit besteht nach den Zusammenstößen auf dem Meere.
Die Dame (Marianne = Frankreich) dient, ihre Zeit wird nicht mehr angebetet."

Erfindungen des 20. Jahrhunderts (Radium, Raketen, Atom)

(vergleiche zur Ergänzung den Exkurs auf Seite 85 f. Nostradamus und die technischen Wunder der Zukunft)

1898 f 1, 22
Entdeckung des Radium.

„Das, was immer lebt und ist doch unbeseelt,
Wird Verletzungen bringen, bis es künstlich abgetötet ist."

Gegenwart 2, 46
Die Raketen und atomenergetischen Strahlen im neuen Äon des Wassermanns.

„Nach dem großen Äon des Menschengeschlechtes (der Fische)
Naht sich ein viel größerer (des Wassermanns);

Der große Beweger (die Sonne) erneuert die Jahrhunderte:
Regen, milchiges Blut, Hunger, Schwert und Seuchen,
Am Himmel sieht man Feuer, wie es in langen Funken dahinströmt."

Gegenwart Présages 9
Sputnik bzw. Explorer.
„Acht, fünfzehn und fünf: das reimt sich nicht.
Es wird dahin kommen, daß der Böse (Saturn, dessen kosmologisches Zeichen dem Symbol Hammer und Sichel gleicht), den Kundschafter (Explorer) zuläßt:
Feurige Blitze zucken vom Himmel, Furcht und Schrecken dem Papsttum,
Der Westen zittert, zu stark wurde der salische Wein gekeltert."
Bemerkung: Die Salier waren im alten Rom die Priester des Mars. In 6, 49 wird Stalin von Nostradamus als der „Priester der Partei des Mars" bezeichnet.)

Gegenwart 11, 27
Das Atom-(Karbunkel)-Zeitalter
„Himmlisches Feuer droht von Westen her,
Vom Süden wird es züngeln bis zum Osten:
Die (Pflanzen) sterben in der Mitte ab und können keine Wurzeln schlagen.
Das dritte Zeitalter (der Wassermann-Äon) sieht den Mars auf dem Kriegspfad;
Karbunkeln (Verletzungen durch Uranstrahlen) wird man feurig blitzen sehen,
Dem Karbunkelzeitalter folgt dann schließlich der Hunger."

Blick nach Ostasien
Krieg zwischen den USA und China

Gegenwart 4, 51
Vorrücken Chinas über Tibet an die Quellen des Ganges.
„Ein ehrgeiziger Führer (Mao) wird seinen Feind verfolgen,
Trotz Gegenangriffen wird er in das Land des Gegners einrükken,
Zu Fuß vorwärts hastend wird man den Verfolgten so nahe kommen,

Daß eines Tages sich der Kampf in der Nähe des Ganges entspinnt."

Ende dieses
Jahrhunderts 1, 87 (S. 43 f)
Krieg zwischen den USA und China.

„Wenn der Erderschütterer (Neptun) Feuer aus der Erde hervorbrechen läßt,
Dann wird er die Umgebung der neuen großen Stadt (New York) erzittern lassen,
Zwei große Felsen werden lange den Krieg führen,
Dann wird Arethusa (Areth, hebräisch Erde, und USA) einen neuen Fluß mit Blut färben."

Ende dieses Jahrhunderts 3, 1 (S. 44)
Der große Neptun (USA) vertreibt China aus dem Stillen Ozean.

„Nach Kampf und Seeschlachten
Hat der große Neptun (USA) den höchsten Gipfel seiner Macht erreicht:
Der rote Gegner (China) wird vor Furcht erbleichen,
Wenn er (USA) den Großen Ozean in Schrecken setzt."

Ein Hoffnungsstern

*(Das Kreuz bedeutet Friede,
wenn man die Gebote Gottes erfüllt):*

Gegenwart bis Mitte
kommenden Jahrhunderts 4, 50
Hohe Bedeutung der Friedensbemühungen des Papsttums und der Kirche.

„Man wird sehen, wie die Waage den Westen regiert,
Um die Alleinherrschaft (Gottes) im Himmel und auf Erden festzuhalten:
Jeder wird sehen, wie die Kräfte Asiens (Bolschewismus und Maoismus) zu Schanden werden,
Wenn nur die Sieben (Hügel) die Priesterherrschaft auf derselben Stufe halten."

Gegenwart?
Die Luftreisen von Papst Paul VI. Vorrede an Heinrich den Glücklichen. (S. 116)

„Der Führer und Statthalter (Christi) wird dann aus der Mitte (Rom) entführt und in einen höheren Luftraum gehoben."

um 2040
Die Wiederherstellung der christlichen Religion nach politischer Umkehr von der linken Seite nach rechts. (Vorrede an Heinrich den Glücklichen S. 115)

„Die Länder, Dörfer, Städte, Reiche, die die ersten Wege verlassen haben, um frei zu werden, und die sich damit selbst in eine tiefe Knechtschaft begaben, werden heimlich ihrer (falschen) Freiheit überdrüssig. Sie werden beginnen nach dem Verlust der christlichen Religion, abgestoßen von der linken Seite, sich nach rechts zu wenden. Die lange unterdrückte Geistlichkeit wird zusammen mit der Heiligen Schrift in ihre alten Ehren wieder eingesetzt werden.

Die erste Hälfte des 21. Jahrhunderts

Die Befreiung unseres Kontinentes von allen Fremdenmächten durch Heinrich den Glücklichen, den König der Vereinigten Staaten von Europa

(vergl. S. 50—71)

Die Geburt Heinrichs

21. 1. 1981? 10, 71

Ein harter Winter geht der Geburt Heinrichs am Mittwoch, dem 21. Januar 1981, voraus.

„Die Erde und die Luft werden sehr stark das Wasser gefrieren lassen
Zu der Zeit, da man sich rüsten wird, um den Donnerstag zu ehren:
Niemals wird ein Neugeborener so schön sein,
Von allen Himmelsrichtungen wird man kommen, um ihn zu ehren."

21. 1. 1981? 4, 93

Geheimnisvolle Zeichen bei der Geburt Heinrichs des Glücklichen.

„Eine Schlange wird gesehen, nahe am Thron des Königs,
Eine Dame wird sie in der Nacht entdecken, die Hunde bellen nicht:
Dann wird in Frankreich ein Fürst von so königlicher Haltung geboren,
Daß alle anderen Fürsten sehen werden; der ist uns vom Himmel gesandt."

21. 1. 1981 4, 95

Kriegerische Ereignisse zur Zeit der Geburt Heinrichs, er wird geboren auf dem Boden Armorikas (d. h. an der französischen Küste der Bretagne oder Normandie).

„Die Herrschaft, die zweien hinterlassen wird, bleibt nur kurz in ihrer Hand,
Drei Jahre und sieben Monate lang führen sie Krieg:
Gegen die beiden Vestalinnen (zwei geistige Mächte) veranstaltet man eine Revolution,
Dann wird der Sieger auf dem Boden Armorikas geboren."

21. 1. 1981 7, 10

Heinrich wird in der Nähe von le Mans geboren.

„Durch den großen Fürsten an der Grenze von le Mans (geboren),
Dem tapferen und beherzten Führer einer großen Armee
Wird man Franzosen und Normannen über Meer und Land sehen,
An der Insel Cabrera (Baleareninsel) wird man vorbeifahren,
Barcelona wird geplündert."

11, 4

Die Mutter Heinrichs ist eine Bourbonin, der Vater trägt einen Adler im Wappen.

„Als Kind eines Adlers und einer Lilie (Bourbonin) wird ein sehr großer Prinz geboren,
Der bald und doch zu spät auf den Thron kommen wird;
Saturn steht in der Waage in seiner Erhöhung:
Das Haus der Venus im Zeichen der abnehmenden Zeugungskraft,
Die Dame, die einen männlichen Keim unter ihrer weiblichen Haut trägt,
Wird das glückliche Blut der *Bourbonen* fortsetzen."

21. 1. 1981? 5, 71

Der alte Adel Heinrichs des Glücklichen.

„Durch den Eifer eines Mannes, der mit Tränen rechnet,
Und durch seinen leidenschaftlichen Grimm wird das ganze Heer in Bewegung gesetzt:
Ausgezeichnet mit einem Adel von 17 Sprossen (Ahnen)
Wird am Ufer der Rhone spät der Heiland kommen."

21. 1. 1981? Présages 38

Heinrich der Glückliche stammt aus dem Geschlechte Aemathions (Bourbonen).

„Der König wird als Sieger begrüßt und zum Kaiser (von Europa) ausgerufen,

Der Glaube wird verfälscht, aber die Taten des Königs werden bekannt:
Der König, dessen Blut vom Stamme des Aemathion (Ludwigs XIV) ist, wird über das stolze Volk (Araber) Herr werden.
Er fängt klein an und muß durch ein Meer von Tränen hindurch."

10, 73

Heinrich der Glückliche ist ein Jovialist (Jupitermann).

„Die Gegenwart wird zusammen mit der Vergangenheit
Gerichtet werden durch den großen Jovialisten:
Die Welt wird seiner erst spät überdrüssig sein (er wird lange leben).
Treulosigkeit erfährt er nur durch den Verfechter des kanonischen Rechtes."

Die Wiederherstellung der Königsherrschaft in Frankreich durch Heinrich den Glücklichen

11. August 1999 (nach dem Gregorianischen Kalender) 10, 72

„Im Jahre 1999 im siebenten Monat (julianischen Kalenders)
Wird am Himmel ein großer Schreckenskönig (die größte Sonnenfinsternis unseres Jahrhunderts) erscheinen:
Er wird auferstehen lassen den großen König von Angoulême (französische Königsstadt).
Vor und nach einem Weltkrieg (Mars) wird er aufgrund seines guten Horoskopes regieren."

11. August 1999 4, 14

Heinrich kommt sehr jung zur Regierung.

„Der plötzliche Tod der ersten Persönlichkeit des Reiches (des Präsidenten von Frankreich)
Wird einen Wechsel im Regiment zur Folge haben und einen andern an die Regierung bringen:
Der ist zeitig genug gekommen, aber noch zu spät und sehr jung (für ein solch hohes Amt).
Doch er wird sich durchsetzen, so daß man ihn über Meer und Land fürchtet."

Heinrich erringt erste Lorbeeren im Kampf gegen die arabische Invasion

vor 2000 10, 95

Heinrich vertreibt den Halbmond aus Spanien.

„In Spanien wird ein sehr mächtiger König erscheinen,
Über Land und Meer hinweg wird er die südliche Küste unterwerfen:
Sein männlicher Arm wird den Halbmond demütigen,
Die Leute vom Freitag (Islamiten) werden die Fahnen senken."

vor 2020 2, 79

Der König Kraushaar als Bundesgenosse Heinrichs besiegt mit ihm zusammen die Araber.

„Der mit dem krausen und schwarzen Haar wird durch geniale Erfindungen
Die grausamen und stolzen Leute (die Araber) besiegen:
Der große Chiren (Heinrich) wird in weiter Ferne
Alle Gefangenen unter dem Halbmondbanner wegführen."

vor 2020 8, 55

Heinrich gewinnt durch den Zauber seiner Persönlichkeit Nordfrankreich für sich. Erneute Schlachten in Spanien.

„Unter dem Vorwand eines Hochzeitskontraktes
Vollbringt der große Heinrich, der Halbmondbesieger, eine hochherzige Tat:
St. Quentin und Arras werden während der Reise (des Königs)
ihre Herzen wieder (für Frankreich) entdecken.
Die Spanier eröffnen eine zweite Schlachtbank."

um 2030 Présages 34

Heinrich erobert mit Hilfe der Deutschen Konstantinopel zurück. Ihm zu Ehren heißt diese Stadt: Heinrichstadt.

„Furcht, Totengeläute, große Plünderungen, man fährt übers Meer, die Herrschaft nimmt zu.
Sekten bilden sich, die Missionare werden mehr ausgebildet.
Seuchen, Hitze und Feuer, der König von Aquilon entrollt die Fahne,
Man richtet Siegeszeichen auf in Heinrichstadt."

Für Europas Freiheit —
Gigantische Schlacht in der Provence

um 2020 5, 59

Heinrich überfällt den anglikanischen General in Nîmes. Dieser macht einen großen taktischen Fehler.

„Der ankliganische Führer hat in Nîmes zu lange gezögert,
Um nach Spanien, dem Bronzebart (Deutschen) Hilfe zu bringen
Werden viele Opfer im offenen Krieg an dem Tage fallen,
An dem im Artois der Komet erlischt."

um 2020 5, 65

Das plötzliche Erscheinen Heinrichs ruft einen großen Schock hervor.

„Das plötzliche Erscheinen wird einen großen Schock hervorrufen
Bei den Fürsten, die sich heimlich aus der Affaire ziehen wollen:
Die Dame, die die Kohlen schürt (die Revolution) wird sich nicht mehr blicken lassen,
Das hat zur Folge, daß die Großen allmählich erzürnt werden."

um 2020 5, 58

Kämpfe am Mont Cénis. Vernichtung der anglikanischen Flotte.

„Vom Mont Cénis bis zum Äquadukt über den Gardon
Wird es in dem Forst und an diesem unzugänglichen Berg (Kämpfe geben):
Auf der Höhe des Meeres wird der Führer aus Nîmes Faustschläge davon tragen,
Die ihn ganz entsetzlich zurichten."

um 2020 3, 82

Die großen Schlachten an der Riviera.

„Fréjus und Antibes, Städte in der Umgebung von Nizza
Werden von der Meer- und Landseite stark zerstört:
Zur Zeit der Saturnalien weht dann ein günstiger Wind über Meer und Land,
Ich sehe Gefangene, Tote, Dahingeraffte und Ausgeplünderte, die außerhalb der Gesetze des Krieges stehen."

um 2020 5, 62

Schwere Kämpfe mit den Anglikanern in der Provence.

„Man wird sehen, wie über den roten Bergen Blut regnet,
Die Sonne steht im Osten, Saturn im Westen:

In der Nähe von Orgon tobt der Krieg, in Rom sieht man (ahnt man) großes Unheil,
Schiffe sind auf den Grund gesetzt und der Dreizackträger (England) wird überwältigt."

um 2020 10, 88

Einmarsch der Franzosen (des Poilu) in das wiedereroberte Marseille.

„Infanterie und Kavallerie werden zur Stunde der zweiten Nachtwache
Ihren Einzug erzwingen und alles von der Meerseite her brandschatzen
In das Stadtgebiet von Marseille wird der Poilu (wörtlich der Bärtige, Spitzname des französischen Soldaten), einrücken.
Ich höre Klagen und Wehgeschrei, ich sehe Blut, noch keine Zeit war so bitter."

um 2020 10, 87

Heinrich landet in Nizza. Einsatz der Wasserstoffbombe (la Pille).

„Der große König wird in der Nähe von Nizza landen,
Das große Reich des Todes wird aus der Hölle emporsteigen:
In Antibes schleudert er sein Beil ans Land,
Dann wird über das Meer hin der Ball (Wasserstoffbombe) alles entseelen."

um 2020 4, 74

Sieg Heinrichs über eine große Koalition, die den Anglikanern zu Hilfe eilen will.

„Die Männer vom Genfer See und vom Brenner
Sind alle versammelt gegen die Männer aus Südfrankreich:
Viel Deutsche sind dabei, aber noch mehr Schweizer,
Sie werden vernichtend geschlagen, zusammen mit den Humanisten (Deutschen)."

um 2020 1, 72

Ungeheure Verluste der Gegner Heinrichs des Glücklichen.

„Die Einwohnerschaft von ganz Marseille ist evakuiert,
(Nunmehr) Flucht und Verfolgung bis nahe an Lyon:
Narbonne und Toulouse wurden durch Bordeaux (Engländer) gequält.
Gefallene und Gefangene nahezu eine *Million.*"

um 2020 1, 74

Kämpfe in Griechenland.

„Nach einer Atempause wird man in Epirus umherschweifen,
Eine große Hilfsarmee wird nach Antiochia zu kommen:
Der König Kraushaar wird stark zu dem Empire (England) halten,
Der Bronzebart (der Deutsche) wird sich am Bratspieß selber rösten.“

Heinrich der Glückliche erobert mit einer U-Bootflotte England

um 2020 2, 22

Auslaufen der U-Bootflotte vom Artois, Verlagerung des politischen Gleichgewichtes.

„Ein unabsehbares Heerlager wird aus Europa aufbrechen,
Es vereinigt sich wieder in der Nähe der Insel (England), aber untergetaucht:
Vom Artois fährt eine Flotte mit Angriffstruppen ab,
Der Nabel der Welt wird einer größeren Stimme zuerkannt.“

um 2020 3, 13

Vernichtung des englischen Reichtums durch Raketen.

„Durch Blitz im Bogen wird Silber und Gold geschmolzen.
Von zwei Gefangenen will einer den andern fressen
In der am meisten ausgedehnten Stadt (London),
Wenn untergetaucht die Flotte schwimmen wird.“

um 2020 8, 64

Evakuierung der Großstädte Englands.

„Auf den Inseln werden die Kinder abtransportiert,
An zwei Tagen der Woche wird man sie ganz in Verzweiflung sehen:
Die Bauern werden viel dadurch zu leiden haben,
Man greift nicht zur Schaufel, die Hoffnung der Verbündeten flieht.“

um 2020 6, 27

Heinrich der Glückliche in England.

„Auf den Inseln werden aus fünf Flüssen (Armeen) ein einziger

Durch das Augenmaß des großen Heinrichs, des Halbmondbesiegers:
Durch den kalten Nebel in diesem Himmelsstrich gerät der eine in Wut,
Sechs entfliehen unter Leinwandballen versteckt."

um 2025 10, 80

Heinrich öffnet die englischen Häfen mit Waffengewalt. Der aus Rom geflohene Papst kehrt in seine Stadt zurück.

„Das geschieht im großen Reich, während der große König regiert:
Mit Waffengewalt wird er die großen ehernen Tore aufbrechen lassen.
Der Mann, der die königliche und geistige Führergewalt in seiner Person vereint,
Zerstört den Hafen (England); das Schiff (Papsttum) kehrt zu seiner Quelle (nach Rom) zurück, dieser Tag wird heiter sein."

um 2025 8, 97

Durch drei verlorene Seeschlachten an den Grenzen von VAR stürzt die Monarchie in England, wird später aber wieder erstehen.

„An den Grenzen von *VAR* ändert sich das Schicksal des (einst) allmächtigen (Englands).
Nahe der Küste werden drei schöne Kinder (Seesiege) geboren:
Der Untergang für das Volk kommt, weil die Zeit reif ist.
Die Regierungsform im Lande ändert sich, später wird man sie wieder wachsen sehen."

Der Blitzkrieg gegen Italien

um 2025 4, 37 (9, 42)

Der Blitzkrieg gegen Mailand. Eine rote (chinesische Flotte) wird vernichtet.

„Frankreich wird mit einem kühnen Sprung über die Alpen vordringen,
Es wird die große Stadt der Insubrer (Mailand) erobern:
In die feindliche Front wird es auf das tiefste eindringen.
Genua und Monaco treiben eine rote Flotte zurück."

um 2025 4, 34

Mailand verliert den Krieg, der österreichische Führer wird gefangen, aber großmütig behandelt.

„Der große Gefangene, der aus Österreich weggeführt wird,
Wird, mit einer goldenen Kette gefesselt, dem König Heinrich vorgeführt:
Dieser weilt in Italien, Mailand wird den Krieg verlieren,
Sein ganzes Heer wird dem Feuer und dem Schwert ausgeliefert."

Die gelbe Invasion
Die größte Schlacht aller Zeiten

(S. 60—63)

zwischen 2025
und 2030 5, 54

Eine Angriffsarmee aus Zentralasien überrennt den Kaukasus und Armenien und erobert Konstantinopel.

„Vom schwarzen Meer und aus der großen Tartarei
Wird ein König kommen, der Frankreich erblicken will:
Er wird das Land der Alanen und Armenien durchbohren,
Und in Byzanz wird er seine blutende Geißel zurücklassen."

zwischen 2025
und 2030 2, 29

Eine arabische Angriffsarmee wird Zentraleuropa über Italien angreifen.

„Der Orientale wird seinen Wohnsitz verlassen.
Er wird die Apeninnen überschreiten, um Gallien zu erblicken:
Durchbohren wird er vom Himmel her Gewässer und Schnee.
Und ein jeder wird mit seiner Knute schlagen."

zwischen 2025
und 2030 Vorhersage 40

Die Könige des Morgen- und Abendlandes, alle auf der Flucht vor der gelben Aggression.

„Im siebenten Himmelshaus folgt ein Todesfall dem andern,
Hagel, Sturm, Seuchen und Raserei:
Die Könige des Morgen- und Abendlandes, alle auf der Flucht,
Man wird seine ehemaligen Eroberer unterwerfen."

zwischen 2025
und 2030 8, 15

Ungeheure Menschenmassen überfallen die nördlichen Länder Europas.

„Gegen das Adlerland (den Norden Europas) richtet sich ein großer Kraftaufwand von Menschenmassen,
Durch den fast ganz Europa und der Erdkreis gequält wird:
Zwei Verfinsterungen. Man wird (den Erdkreis) in eine rasende Bewegung setzen.
Aber den Pannoniern (Bewohnern des Donauraumes) geben Leben und Tod neue Kraft."

zwischen 2025
und 2030 4, 68

Die Größten Asiens und Afrikas stehen am Rhein und an der Donau Heinrich dem Glücklichen vor der letzten Entscheidungsschlacht gegenüber.

„In dem Jahre, sehr nahe und doch entfernt von der Venus,
Werden die beiden Größten von Asien und Afrika,
Die vom Rhein und von der Donau kommen, wie man melden wird, (mit Heinrich) zusammentreffen.
Schreien und Klagen höre ich in Malta und an der ligurischen Küste (Italien)."

zwischen 2025
und 2030 5, 68

Sieg über das „große Kamel" d. h. über die chinesisch-arabische Invasion.

„Vom Rhein wird es kommen, um in der Donau zu trinken,
Das *große Kamel* wird sich daraus kein Gewissen machen:
Es zittern die Anwohner der Rhone, und noch mehr das Volk an der Loire,
Aber dicht bei den Alpen wird der Hahn es vernichten."

zwischen 2025
und 2030 8, 34

Die größte Schlacht aller Zeiten. Vernichtung einer Millionenarmee im Juragebirge bei Ulm durch Heinrich.

„Nach dem Sieg des Löwen im Tierkreiszeichen Löwe,
Findet unterhalb des Juragebirges ein Massenschlachten statt:
7 Millionen Tote und Umzingelte.
Der Löwe von Ulm findet auf päpstlichem Gebiet (in Avignon) Tod und Grab."

und 2030 4, 97

Heinrich der Glückliche wird in Rom zum Präsidenten der Vereinigten Staaten Europas gewählt.

„In dem Jahre, in dem Merkur, Mars und Venus rückläufig werden,
Wird die Reihe der großen Monarchen nicht aussterben:
Vom Volke gewählt, wie gewöhnlich in der Nähe des Kapitols,
Wird Gott ihn während seiner langen Herrschaft im Frieden sehr alt werden lassen."

Um 2030 10, 78

Heinrich der Glückliche wird begeistert in Rom empfangen. Seine Gegner werden beseitigt.

„Plötzliche Freude verwandelt sich in ebenso plötzliche Traurigkeit.
Er (Heinrich) wird in Rom mit Danksagungen und Gnadenbeweisen empfangen werden:
Trauer, Schreie, Klagen, Tränen (auf der einen Seite), das erlauchte Blut erlebt dagegen Freude.
Die Banden des Gegners werden überrascht und beseitigt."

Um 2030 1, 75

Das Ende des Diktators Kraushaar.

„Der Tyrann von Siena wird Savona besetzen,
Die gewonnene Festung hält die Flotte fest:
Die beiden Heere stehen in der Markgrafschaft Ankona.
Infolge der Schreckensnachricht (daß Heinrich in Rom triumphiert) entleibt sich der Führer."

Um 2030 10, 53

Die Rivalität der Mächte ist beseitigt.

„Die drei Nebenbuhlerinnen werden aus der Ferne sich untereinander bekämpfen,
Die Allergeringste wird auf der Lauer liegen:
Der große Selin (Heinrich der Glückliche) wird nicht mehr ihr Schutzherr sein,
Ihm wird man den Namen „feuriges Schutzschild" und „leuchtender Weg" geben."

In seiner Gefolgschaft Soldaten aus einem vereinigten Deutschland. — Er kämpft den Suezkanal frei.

Um 2030 10, 86

Der letzte Alexanderzug Heinrichs des Glücklichen.

„Wie ein Greif wird der *König von Europa* kommen,
Begleitet von den Völkern Deutschlands,
Eine große Truppe, die aus *Roten und Weißen* zusammengesetzt ist, wird er anführen,
Und marschieren wird er gegen den König von Babylon."

Um 2030 10, 79

Heinrich kämpft die Passage von Memphis nach Sumatra (den Suezkanal) frei.

„Die alten Traditionen prangen wieder in früherer Pracht,
Man wird wieder von Memphis (Ägypten) nach Sumatra passieren können:
Der große Hermes und Herkules mit seinem Lilienbanner
Wird Erde, Meer und Länder erzittern lassen."

Heinrich der Glückliche, König von Europa, Führer der Welt
Sein einziger Titel „Der Sieger"

Nach 2030 10, 70

Heinrich der Glückliche, Führer der Welt.

„Führer der Welt wird der große Heinrich sein,
Über den Tod hinaus von der Nachwelt geliebt, verehrt und gefürchtet:
Sein Ruf und sein Ruhm wird seine Zeit überdauern,
Und mit einem einzigen Titel „Der Sieger" wird er sich begnügen."

Nach 2030 Présages 73

Das Recht kommt wieder zu Ehren.

„Das Recht, das am Throne Gottes seine Quelle hat, ist in Frankreich erschienen,
Durch die Kraft dieses Rechtes wird man dem Erdball den Frieden schenken:
Zunächst wird man noch mehr Blut vergossen haben, dann aber wendet sich das Schicksal,

Durch Flugzeuge, Feuer (Atom), beileibe nicht durch schöne Verse."

Nach 2030 3, 93 (vgl. 8, 38, 8, 52, 9, 41)

Heinrich der Glückliche regiert in Avignon.

„In Avignon wird die gesamte Regierung des Reiches
Ihr Domizil nehmen, weil Paris (durch den Krieg) verheert ist:
Die Tricaster (Einwohner von Paris) wird ein hannibalischer Zorn beseelen,
Lyon wird durch den Wechsel (der Regierung) schlecht getröstet."

57 Jahre Frieden unter Heinrich dem Glücklichen

Wiederaufbau des zerstörten Europas. — Heinrich, Patron der Christenheit — Sein Tod.

2035—
2092 10, 89

Siebenundfünfzig Jahre Frieden, Wiederaufbau, Wohlstand.

„Aus Marmorziegeln werden die Mauern wieder aufgebaut,
57 friedliche Jahre:
Freude den Menschen, die Wasserleitung (Verbindung zwischen den Völkern) wird wieder hergestellt,
Gesundheit, große Ernten, Heiterkeit und honigsüße Zeit."

2035—
2092 10, 42

Lange Friedenszeit unter Heinrich dem Glücklichen (vgl. 10, 89).

„Das menschliche Reich von himmlischer Herkunft,
Wird seine Führergewalt dafür einsetzen, um Frieden und Eintracht zu erhalten:
Der Krieg sitzt während der zweiten Hälfte (seiner Herrschaft) gefangen,
Lange Zeit wird er den Frieden für die Welt aufrechterhalten."

Nach 2035 6, 18

Schwere Erkrankung Heinrichs. Er bleibt am Leben.

„Durch die Ärzte wird der große König aufgegeben,
Aber durch den Willen des Schicksals, nicht durch den Hebräer, bleibt er am Leben:
Er und sein Geschlecht werden im Reich in eine besonders hohe

Machtposition gebracht,
Huld wird dem Volk gewährt, das dem Heiland mißgünstig war."

Nach 2035 9, 23

Persönliches Leid für Heinrich den Glücklichen. Der Kronprinz stirbt an den Folgen eines Unfalls.

„Als der Königssohn in der Morgenkühle an einer Gartenlaube spielt,
Fällt ihm von oben die Dachkrönung auf den Kopf:
Der Vater, der im heiligen Salon (der Altersheimat des Nostradamus) der Messe beiwohnt,
Wird den festlichen Weihrauch verfluchen."

Um 2030 4, 36

Die Olympischen Spiele werden in Frankreich erneuert.

„Die Spiele werden von neuem in Frankreich erstehen
Nach dem Siege Heinrichs in dem Feldzug gegen Insubrien (Oberitalien)."

Nach 2030 4, 77

Heinrich der Glückliche, Patron der Christenheit.

„Der Halbmondsieger wird Italien den Frieden schenken,
Alle Könige werden vereint unter dem christlichen König der Welt:
Wenn er stirbt, will er in einem *Kornfeld begraben* sein,
Nachdem er die Piraten vom Meere verjagt hat."

4, 97

Heinrich der Glückliche erreicht ein hohes Alter.

„Gott wird ihn während seiner langen Herrschaft im Frieden sehr alt werden lassen."

10, 73 (vgl. 4, 77)

„Die Welt wird seiner erst spät überdrüssig sein (Heinrich wird lange leben und regieren)."

Etwa ab
2075 6, 42

Der Nachfolger Heinrichs des Glücklichen.

„Dem Ogmion (französischen Volk) wird das Reich hinterlassen
Von dem großen Selin (Heinrich dem Glücklichen), wenn er sein Werk vollendet hat:

Über Italien hin wird er sein Banner (seine Herrschaft) ausdehnen,
Verwaltet wird das Reich durch einen, der (den großen Heinrich) in kluger Weise nachahmt."

*

Zwei kulturgeschichtlich interessante Vorhersagen

Vergangenheit
Gegenwart
Zukunft 4, 16

Genf als Hort der Freiheit.

„Die freie Stadt ist ganz der Freiheit hörig,
Sie macht sich völlig zum Zufluchtsort (Asyl) der (politisch) Bedrängten und Grübler:
Diejenigen, die (in ihrem Vaterland) nicht allzu mutig sind, wechseln die Herrschaft,
Aus hundert werden es bald mehr wie tausend geworden sein."

1570 9, 62

Nostradamus sagt die Einfuhr und Behandlung der Tabakpflanzen voraus. (Ein Kuriosum für die Raucher.)

„Auf dem großen (Platz), dem Töpfermarkt,
Werden kreuzweise durch eine Farm Blätter aufgehängt
Der opiumhaltigen Pflanzen und der Mandragora (einem Narkotikum).
Der dritte Schnitt (der Ernte) vom Oktober wird hier gelüftet (getrocknet)."

*

Einige Vorhersagen für die fernere Zukunft

Nach 2050 10, 31

Deutschlands wichtigste Mission: das heilige Reich zu begründen.

„Das heilige Reich wird in Deutschland entstehen,
Die Araber werden offene Orte (Lebensraum) finden:
Auch die Seelen wollen ihre Wiedergeburt,
Die Stützen der Erde werden alle bedeckt sein."

Nach 2150 10, 66

England wird ein Bundesstaat von Amerika.

„Das Haupt über London wird durch Amerika eingesetzt,
Die schottische Insel wird über das Eis (Island, Nordpolfluglinie) regiert:
In Eborac (York) wird man einen so falschen Antichristen haben, daß es diesem gelingt,
Alles in ein Chaos hineinzuziehen."

(*Anmerkung:* Der geographische Begriff Amerika wurde nach Alexander von Humboldt erst 100 Jahre nach der Entdeckung von dem Geografen Waldseemüller, einem Verehrer von Amerigo Vespucci, in die Landkarte eingesetzt.)

Um 3800 3, 2 und 2, 13

Die schönsten Prophezeiungen des Nostradamus.

„Das göttliche Wort wird der Substanz, die Himmel und Erde umschließt,
Verborgenes Gold in mystischer Milch (Nahrung des kosmischen Menschen) verleihen:
Wenn der Körper, die Seele und der Geist alle Macht haben,
Wird es unter den Füßen der Menschen ebenso sein wie droben auf dem Himmelsthron."

Um 3800 2, 13

Leiblichkeit ist das Ende der Wege Gottes.

„Der Körper ohne Seele wird nicht mehr ein Opfer (der Vergänglichkeit) sein,
Der Todestag wird in einen Geburtstag verwandelt:
Der göttliche Geist läßt die glückliche Seele
Das Wort (den Logos) in seiner ewigen Bedeutung erschauen."

Bibliographische Angaben

Die wichtigste Frage, über die eine Nostradamusbibliographie Auskunft zu geben hat, ist die nach dem frühesten Erscheinen von Prophezeiungen unseres Sehers und nach den Erstdrucken seines prophetischen Werkes, der Centurien. Die Annahme, daß außer den bekannten Schriften des Sehers auch noch andere Prophezeiungen von ihm erschienen sind, scheint nicht den Tatsachen zu entsprechen.

Der bekannte Bibliograph Graf Carl von Klinckowstroem hat in der „Zeitschrift für Bücherfreunde", Jahrgang 1913, Seite 361f eine Bibliographie der ältesten Ausgaben der Centurien des Nostradamus aufgestellt, die später von Karl E. Krafft in einem Sonderdruck unter dem Titel „Nostra-damur", zu Deutsch: „Wir geben das Unsere", ergänzt wurde.

Es steht fest, daß die erste Teilausgabe der Centurien, die den Ruhm des Sehers begründeten, bei dem Verleger Macé Bonhomme in Lyon am 30. April 1555 erschien. Sie enthält die Vorrede an seinen Sohn Cäsar, sowie drei Centurien und einige Verse der vierten. Zwei weitere Teilausgaben, die eine 1557 aus der Offizin von Antoine de Rosne, die zweite von Barbe Regnault im Jahre 1560, sind ebenfalls nachweisbar. Diese Teildrucke enthalten bereits sieben Centurien.

Keinesfalls ist es als bibliographische Tatsache anzusehen, daß eine Gesamtausgabe sämtlicher zehn Centurien und der beiden Vorreden vor dem Tode des Sehers im Jahre 1566 erschien. Graf Klinckowstroem hat nachgewiesen, daß die in der Gesamtausgabe von Pierre Rigaud in Lyon angegebene Datierung mit dem Jahre 1566 eine Irreführung, wenn nicht gar eine Fälschung ist. Diese Ausgabe, von der die Staatsbibliothek in Berlin ein jetzt verloren gegangenes Exemplar unter der Kennummer Na 7590 besaß, wollte den Anschein erwecken, daß sie noch bei Lebzeiten des Sehers erschienen war. Nach den Forschungen des Bibliographen J. Baudrier in seiner „Bibliographie Lyonaise" hat Pierre Rigaud erst nach dem 1597 erfolgten Tode seines Vaters Benoist Rigaud einen eigenen Verlag eröffnet. Darum ist die in diesem Verlag erschienene Ausgabe erst um das Jahr

1605 zu datieren, in welchem es eine Nostradamusrenaissance gab, da König Heinrich IV. von Frankreich große Stücke auf den Seher hielt, der ihm als Knaben am 18. 10. 1564 die Krone Frankreichs vorausgesagt hatte. Im Jahre 1605 wurde auch der Nachlaß des Sehers zusammen mit einem fehlerhaften Nachdruck der Centurien, von einem Nachkommen des Nostradamus, dem Verleger Vincent Sève aus Beauçaire, dem König überreicht. Es bleibt eine nicht anzuzweifelnde bibliographische Feststellung, *daß die erste Gesamtausgabe der zehn Centurien und der beiden Vorreden bei Benoist Rigaud in Lyon im Jahre 1568, also zwei Jahre nach dem Tode des Sehers, erschien.* Nostradamus hatte im Jahre 1557 diesen angesehenen Verleger kennen gelernt, als man ihn als Arzt zur Bekämpfung einer Keuchhustenepidemie nach Lyon gerufen hatte. Ein Sohn des Sehers, namens Crespin, der sonst nicht nachweisbar ist, hat Benoist Rigaud das Manuskript der Centurien seines am 2. Juli 1566 verstorbenen Vaters übergeben.

Die Zahl der *Nachdrucke der Centurien,* teils unvollständig, teils lückenhaft, in manchen Worten von der Gesamtausgabe bei Benoist Rigaud abweichend, ist groß. In der Zeit von 1568 bis 1611 weist Klinckowstroem noch elf Nachdrucke nach, darunter eine bisher unbekannte Neuauflage bei Benoist Rigaud aus dem Jahre 1596.

Im Jahre 1629 druckte Pierre Chevillot in Troyes eine vollständige Nostradamus-Ausgabe, die sich auf die Ausgabe von Vincent Sève stützt, aber der 7. Centurie sechs und der 10. einen neuen Vierzeiler zufügt.

1649 taucht eine mit dem Impressum von 1568 versehene Nostradamus-Ausgabe auf, die angeblich in Lyon gedruckt sein sollte, in Wirklichkeit aber von einer Presse in Paris kam. Dem Nostradamus-Kommentator Etienne Joubert gelang 1656 der Nachweis, daß hier eine Fälschung vorlag, die von Feinden des Kardinals Mazarin herausgebracht worden war und alle Druckfehler der Ausgabe des Vincent Sève wiederholte.

1650 erschien eine gute Ausgabe bei Peter Leffen in Leyden (Holland), aber ohne die Vorreden an Cäsar Nostradamus und Heinrich den Glücklichen. 1668 entstand in Holland die sehr begehrte Elzevier-Ausgabe, die eine Lebensbeschreibung und ein Bild von der Enthauptung des englischen Königs Karls I., vom Brande Londons im Jahre 1668 und ein stilisiertes Porträt des Sehers enthält. In der Zeit von 1643 bis 1839 sind weitere 13

Nachdrucke nachweisbar, darunter einer im deutschen Sprachraum in Köln in der Druckerei von Jean Volcker.
1850 erschien in Stuttgart eine deutsche Übersetzung von Eduard Roesch (erste deutsche Ausgabe der Nostradamus-Prophezeiungen — ohne den Nachlaß). Die meist ungelenken Verse erschweren das Verständnis des Textes, der Wert dieser Ausgabe liegt in ihrem geographischen und historischen Material.
Nicht unerwähnt darf das Schrifttum bleiben, das sich mit dem Problem der Deutung, der Chronologie und mit den Fragen der Textkritik der Nostradamus-Prophezeiungen befaßt. Die ersten Erscheinungsjahre dieser Arbeiten (1594 und 1656) werden den Skeptiker davon überzeugen können, daß das prophetische Opus unseres Sehers nicht etwa vordatiert als glorreiche Fälschung auf uns gekommen ist.
1594 veröffentlicht der Schüler und Freund des Nostradamus Jean Aimé de Chavigny in Lyon das jetzt sehr seltene Werk „La première face du Francois", in dem er einen Auszug aus den Prophezeiungen des Nostradamus und Betrachtungen über diese Vorhersagen gibt. Dieses auch unter dem Namen „Janus Gallikus" bekannte Buch ist Heinrich IV. gewidmet und enthält Verse, die sich auf diesen König beziehen. Nachgedruckt wurde es 1940 von Karl E. Krafft in seinem Sonderdruck „Nostra damur".
1656 bringt der in Amiens lebende Arzt Étienne Joubert seinen Kommentar unter dem Titel „Eclaircissement des véritables Quatrains de Maistre Michel Nostradamus" heraus, in dem er u. a. die gefälschte Textausgabe von 1649 anprangert.
1710 wird in Paris die erste wirklich wertvolle Arbeit über das Nostradamusproblem gedruckt, die den Titel „Der Schlüssel zu Nostradamus" führt und aus der Feder des Pfarrers Jean de Roux stammt. Nach einer langen Widmung an den König Ludwig XIV. entwickelt der Verfasser die Grundsätze, deren sich nach ihm alle ernst zu nehmenden Bearbeiter des Nostradamusproblems bedienen sollten.
1867 erscheint in Paris der klassische Kommentar über Nostradamus von Anatole le Pelletier. Ein weiteres Verdienst dieses Autors ist der Neudruck der Ausgabe von Pierre Rigaud.
Von den französischen Arbeiten über unser Problem seien noch genannt:
M. P. Edouard „Texte original et complet des Prophéties de Michel Nostradamus", Paris (ohne Jahr), sowie
1938 Dr. de Fontbrune, „Les Prophéties de Maistre Michel No-

stradamus. Expliquées et Commentées", Sarlat. Die Auflage aus dem Jahre 1940 wurde auf deutsche Veranlassung von der Vichy-Polizei verbrannt. Die Beweisführung Frontbrunes über Hitler zeigt, daß seine Untersuchung weitgehend von persönlichen Anschauungen bestimmt war und die Kenntnis historischer Zusammenhänge vermissen läßt. Trotzdem ist das Buch, das viele neue Gedanken bringt, als wertvoll zu bezeichnen. Eine Neuauflage erfolgte 1958 bei Coueslent in Cahors.

Der „Catalogue Géneral Bibliothèque Nationale" (Paris), Band 125, Seite 829 ff. nennt 102 Texte und Arbeiten zu Nostradamus. — Der Catalogue Génerale des Ouvrages en vente" (Paris) weist für die Jahre 1933—1945 noch fünf Titel zu Nostradamus nach. Außerdem befinden sich in einer Vitrine im Nostradamusmuseum im Schlosse d' Emperi in Salon noch eine Reihe Schriften, die meist in der Provence über Nostradamus verfaßt wurden.

Die im *deutschen Sprachbereich* während der letzten Jahrzehnte erschienen Nostradamusarbeiten behandeln fast nur Problemteile.

1921 C. Loog: „Die Weissagungen des Nostradamus", erstmalige Auffindung des Chiffreschlüssels und Enthüllungen über Frankreichs Glück und Niedergang." Loog gibt hier einige gute neue Deutungen, enttäuscht jedoch in seinem Anliegen der Darstellung des Schlüsselproblems.

1922 behandelt Prof. Dr. H. H. Kritzinger, ein bekannter Astronom, in seinem Buche: „Mysterien von Sonne und Seele" u. a. den großen französischen Propheten, dem sein besonderes Interesse deswegen gilt, weil das Nostradamusproblem ihn zu seinen metaphysischen Studien angeregt hatte.

1926 veröffentlicht der Astronom Dr. Christian Wöllner (Weidner): „Das Mysterium des Nostradamus". In diesem Büchlein versucht er die Chronologie des Propheten, als im Zusammenhang mit alten astrologischen Planetenperioden stehend, nachzuweisen.

1931 bezeichnet der Theologieprofessor D. Eberhard Dennert in seinem Buch: „Nostradamus und das zweite Gesicht" den Seher als einen echten Propheten, der die biblische Prophetie fortsetzt.

1937 erschien von Dr. Bruno Winkler: „Und das geheimnisvolle Buch . . .", 1939 folgt von dem gleichen Verfasser: „Nostradamus und seine Prophezeiungen für das 20. Jahrhundert". Beide bringen nur eine Auswahl der Centurien.

Besonders wertvoll sind die beiden kleinen Werke des französischen Nostradamusforschers Emile Ruir: „Le grand Carnage" (das große Schlachten) und „L'écrulement de l'Europe" (Umwälzung Europas), erschienen 1938 bzw. 1939 in den Editions Médicis Paris. Wir finden dort eine Anzahl überraschend eingetroffener Deutungen, darunter Vorhersagen über die deutsche Invasion in Frankreich und die Niederlage der faschistischen Mächte. Ruir, der sich auf die Offenbarung Johannis, sowie auf die Prophetie des heiligen Malachias über die Päpste bezieht, verkündet eine arabische Invasion 1973 und den Einbruch der gelben Rasse in Europa ab 1996; gleichzeitig aber auch den endgültigen Triumph der Kirche unter Heinrich V. (dem Glücklichen), dem Retter und Befreier Europas. Allerdings kann sich nach Ruir die Menschheit nicht mehr lange ihres neugewonnenen Glückes erfreuen, denn nach seinem neuesten Buche „Nostradamus und die kommenden und letzten Ereignisse" erfolgt am 23. Oktober 2023 eine kosmische Katastrophe, die den Weltuntergang bringt.

1940 läßt Karl E. Krafft die erste Gesamtausgabe der Centurien bei Benoist Rigaud in Lyon unter dem Datum 1568 durch die Fotokopist GmbH in Frankfurt/Main in 300 Exemplaren fotokopieren (vergriffen). Diese als besonders zuverlässig geltende Gesamtausgabe liegt auch meinen Übersetzungen im vorliegenden Buche zugrunde.

1949 bringt Hans Quinz-Sappada ein kleines Büchlein heraus mit dem Titel: „Nostradamus und seine Prophezeiungen über das 20. Jahrhundert", das gut gearbeitet ist, aber darunter leidet, daß es nicht auf den Urtext zurückgreift.

1953 erscheint im Verlag R. Schikowski, Berlin, das Buch von Dr. Centurio: „Nostradamus der Prophet der Weltgeschichte — Erste deutsche Gesamtausgabe". Historisch fundiert, enthält dieses umfangreiche Werk eine Übersetzung aller Centurien der beiden Vorreden und des Nachlasses in die deutsche Sprache mit vielen neuen interessanten Deutungen, von denen mehrere bis 1966 eingetroffen sind, in welchem Jahr das Buch in vierter Auflage vergriffen wurde. Das Werk enthält auch eine vollständige Bibliographie mit detailliertem Quellennachweis.

1958 erscheint im Dreieichen-Verlag in München-Pasing das Buch von Rudolf Putzin: „Friede unter den Völkern — Die Weissagungen des Michael Nostradamus und ihre Bedeutung für das Atomzeitalter". Der Autor teilt in diesem Buch mehrere neue interessante Erklärungen mit, die er mit Hilfe eines Yogi gefunden haben will.

Im gleichen Verlag erschien Anfang der sechziger Jahre ein Buch von Karl Drude: „Nostradamus ein Leben in der bedeutendsten Zeitenwende des Abendlandes und seine Auferstehung". Dieses Werk ist ein Auszug aus einem Drehbuch für einen Nostradamusfilm, der nicht zustande kam. Ferner veröffentlichte Karl Drude ein Büchlein: „Das magische Quadrat des Nostradamus".

In seinem Buche: „Nahe an zweitausend Jahre — Gegenwart und Zukunft in prophetischer Schau", in vierter Auflage 1961 erschienen im Turm-Verlag, Bietigheim/Württ., wird der Autor M. Kahir der Bedeutung des Nostradamus als Seher und Künder der Weltgeschichte gerecht und räumt ihm unter den anderen Propheten den gebührenden Platz ein.

Auf dem ausländischen Büchermarkt erschienen

in Frankreich: im Jahre 1940 eine Ausgabe der „Gesamten Prophezeiungen des Michael Nostradamus, des großen Hellsehers von Salon" von Charles Reynaud-Plense, dem Konservator des Nostradamusmuseum in Salon, gedruckt dortselbst in der Imprimerie régionale (vergriffen).

Als letzte französische Neuerscheinung aus dem Jahre 1966 sei genannt: „Les Prophéties de Nostradamus", präsentiert und kommentiert von Serge Hutin, Edition Pierre Belfond, 4 rue Guisarde, Paris VI. Das Werk bringt sämtliche Centurien, Sixains und Présages im Original und folgt dabei der vorerwähnten Ausgabe 1940 von Ch. Reynaud-Plense.

In der Schweiz erschienen

1941 André Stivène: „Nostradamus en francais moderne", Genf.

1952, Frei und Froh: „Schicksal der Fürsten und Völker — Ereignisse der Zukunft", Basel.

1959: „Nostradamus und das jüngste Weltgeschehen" von Dr. Centurio in den „Schweizer Monatsheften", August 1959 in Zürich.

Am amerikanischen Büchermarkt ist am bekanntesten das Buch von Harry C. Roberts" The Complete Prophesies of Nostradamus", New York, jetzt 6. Auflage.

In Vorbereitung befindet sich eine Nostradamusausgabe mit Deutungen durch den Nostradamusforscher Alexis v. Sabler, Arlington USA.

Wegen ihrer *geschichtsbildenden Dynamik* verleiteten die Prophezeiungen des Nostradamus seit dessen Lebzeiten manchen mächtigen Mann dazu, ihren Text zu fälschen, um damit einen Prestigegewinn zu erzielen. Auch die Schmeichler, die sich immer an den Höfen von Fürsten finden, griffen zu diesem Mittel. Das geschah bereits unter Ludwig XIV. und Napoleon I. Es wäre ein Dienst an der Wissenschaft, diese Versuche genau zu untersuchen. — Es braucht nicht hervorgehoben zu werden, daß sich auch Goebbels, der Propagandaminister des dritten Reiches, die Gelegenheit nicht entgehen ließ, um mit Hilfe von Nostradamus-Interpolierungen das Glück zu korrigieren. Nicht nur in den von der deutschen Wehrmacht besetzten Gebieten, sondern auch in neutralen Ländern erschienen Broschüren mit untergeschobenen Nostradamusprophezeiungen, die den Sieg Deutschlands im zweiten Weltkrieg verkündeten und glaubhaft machen sollten.

Das Problem des Zeitschlüssels

Im krassen Gegensatz zu der klaren Sprache des Nostradamus in seinen einwandfrei zu deutenden Prophezeiungen steht das peinigende Durcheinander in der überlieferten Reihenfolge der Vierzeiler. Dieser Kontrast berechtigt zu der Annahme, daß der Meister in der Kunst sinnvoller Zweideutigkeiten und raffinierter Verschlüsselungen uns auch mit dem Fehlen einer zeitlichen Folgerichtigkeit in der Sammlung seiner Vorhersagen das Verständnis dieser Prophezeiungen zu erschweren beabsichtigte.

Der Seher gibt an, daß ihm für jedes vorausgesagte Ereignis das genaue Jahr bekannt sei. Da wir diese Behauptung an einigen Stellen nachprüfen könnten, dürfen wir ihr Glauben schenken. Es fällt aber schwer, ein Motiv für das Verschweigen der bekannten Ereigniszeiten anzuerkennen oder gar zu verstehen. Die Bedrohung durch die kirchliche Inquisition, auf die sich der Prophet u. a. beruft, kann kaum als schwerwiegend genug angesehen werden, um das mühselige Unterfangen zu rechtfertigen, ein Buch so zu schreiben, daß es nicht leicht zu verstehen ist. Ohne Zweifel liegt hier, unberührt von äußeren Gründen, ein Zeugnis für die in den sogenannten Geheim-Wissenschaften geübte Praxis vor, die nur dem „Eingeweihten“ besonderes Wissen zugänglich machen will. Mit diesem Faktum haben wir uns abzufinden.

Das eigentliche Schlüssel-Problem der Nostradamus-Prophetien wurde zum ersten Male von dem französischen Nostradamus-Erklärer *Le Pelletier* grundlegend angefaßt, der ein Zeitgenosse Napoleons III. war. Le Pelletier äußert sich zu diesem Problem wie folgt: „Es existiert ein Schlüssel für die Centurien. Aber selbst wenn man ihn kennen würde, wäre es schwer, ihn zu handhaben angesichts der zahllosen gewundenen Irrwege der Orakel. Dieser Schlüssel besteht aus der Wiederholung bestimmter spezifischer Begriffe, die man unterscheiden muß, besonders wo sie in den Lauten von fünf bis sechs Sprachen eingestreut sind; aber auch da, wo es sich um ihren etymologischen Gehalt handelt, mit all ihren Paraphrasen, Antiphrasen, Anagrammen, ihren synonymen und homonymen Begriffen bis zu den weniger durchsichtigen Anspielungen, unter denen sich die Phantasie des Nostradamus zu verstecken weiß." Der Versuch des französischen Nostradamus-Kommentators zur Lösung des Geheimnisses der Centurien faßt daher einzelne historische Komplexe zusammen. Diese Methode wird deutlich am Aufbau seines Werkes, das u. a. die Geschichte der französischen Herrscherhäuser oder bestimmte Regierungsformen herausstellt, um sie am prophetischen Buch des alten Sehers konfrontiert zur Darstellung zu bringen. Das ist gewiß eine großartige Konzeption. Doch auch diese vorzügliche Arbeit konnte trotz ihrer geistvollen Deduktionen und Kombinationen das Rätsel nicht lösen.

Der nächste, der dem großen Geheimnis unseres Propheten auf den Leib rückte, war *C. Loog*. In seinem mit viel Fleiß und Findigkeit gearbeiteten Büchlein „Die Weissagungen des Nostradamus" berichtet er auch von seiner Entdeckung des „Chiffreschlüssels", die jedoch nicht überzeugen kann. Loog geht dabei aus von dem Wort „barbari" in dem einzigen lateinischen Vers der Centurien, im „Bannspruch gegen die Kritiker ohne Kompetenz" (6, 100). Nach der Auffassung Loogs sind mit diesem Wort Menschen gemeint, die die lateinische Sprache, die frühere Gelehrtensprache, nicht beherrschen. Da diese „barbari" nun nach den Worten des Sehers „fernbleiben sollen", liegt die Schlußfolgerung nahe, daß der „Schlüssel" in den lateinischen Worten des Textes zu finden ist. Auf dem Weg über die Buchstabenzählung lateinischer Phrasen im Text der Vorreden an Caesar Nostradamus und an Heinrich den Glücklichen kommt Loog dann auf die eigentliche Zahl der Vierzeiler, ohne allerdings dadurch bis zum „Schlüssel" vordringen zu können. Die vielen Feststellungen, die von ihm in diesem Zusammenhang bekanntgegeben werden, verwirren mehr als sie klären können.

Obwohl die Zeit der endgültig-klärenden Erkenntnisse über das Werk des Nostradamus noch in weiter Ferne liegt, treten doch bereits heute einige Punkte deutlich in Erscheinung, ohne deren Berücksichtigung das Schlüssel-Problem nicht gelöst werden kann. Zunächst die — später auch von Loog aufgegriffene — Entdeckung Le Pelletiers, daß sechs aufeinanderfolgende Verse den gleichen Gegenstand behandeln. Diese sogenannten „Papstverse" (5, 74—5, 79), von mir auf die großen Päpste der Gegenreformation gedeutet, — bilden einen bemerkenswerten Block von Prophezeiungen, dessen ursprüngliche Nahtstellen erhalten geblieben sind, also Fixpunkte im System der „verschlüsselten"

Quatrains erkennen lassen. Vorhersagen, die zusammenhängende geschichtliche Situationen behandeln, finden wir ferner noch an einigen anderen Stellen der Centurien: 1, 71—1, 73 Kämpfe in Frankreich zur Zeit Heinrichs des Glücklichen; 2, 97—2, 99 Napoleon und die Päpste Pius VI. und Pius VII.; 3, 7—3, 9 Hitlers Blitzkrieg gegen Frankreich; 4, 24—4, 25 Kirchenverfolgung; 4, 99 und 4, 100 Beschießung von Paris; 5, 34 und 5, 35 Englands Aggression gegen Frankreich; 5, 58 und 5, 59 Englands Niederlage zur Zeit Heinrichs des Glücklichen; 5, 81 und 5, 82 Kapitulation von Paris; 7, 40 und 7, 41 Entdeckung des Centurien-Schlüssels; 10, 61—10, 63 Türkenkrieg; 10, 71 bis 10, 73 und 10, 78—10, 80 und 10, 86—10, 88 Heinrich der Glückliche.

Die bedeutsamste der Entdeckungen Loogs scheint in der Erkenntnis zu liegen, daß das Wort „Centurie" nicht unbedingt die Hundertzahl zusammengefaßter Prophezeiungen meint, sondern in der bei Nostradamus gewohnten Doppelsinnigkeit zugleich auf die für die einzelnen Jahrhunderte geltenden Vorhersagen als *säkuläre* Gruppenbezeichnung paßt. Statt der überlieferten Einteilung nach den Centurien I. bis X. werden wir daher mit 22 oder 23 Centurien der Erstfassung rechnen können, die dem für sie in der Vorrede an Caesar Nostradamus genannten Zeitraum von 2242 Jahren entsprechen würden. Obwohl Loog nun tatsächlich zu der Annahme von 22 Ur-Centurien gelangte, griff er auf der Suche nach dem „geheimen Losungswort" zu einem falschen (weil modernen) Schlüsselbund. Unzweifelhaft hatte er übersehen, daß die Zahl 22 selbst einen wichtigen Fingerzeig bietet: 22 ist die *große kabbalistische Zahl!* Das Wort „Kabbala" bedeutet „Macht der Zweiundzwanzig". Diese Zahl 22 leitet den Fortschritt ein, nicht nur in der Schöpfung, sondern auch in der Mathematik; denn 1 mal 2 bleibt 2, während 2 mal 2 die 4 bringt. Dieser Hinweis auf uraltes, heute so gut wie verschollenes Menschheitswissen läßt erwarten, daß die eigentliche Lösung des Schlüsselproblems bei Nostradamus eher von einem Kenner der „magischen Quadrate" als von Experten neuzeitlicher Chiffrier-Verfahren bewältigt werden wird.

Diese Auffassung findet ihre Stütze in dem Vierzeiler 7, 40 und in der dort erwähnten Zahl „21", die in *eine* Tonne eingeschlossen ist, d. h. durch die Addition einer Eins (d. i. die eine Tonne) zur „22" erweitert wird. Das gesamte Alphabet — die 22 Buchstaben der Kabbala — ist demnach im prophetischen Opus zusammengeschlossen, während die einzelnen Buchstaben — lies:

die einzelnen Jahrhundert-Centurien des ursprünglichen Textes — auf ihre Neuordnung warten, die die ursprüngliche Ordnung ist. Es ist anzunehmen, daß außer den von Loog entdeckten Hinweisen auf den Schlüssel der Centurien noch andere Ansatzpunkte des Systems entdeckt werden müssen, um es bezwingen zu können. Diese noch fehlenden Glieder des Systems sind vielleicht in den Vierzeilern versteckt, die uns als unerklärbare Zahlenspielereien erscheinen (z. B. in 1, 58 und in 2, 51) oder die einen Buchstaben enthalten (z. B. in 1, 81 und in 10, 96).

Zu völlig anderen Vorstellungen, als sie bisher entwickelt wurden, führen die Untersuchungen von Dr. Christian *Wöllner*, die er in seinem Buch „Das Mysterium des Nostradamus" niedergelegt hat. Als Astronom nimmt Dr. Wöllner besonderes Interesse an den von Nostradamus angeführten Konstellationen der Planeten und überhaupt an den im Text zu findenden Zeitangaben, die oft genug in die Form von Konstellations-Angaben gekleidet sind.

Wöllner nimmt an, daß das Jahr 1555, in dem die Vorrede an Caesar Nostradamus abgefaßt ist, ungefähr in die Mitte eines laufenden Mondzyklus fällt und rechnet die Dauer eines Zyklus zu 36 Jahre. Mikrokosmisch gedacht ist dieser 36jährige Zyklus nichts anderes als das astrologische Maß eines Menschenalters. Dieses „Jahr des Menschen" steht aber im Gegensatz zum „Jahr der Götter und Dämonen" der Inder, dem Orbis Magnus von 360 Jahren. Nostradamus hat diesen großen Zyklus ebenfalls gekannt. Dafür zeugt der Satz in seinem Brief an Caesar: „Bevor der Mond seinen völligen Kreislauf vollendet hat, wird die Sonne an die Reihe kommen und dann Saturn". Das bedeutet, daß hier von *zwei* Perioden des Mondes die Rede ist, und zwar von dem totalen Zirkel von 360 Jahren und dem kleineren, dem 36jährigen Zyklus.

Das Jahr 1555 steht unter der Herrschaft des größeren und kleineren Zyklus des Mondes. Der größere Zyklus läuft aber ab, sobald auch die kleinen der Sonne und des Saturns vollendet sein werden. Das geschieht in dem entscheidenden Jahre 1648. Nun vergehen von 1648 bis 3808, dem Ende des Zyklus, in welchem mit dem Jahr 3797 das Ende der Prophezeiungen des Nostradamus fällt, 2160 Jahre, also gerade sechs Orbes Magni. Die Zahl von 2160 ist deshalb so wichtig, weil sie annähernd gleich einem Zwölftel des großen Sonnenjahres von 25 916 tropischen Jahren ist, wie es Plato angibt. Der Orbis Magnus steht wie der

kleine Zyklus offensichtlich mit der Präzession in Zusammenhang, die in zweimal 36 Jahren einen Grad fortschreitet.
In der Gegenwart hat der Architekt Manfred *Schramm* in Uttwil am Bodensee (Schweiz) die Behauptung aufgestellt, daß der Schlüssel *akustisch* sein könne und in dem über 900mal in den Centurien wiederkehrenden Worte „rane" (lateinisch rana) = Kröte oder Frosch verborgen liege. Das erscheint seltsam, aber ein Sinn ist dieser Deutung nicht abzusprechen: Das Wappen der Merowinger, der Vorfahren der Bourbonen, enthielt als heraldisches Zeichen drei *Kröten,* die Ludwig XIII. in die berühmten drei Lilien umfrisieren ließ. Er übernahm diese Wappenfigur von Ornamenten auf orientalischen Stoffen. In 10, 101 wird Ludwig XIV. von Nostradamus „Erbherr der Kröten" genannt. Da das prophetische Werk des Sehers seinen Höhepunkt in dem Bourbonennachkommen Heinrich dem Glücklichen, dem König von Europa und Führer der Welt, sieht, wäre es nicht ausgeschlossen, daß Nostradamus geniales, einen Computer noch übertreffendes Gehirn, das Schlüsselwort in den Klangleib eines Wortes eingeschlossen hat. Öffnen sich doch auch heute auf ein Kennwort hin elektronisch Tore und Türen. Es wäre zu erwägen, ein Elektronengehirn zur Auffindung des Schlüssels einzuschalten und es mit Angaben des Sehers über dieses Problem zu füttern.
Es ist auch möglich, daß sich Nostradamus als Polyhistor und Kenner der Kabbala des „binären Zahlensystems" bediente. Dieses war bereits den Chinesen um 3000 v. Chr. bekannt. Als sein Wiederentdecker gilt der Philosoph Leibnitz (1646—1716). Dieses System arbeitet wie alle Elektronengehirne nicht mit neun, sondern mit zwei Zeichen, z. B.:
1 = L, 2 = LO, 3 = LL, 4 = LOO, 5 = LOL. 6 = LLO,
7 = LLL usw.
Karl *Drude* in seinem Buche: „Nostradamus, ein Leben in der bedeutendsten Zeitenwende des Abendlandes" und in der Fortsetzung: „Das magische Quadrat des Nostradamus", (Drei-Eichen-Verlag, München-Pasing) glaubt mit Hilfe des „magischen Quadrates" den Schlüssel gefunden zu haben. Man kann zwar annehmen, daß dem Seher die kabbalistische Methode einer Zahlenverschiebung von links nach rechts, von oben nach unten und umgekehrt, um gleiche Summen im Senkrechten und Waagerechten zu erhalten, bekannt war, doch befriedigt diese Lösung nicht. Zu denken gibt ein Wort seiner Mitarbeiterin, eines *Mediums* Frau Schuff, die behauptet, der Einsatzpunkt,

um die Versfolge wieder herzustellen, sei in der Mitte der Centurien zu suchen. Nostradamus erklärt in der Vorrede an seinen Sohn Cäsar: „Denn das Erbwort der okkulten Vorhersagen wird in meinem Magen zwischenhineingeschlossen sein. Der Magen des Menschen (oder im übertragenen Sinne der Centurien) liegt in der Mitte des Werkes. Da aber finden wir die sechs Papstverse von 5, 74—5, 79 (vgl. Seite 133). Nostradamus bezeichnet mehrmals Rom, den Sitz des Papstes, als „milieu", also als den Mittelpunkt der Welt. Es wäre also angebracht, was auch le Pelletier anregt, von hier aus Versuche anzusetzen, um den Schlüssel zu finden. Ob er gefunden wird, bleibt dahingestellt, er muß brauchbar sein, damit er wirklich in das Schlüsselloch paßt.

Das *kosmische Konzept* seines prophetischen Werkes deutet uns Nostradamus am Schluß der Vorrede an Heinrich II., den Glücklichen, an: „Daß alle diese prophetischen Bilder mit den heiligen Schriften und den himmlischen Dingen übereinstimmen, erkennt man an den Stellungen des Jupiter, Saturn und Mars." Diese als fundamentale Kräfte für die Entwicklung der Weltgeschichte spiegeln sich nach Ansicht des Arztes und Forschers Dr. Fritsch in Mühlbach am Hochkönig (Österreich) in den Vierzeilern 2, 13 als Konjunktion Mars—Jupiter, in 3, 2, Konjunktion Jupiter—Saturn und in 2, 27 Konjunktion Mars—Saturn wider. Die beiden ersten Verse findet der Leser zitiert auf Seite 48. Der dritte (2, 27) lautet:

„Das göttliche Wort wird vom Himmel verflucht,
So daß es nicht weiter vordringen kann:
Das Geheimnis der Offenbarung wird so verstopft,
Daß man in jeder Weise darüber marschieren (darauf treten) kann."

Ich habe nun im dritten Teil der Konkordanz versucht die bisher in Erfüllung gegangenen Prophezeiungen chronologisch zu ordnen und zwar mit Hilfe der historisch-kritischen Methode. Diese Form vermittelt uns von 1900 bis in die Gegenwart ein übersichtliches Bild der Prophezeiungen, unter die in diesem Jahrhundert der Herr der Weltgeschichte sein ewig gültiges Siegel der Wahrheit und Erfüllung gesetzt hat. Zugleich haben wir dadurch eine Möglichkeit, da die Vergangenheit und die Gegenwart jeweils mit der Zukunft schwanger gehen, logische und systematische Schlüsse auf das Ende unseres Jahrhunderts und das

kommende 21., als erstes des dritten Jahrtausends, zu ziehen, so wie die Ereignisse im Spiegel der Prophezeiungen unseres Sehers erscheinen.
Das Rätsel des Zeitschlüssels wird auch nicht völlig mit magischen Quadraten zu lösen sein, nach Nostradamus eigenen Worten wird der Schleier von den letzten Geheimnissen erst im kommenden Jahrhundert gelüftet werden können und die volle Klarheit in Geist und Form seines Werkes unsere Nachkommen zufrieden machen. So in 3, 94:

> „In 500 Jahren (von 1555 weitergezählt) wird man den in Ehren halten,
> Der die Zierde seiner Zeit war:
> Dann wird es auf einen Schlag große Klarheit geben.
> Die dieses Jahrhundert hindurch die Menschen sehr zufrieden machen wird."

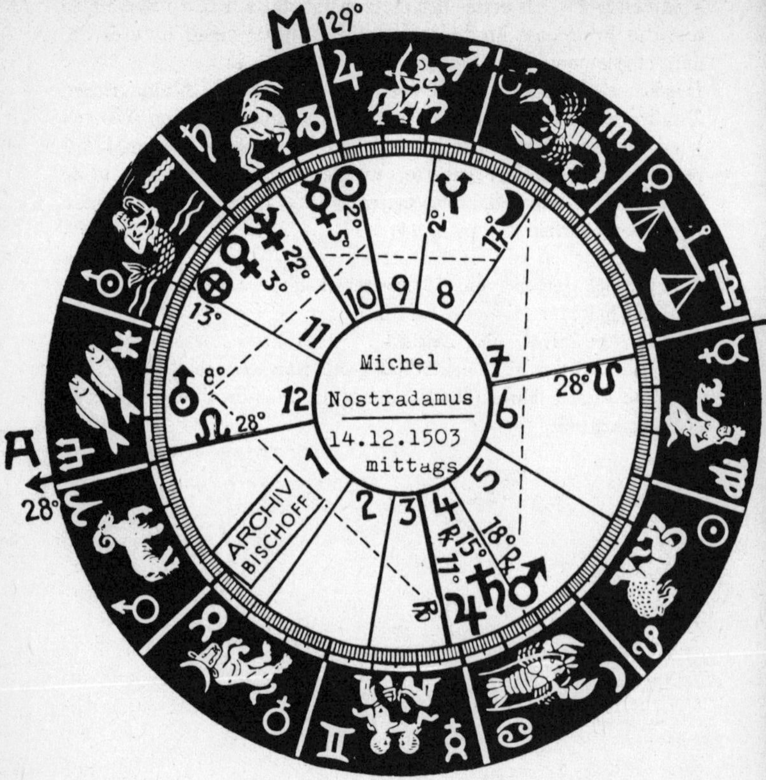

Das Horoskop des Nostradamus

Es würde sicher als Mangel empfunden werden, wenn in einem Werk über einen der größten Astrologen und Prognostiker nicht dessen Horoskop vorhanden wäre. So sei denn in einigen wesentlichen Zügen das Himmelsbild des Nostradamus einer Betrachtung unterzogen, da heute noch, nach über vierhundert Jahren, seine Orakel und Centurien mehr denn je Gegenstand des Interesses in einer politisch bewegten Zeit geblieben sind.

Michel de Nostradamus war ein faustischer Mensch, Eingeweihter und Vielwisser, berühmter Pestarzt, Astrologe und Seher, der Prophet der Weltgeschichte. In der Stille der Nächte stellte er seine Berechnungen auf, versank in visionäre Schau, um die Mysterien zukünftigen Welt- und Völkergeschehens in seine Vierzeiler zu formen. Sein Himmelsbild wird darüber Aufschluß geben, welche Fakten seinen besonderen Eigenschaften entsprechen, die ihn zu diesen Aufgaben prädestinieren.

Am Aufgang befindet sich das mediale Zeichen der Fische, das zu visionären-seherischen Inspirationen geneigt macht, und diese Anlagen werden durch den Planeten der Astronomie und Astrologie, Uranus, im Zeichen Fische im 12. Feld verstärkt, und der auch in dem Abschnitt befindliche Drachenkopf kennzeichnet einen Experten seines Gebietes. Der Uranus bringt originelle, schöpferische Talente, Verborgenes zu erfassen, die Gabe, sich mystischen Dingen, Geheimwissenschaften zu widmen, sich in der Stille, die durch das 12. Feld (und Fische) die Abgeschiedenheit signiert, den großen Geheimnissen des Geschehens zu nähern.

Uranus hat ein gutes Sextil zur Sonne im 10. Feld, ein Anzeichen für den Forscher, ein Genie, das mit großer Intuition begabt, Entdeckungen zu machen weiß. Seine profunden Kenntnisse in der Himmelskunde kommen dadurch klar zum Ausdruck. Blitzartige Erkenntnisse, Gabe und Prophetie verdichten sich weiter durch das Trigon Uranus zum Jupiter und Saturn im 4. Feld im Zeichen Krebs, befähigten ihn, im Schoße der Zukunft liegende Dinge, historische Abläufe der Geschichte in ihren Wandlungen ans Licht zu bringen. Der Hang für die Philosophie findet hier gleichfalls eine Ausprägung.

Die Prognosen und Vierzeiler des Nostradamus konnten oft erst nach langen zeitlichen Verzögerungen entschlüsselt werden, und das wird verständlich, wenn man beachtet, daß im Zeichen Krebs im 4. Feld drei Planeten, der Jupiter, Saturn, Mars, rückläufig sind, also dadurch schnellen Ablauf der Voraussagen erschweren, nicht zuletzt durch den Seher gewollt, durch die kritische Opposition zum Neptun im Steinbock bewiesen, der anzeigt, daß die Vierzeiler absichtlich im Dunkel gehalten worden sind, bis sie durch den Verlauf der Ereignisse feste Form annehmen und damit den Beweis für die Richtigkeit der Voraussagen liefern.

Die „okkulten“ Abschnitte des Horoskops sind sehr stark besetzt. Man sieht den Jupiter, Saturn, Mars im Krebs im guten

Trigon zum Herrscher des Zeichens, Mond, der im 8. Feld für mystische Dinge wichtig im Zeichen Skorpion steht und dort auch durch Trigon Uranus aus dem 12. Feld und Sextil Neptun sehr gut bestrahlt wird, ein Anzeichen, daß sich ein breites Publikum, das Volk, für diese okkulten und astrologischen Prognosen zu allen Zeiten interessierte und die Popularität des Nostradamus durch Jahrhunderte hindurch andauerte. Der Mond im 8. Feld des Todes, gut bestrahlt, zeigt auch den Ruhm des Sehers nach dem Tode durch sein Werk.

Der Mond in der Stellung und Sextil zum Geburtsherrscher Neptun vom Zeichen Fische bezeugt Ahnungen, hellseherische Kräfte, Visionen, die Gabe der Prophetie. Neptun im 11. Feld, dem auch die „Erfüllungen" von Erwartungen in dem Abschnitt zustehen, läßt erkennen, daß die Vierzeiler in geheimnisvolles Dunkel gehüllt, verschlüsselt sind, aber im Laufe der Zeit durch das Geschick der Interpreten und Forscher ans Licht gehoben zur Realität werden können.

Der Mond im 8. Feld hat starke Beziehung zu Dingen, welche den Tod betreffen, und die Voraussage des Todes von Heinrich II. im Turnier war es auch, welche den Namen des N. berühmt machte: Der fünfunddreißigste Quatrain der ersten Centurie hatte sich erfüllt. Seinen eigenen Tod hatte der Seher ebenfalls notiert.

Für den Ruhm des Nostradamus und sein Werk, die Centurien, sprechen weiter sechs Planeten in Kardinalzeichen (drei im Krebs, drei im Zeichen Steinbock) und die Sonne mit Merkur im Zenit im 10. Feld plaziert, was auch Anerkennung und zuweilen die Gunst der Mächtigen beweist.

Nostradamus hatte sich als Arzt bei einer Pestepidemie große Verdienste erworben; die Stadt Aix hatte ihm dafür eine Jahresrente ausgesetzt, deren er sich bis ans Lebensende erfreute. Das bezeichnet der gutgestellte Mond im 8. Feld der Erbschaften. Der Geburtsherrscher vom 1. Feld, Neptun im Berufszeichen Steinbock in Opposition Jupiter, Saturn, Mars und Sextil Mond zeigt den Arzt an, der sich mit den Leiden der Menschheit befaßte.

Im Heimatzeichen Krebs im 4. Feld (Wohnort) sehen wir drei rückläufige Planeten Jupiter, Saturn, Mars in schlechter Opposition Neptun, und aus dem Grunde konnte es ihm nicht leicht werden, einen festen Wohnsitz einzunehmen, und dafür sorgten auch seine vielen Feinde, die ihn sogar der Ketzerei, des Calvinismus, der schwarzen Magie verdächtigten, ihm die Inquisition auf den Hals hetzten, deren Vorladung er aber klugerweise keine Folge leistete. Dabei kam ihm zugute, daß zu seiner Zeit der damals herrschende Papst Paul III. ein Beschützer der Astrologie war. Die Sache verlief jedenfalls im Sande.

Nostradamus hatte viele Reisen unternommen, die ihn durch Frankreich, Italien bis nach Sizilien führten; er war in Genua, Venedig, Mailand, Rom, aber die obige Konstellation im 4. Feld rief immer wieder Feinde auf den Plan; in Lyon und Marseille hatte er Schwierigkeiten, die dortigen Ärzte und Apotheker brachten ihn in Verruf, wohl nicht zuletzt aus Berufsneid, nannten ihn einen Narren, Magier, vom Teufel Besessenen, alles eine Folge von Jupiter, Saturn, Mars im Krebs rückläufig und Opposition Neptun, was viel Intrigen, Kabalen bedeutet.

Die Sonne und Merkur, Neptun im Zeichen Steinbock und im 10. Feld gaben ihm die Gabe für die Mathematik, für die Forschung und Studium. Das besagt einen großen Geist, und schon in der Schule soll er seinen Mitschülern vorausgewesen sein, die ihn den „kleinen Sternenfreund" nannten, weil er ihnen gerne die Himmelserscheinungen erläuterte. — Auch in der Philosophie ragte er hervor, was durch Saturn Konjunktion Jupiter im Krebs im Trigon Mond und Uranus betont wird, was ihm außerdem ein phänomenales Gedächtnis sicherte, die Gabe verlieh, viel Wissen aufzuspeichern, sich auch Sprachen zu widmen. Da Zeichen Krebs den Urgrund der Dinge darstellt, so schöpfte N. aus dem Schoße des Unterbewußtseins, aus dem Verborgenen, aber auch eine gewisse Erbmasse dürfte ihm dabei zustatten gekommen sein, denn N. sprach des öfteren von dem Erbwissen seiner Väter. Manche Anregungen mag er auch aus den Urtiefen des Judentums bezogen haben, was durchaus der Stellung des Saturns (Judentum) im Krebs im 4. Feld (Erbmasse!) mit Jupiter verbunden entspricht. Die Konstellation ist auch ein Kennzeichen dafür, daß N. aus älteren Quellen Kenntnisse bezog; so soll er aus den Werken des berühmten arabischen Astrologen Abu-Massar manche Auszüge entnommen haben, ebenso schöpfte er aus den drei Traktaten des bekannten Kardinals Pierre d'Ailly.

Als Forscher studierte Nostradamus Pflanzen, Erde und Steine und bereitete heilsame Salben und Tinkturen aus Stoffen, die er für wirksam hielt, er schrieb auch eine Abhandlung über Schönheitsmittel und Kosmetik, welche Dinge stark durch den Mond gut bestrahlt im Zeichen Skorpion in Gebrauch kamen;

das Zeichen hat einen Bezug zur Pharmazie, Chemie und Medizin.
Mit seiner ersten Ehe und Kindern hatte N. wenig Glück. Die Frau und zwei Kinder wurden ihm durch den Tod entrissen. Der Mond, Herrscher vom Krebs und Bedeuter des weiblichen Geschlechts, im Zeichen Skorpion und im 8. Feld des Todes stehend, durch drei rückläufige Planeten im Krebs disponiert, zeigt das klar an. Der Mars rückläufig am 5. Feld der Kinder und Opposition Neptun weist auf Trennung, Verlust von solchen. Später zog er nach Salon und verheiratete sich ein zweites Mal, und aus der Ehe entsprossen sechs Kinder. Dafür spricht der Umstand, daß Fische, Krebs, Skorpion als fruchtbare Zeichen stark besetzt sind. Auch der gutbestrahlte Mond (Fruchtbarkeit) ist ein Zeugnis hierfür.
Das Erbe und Vermächtnis des Nostradamus liegt nun in Form der vorliegenden Neuausgabe vor, und wir sehen, wie viele Voraussagen des Sehers entschlüsselt worden sind. Durch den Gang der Zeit, durch Kenntnis und Geschick des Autors wurde mancher Text aus den Quatrains ans Licht gehoben. Unter den Wissenden wird die Fackel weitergereicht werden, bis nach den eigenen Worten des Nostradamus auch über die letzten Vierzeiler, die noch in Dunkel gehüllt sind, eines Tages „große Klarheit herrscht"!

Willy Bischoff - Berlin (verstorben)

Namens- und Ortsregister

Große Reihe

Das vollständige Programm / Preisänderungen vorbehalten

Romane Unterhaltung Tatsachenberichte

Aldridge, Alan (Hrsg.)
The Beatles Songbook.
Mit vielen farbigen Abbildungen und vollständigen Songtexten. Im Großformat 21 x 28 cm.
(10197) DM 19,80

Aldridge, James
Der wunderbare Mongole.
Roman. (3941) DM 4,80

Barbier, Elisabeth
Verschlossenes Paradies.
Roman. (6308) DM 6,80

Die Mogador-Saga. Bd. I
Bezaubernde Julia.
Roman. (3655) DM 6,80
Die Mogador-Saga. Bd. II.
Leid und Liebe für Julia.
Roman. (3667) DM 5,80
Die Mogador-Saga. Bd. III.
Ludivine und Frédéric.
Roman. (3697) DM 6,80
Die Mogador-Saga. Band IV.
Schicksalsjahre für Ludivine.
Roman. (3708) DM 5,80
Die Mogador-Saga. Band V.
Junge Herrin Dominique.
Roman. (3724) DM 5,80
Die Mogador-Saga. Bd. VI.
Bittersüße Liebe für Dominique.
Roman. (3753) DM 5,80
Mein Vater, der Held.
Roman. (3945) DM 5,80
Weder Tag noch Stunde.
Roman. (3943) DM 6,80

Baumann, Bodo
Bitte recht amtlich.
Satiren aus Deutschland.
(3941) DM 4,80

Beaty, David
Flucht aus Kajandi.
Roman. (6302) DM 6,80
Zone des Schweigens.
Roman. (3852) DM 5,80
Gesetz der Serie.
Roman. (3448) DM 5.—
Um Haaresbreite.
Roman. (3460) DM 6,80
Testflug.
Roman. (3644) DM 5,80
Der letzte Flug.
Roman. (3764) DM 6,80
Sirenengesang.
Roman. (3712) DM 5,80

Bergfeld, Thorsten
Nachmittagssonne
Roman. (6352) DM 6,80

Bergius, C.C.
Söhne des Ikarus.
Die abenteuerlichsten Fliegergeschichten der Welt.
(3989) DM 6,80
Heißer Sand.
Roman. (3963) DM 5,80
Schakale Gottes.
Roman. (3863) DM 6,80
Der Tag des Zorns.
Roman. (3519) DM 5,80

Das weiße Krokodil.
Roman. (3502) DM 3,80
Entscheidung auf Mallorca.
Roman. (3672) DM 5,80
Dschingis Chan.
Roman. (3664) DM 7,80
Der Fälscher.
Roman. (3751) DM 6,80

Bergner, Elisabeth
Bewundert viel und viel gescholten.
Unordentliche Erinnerungen.
(3980) DM 8,80

Berthold, Will
Revolution im weißen Kittel.
Hoffnungen und Siege der modernen Medizin.
(3977) DM 7,80
Etappe Paris.
Roman. (3903) DM 5,80
Fünf vor zwölf — und kein Erbarmen.
Roman. (3702) DM 5,80
Brigade Dirlewanger.
Roman. (3518) DM 5,80
Feldpostnummer unbekannt.
Roman. (3539) DM 5,80
Prinz-Albrecht-Straße.
Roman. (3673) DM 6,80
Vom Himmel zur Hölle.
Roman nach Tatsachen.
(3842) DM 5,80
Auf dem Rücken des Tigers.
Roman. (3832) DM 5,80

Beth, Gunther
Meine Mutter tut das nicht.
Roman. (3915) DM 5,80

Bieler, Manfred
Der Kanal.
Roman. (3998) DM 9,80

Binding, Rudolf G.
Reitvorschrift für eine Geliebte.
Mit Federzeichnungen von Wilhelm M. Busch.
(3507) DM 3,80

Blaumeiser, Josef / Nittner, Tomas
Die Wüste bebt.
Absolut keine Legenden über Arabien.
(6951) DM 7,80

Blickensdörfer, Hans
Der Schacht.
Roman. (3650) DM 6,80

Blobel, Brigitte
Der Mandelbaum.
(6358) DM 5,80
Ehepaare.
Roman. (6359) DM 5,80
Das Osterbuch.
(3847) DM 5,80
Alsterblick.
Roman. (3917) DM 5,80
Jasminas Sohn.
Roman. (6357) DM 5,80

Brent, Madeleine
Cadi.
Roman. (3851) DM 6,80

Bromfield, Louis
Nacht in Bombay.
Roman. (3723) DM 7,80
Kenny.
Roman. (3392) DM 3,80
Früher Herbst.
Roman. (3661) DM 5,80

Buchheim, Lothar-Günther
Tage und Nächte steigen aus dem Strom. Eine Donaufahrt.
(6343) DM 6,80

Buck, Pearl S.
Frau im Zorn.
Roman. (3999) DM 6,80
Wer Wind sät...
Roman. (3960) DM 5,80
Die Liebenden. Erzählungen.
(3991) DM 6,80
Ruf des Lebens.
Roman. (3912) DM 5,80
Und fänden die Liebe nicht.
Roman. (3850) DM 5,80
Geheimnisse des Herzens.
Erzählungen. (3874) DM 6,80
Über allem die Liebe.
Roman. (773) DM 4,80
Die gute Erde.
Roman. (3654) DM 5,80
Das Mädchen Orchidee.
Roman. (3504) DM 6,80
Die Wandlung des jungen Ko-sen.
Roman. (3534) DM 4,80
Der Weg ins Licht.
Roman. (3944) DM 5,80

Burgess, Alan
Sieben Mann im Morgengrauen.
Das Attentat auf Heydrich.
(6329) DM 6,80

Busch, Fritz Otto
Das Geheimnis der »Bismarck«.
Kampf und Untergang des berühmten deutschen Schlachtschiffes.
(3523) DM 5,80

Buschow, Rosemarie
Der Prinz und ich.
Eine wahre Geschichte aus dem Lande der Ölscheichs.
Ein BUNTE-Buch.
(3957) DM 6,80 DE

Byhan, Inge
In 30 Sekunden Crash.
Die ungewöhnlichsten Flugzeugkatastrophen nach Berichten von Augenzeugen. Ein BUNTE-Buch.
(3952) DM 5,80

Caldwell, Erskine
In Gottes sicherer Hand.
Roman. (3910) DM 6,80

Caldwell, Taylor
Gesellschaft im Blizzard.
Roman. (3660) DM 3,80

Canning, Victor
Das brennende Auge.
Roman. (3859) DM 5,80

Colpet, Max
Es fing so harmlos an.
Roman. (3914) DM 5,80

Constantine, Eddie
Der Favorit.
Roman. (6321) DM 5,80
(6360) DM 7,80

Cordes, Alexandra
Dunkle Nacht, heller Tag.
Roman. (6307) DM 5,80
Sehnsucht ist mehr als ein Traum.
Roman. (6336) DM 5,80
Gefährliche Liebe.
Roman. (3969) DM 6,80
Das Lied von Liebe und Tod.
Roman. (3898) DM 5,80
Haus der Träume.
Roman. (3703) DM 5,80
Wilde Freunde.
Die Abenteuer des Rick Hardt.
(3524) DM 4,80
Die Buschärztin.
Roman. (3645) DM 5,80
Das Kind des anderen.
Roman. (3830) DM 5,80
Ich will mir dir allein sein.
Roman. (3908) DM 5,80
Saat der Sünde.
Roman. (3936) DM 5,80
Der Engel mit den schwarzen Flügeln.
Roman. (3868) DM 5,80

Courtney, Caroline
Olivia. Triumph der Liebe.
Roman. (6361) DM 4,80
Lucinda. Geheimnisvolle Liebe.
Roman. (3965) DM 4,80
Davinia. Königsweg der Liebe.
Roman. (3994) DM 4,80

Cussler, Clive
Eisberg.
Roman. (3513) DM 6,80
Der Todesflieger.
Roman. (3657) DM 5,80
Hebt die Titanic.
Roman. (3976) DM 7,80

Czuday, Axel
Allein in der Arktis.
(3896) DM 8,80

Deeping, Warwick
Hauptmann Sorrell und sein Sohn.
Roman. (3668) DM 7,80

Deighton, Len
Unternehmen Adler.
Tatsachenbericht.
(3979) DM 7,80

Große Reihe

Preisänderungen vorbehalten

Denk, Liselotte
Auf der Suche nach morgen.
6360 (DM 7,80)

Dietrich, Marlene
Nehmt nur mein Leben...
(6327) DM 7,80

Drewitz, Ingeborg
Gestern war Heute.
Roman. (3934) DM 9,80
Das Hochhaus.
Roman. (3825) DM 6,80

Dronsart, Claude / Nédélec, Hervé
Saint Tropez, ich liebe dich.
Reportagen und Bilder.
(6364) DM 6,80

Dumas d.Ä., Alexandre
Die drei Musketiere.
Roman. (404) DM 8,80
Der Graf von Monte Christo.
Roman. (815) DM 7,80
Das Halsband der Königin.
Roman. (3404) DM 7,80

Dumas d.J., Alexandre
Die Kameliendame.
Roman. (3389) DM 4,80

Endrikat, Fred
Das große Endrikat-Buch.
(3720) DM 5,80

Engelmann, Bernt
Eingang nur für Herrschaften.
Karrieren über die Hintertreppe.
(3699) DM 5,80

English, Harold
In letzter Minute.
Roman. (6311) DM 7,80

Erler, Rainer
Die letzten Ferien.
Roman. (6310) DM 5,80
Die Delegation.
Roman. (3701) DM 5,80
Fleisch.
Roman. (3727) DM 6,80
Das Blaue Palais.
Romane nach der gleichnamigen Fernsehserie:
Das Genie.
(3743) DM 4,80
Der Verräter.
(3757) DM 4.80
Das Medium.
(3767) DM 4,80
Unsterblichkeit.
(3858) DM 5,80
Der Gigant.
(3909) DM 5,80

Fabel, Renate
Wo die Liebe hinfällt.
Roman. (3916) DM 5,80

Fechner, Eberhard / Kempowski, Walter
Tadellöser & Wolff/Ein Kapitel für sich.
Materialien zu ZDF-Fernsehsendungen.
(3902) DM 6,80

Felinau, Josef Pelz von
Titanic.
Der berühmte Roman um die größte Schiffskatastrophe der Welt.
(3600) DM 6,80

Ferber, Edna
Saratoga.
Roman. (6328) DM 6,80
Giganten.
Roman. (3648) DM 7,80
Show Boat.
Roman. (3716) DM 6,80

Fernau, Joachim
Fernau siehe unten

Ferolli, Beatrice
Sommerinsel.
Roman. (3838) DM 6,80

Fischer, Marie Louise
Mutterliebe.
Roman. (4000) DM 5,80 (Mai 1981)
Ein ergreifender Roman der beliebten Autorin Marie Louise Fischer. Sie beschreibt das Urbild einer sich aufopfernden Frau und Mutter, der die Familie über alles geht.
Die Frauen vom Schloß.
Roman. (3970) DM 7,80
Aus Liebe schuldig.
Roman. (3990) DM 5,80
Tödliche Hände.
Roman. (3856) DM 5,80
Das Dragonerhaus.
Roman. (3869) DM 6,80
Der Schatten des anderen.
Roman. (3715) DM 5,80
Mit einer weißen Nelke.
Roman. (3508) DM 5,80
Süßes Leben, bitteres Leben.
Roman. (3642) DM 4,80
Des Herzens unstillbare Sehnsucht.
Roman. (3669) DM 4,80
Schwester Daniela.
Roman. (3829) DM 5,80
Diese heiß ersehnten Jahre.
Roman. (3826) DM 6,80
Die Rivalin.
Roman. (3706) DM 7,80

Joachim Fernau

Die Gretchenfrage.
Variationen über ein Thema von Goethe.
(6306) DM 5,80
Joachim Fernau, eleganter Erzähler mit Esprit, der Philosoph unter den Sachbuchautoren, mit heiter-gelassenen Causerien über die Gretchenfrage: "Wie hältst du's mit der Religion?" Eine Variation in sieben Sätzen. Fernau - von Millionen gelesen, von Millionen geliebt.

Rosen für Apoll.
Die Geschichte der Griechen
(3679) DM 5,80
Disteln für Hagen
Eine Bestandsaufnahme der deutschen Seele
(3680) DM 5,80
Deutschland, Deutschland über alles ...
Von Anfang bis Ende
(3681) DM 6,80

Die Genies der Deutschen
(3828) DM 6,80
Caesar läßt grüßen
Die Geschichte der Römer
(3831) DM 6,80
Halleluja
Die Geschichte der USA
(3849) DM 6,80
Und sie schämeten sich nicht
Ein Zweitausendjahr-Bericht
(3867) DM 5,80

François
Wenn die Russen angreifen...
Mit einem Vorwort von Paul Carell.
(6324) DM 6,80

Freeman-Solomon, Ruth
Mit dem Herzen einer Wölfin.
Roman. (2946) DM 6,80
Der Falke und die Taube.
Roman. (3756) DM 7,80

Frick, Hans
Dannys Traum.
Roman. (3527) DM 6,80

Gast, Lise
Die Sache, die man Liebe nennt.
Menschen, Pferde und ein Roman.
(6345) DM 5,80
Die Schenke zur ewigen Liebe.
Roman. (3978) DM 4,80
Bittersüß wie Schlehenduft.
Roman. (3827) DM 5,80
Junge Mutter Randi.
Roman. (3710) DM 4,80
Das Familienkind.
Roman. (3458) DM 4,80
Geliebter Sohn.
Roman. (3393) DM 3,80
Das Haus der offenen Türen.
Roman. (3368) DM 4,80
Hochzeit machen, das ist wunderschön.
Roman. (3414) DM 3,80
In Liebe Deine Randi.
Roman. (3488) DM 3,80
Das Leben findet heute statt.
Roman. (3427) DM 4,80
Männer sind Gänseblümchen.
Roman. (3387) DM 3,80
Morgen oder übermorgen.
Roman. (3442) DM 4,80
Randi und das halbe Dutzend.
Roman. (3474) DM 4,80
Die Reise nach Ascona.
Roman. (3375) DM 4,80

Geller, Uri
Auf Biegen und Brechen.
(3995) DM 5,80

Golon, Anne
Angélique und die Verschwörung.
Roman. (3883) DM 6,80

Grumbach-Palme, Joseph M.
Erben gesucht.
Wem gehört das Geld?
(3968) DM 5,80

Habeler, Peter
Keine Angst vor Bergen!
(3959) DM 8,80
Der einsame Sieg.
Mount Everest '78
(3740) DM 8,80

Hackett, General Sir John
Der Dritte Weltkrieg.
Roman. (3865) DM 7,80

Hampel, Bruno
13 Rosen für die Erbin.
Roman. (3918) DM 5,80

Hardeck, Marianne
Die Ehe der Vera S.
Roman. (6350) DM 6,80

Hassencamp, Oliver
Klipp und klar.
Gute und böse Gedanken.
(3911) DM 4,80

Heesters, Johannes
Es kommt auf die Sekunde an.
Erinnerungen.
(3879) DM 7,80

Heinrich, Willi
Schmetterlinge weinen nicht.
Roman. (3647) DM 6,80
Steiner I.
Das geduldige Fleisch.
Roman. (3755) DM 6,80
Steiner II. Das Eiserne Kreuz.
Siehe Warden, Robert.

Heinz, W.C.
Der Chirurg.
Roman. (3526) DM 5,80

Hocken, Sheila
Emma und ich. Die erstaunlichen Erlebnisse einer jungen blinden Frau | mit ihrer klugen Hündin.
(3984) DM 6,80

Hoffenberg, Jack
Die Gunst des Schicksals.
Roman. (3985) DM 9,80

Horbach, Michael
Bevor die Nacht begann.
Roman. (6305) DM 6,80
Die schuldlos sühnen.
Roman. (6349) DM 6,80

Horster, Hans-Ulrich
Verschattete Heimkehr.
Roman. (6313) DM 7,80
Verlorene Träume.
Roman. (3967) DM 6,80
Herz ohne Gnade.
Roman. (3861) DM 6,80
Der rote Rausch.
Roman. (3872) DM 6,80
Ein Student ging vorbei.
Roman. (3735) DM 6,80
Wie ein Sturmwind.
Roman. (3881) DM 7,80
Suchkind 312.
Roman. (3737) DM 6,80
Eheinstitut Aurora.
Roman. (3738) DM 6,80
Die Toteninsel.
Roman. (3754) DM 6,80
Ein Augenblick der Ewigkeit.
Roman. (3821) DM 6,80
Karussell der Liebe.
Roman. (3761) DM 6,80

Houston, James
Wie Füchse aus den Wäldern.
Roman. (6331) DM 7,80

Hugo, Victor
Der Glöckner von Notre-Dame.
Roman. (3953) DM 7,80

Huna, Ludwig
Das Mädchen von Nettuno.
Roman. Die »Borgia«-Trilogie III.
(3505) DM 4,80

Jarman, Rosemary H.
Die heimliche Krone.
Katharina von Valois auf dem englischen Thron.
Roman. (6319) DM 7,80

Jersild, P.C.
Die Insel der Kinder.
Roman. (6309) DM 7,80

Johann, A.E.
Sohn der Sterne und Ströme.
Roman. (3515)
DM 6,80

Kempowski, Walter
Tadellöser & Wolff.
Roman. (3892) DM 9,80
Aus großer Zeit.
Roman. (3933) DM 9,80

Kempowski, Walter / Fechner, Eberhard
Tadellöser & Wolff/Ein Kapitel für sich.
Materialien zu ZDF-Fernsehsendungen.
(3902) DM 6,80

Kernmayr, Hans Gustl
Unternehmen Edelweiß.
Roman. (3725) DM 3,80
Erzherzog Johanns große Liebe.
Roman. (3521) DM 4,80

Kirst, Hans Hellmut
Glück läßt sich nicht kaufen.
Roman. (3711) DM 5,80
Die Nacht der Generale.
Roman. (3538) DM 5,80
08/15 heute.
Der Roman der Bundeswehr.
(1345) DM 5,80
08/15 in der Kaserne.
Roman. Teil 1 der »08/15«-Trilogie.
(3497) DM 5,80
08/15 im Krieg.
Roman. Teil 2 der »08/15«-Trilogie.
(3498) DM 6,80
08/15 bis zum Ende.
Roman. Teil 3 der »08/15«-Trilogie.
(3499) DM 5,80
Keiner kommt davon.
Roman. (3763) DM 6,80
Generalsaffären.
Roman. (3906) DM 6,80

Knebel, Fletcher
Dollarfiesta.
Roman.
(3731) DM 6,80

Knef, Hildegard
Tournee, Tournee.
Die Schauspielerin, der Filmstar, die Autorin, der Showstar.
(10200) DM 9,80
Das Urteil.
(3520) DM 8,80
Nichts als Neugier.
Interwiews zu Fragen der Parapsychologie.
(3690) DM 8,80

Kolnberger, Evelyn
Der Wunsch.
Roman. (6353) DM 6,80

Lawrence, Margery
Die Madonna der sieben Monde.
Roman. (6338) DM 7,80

Leigh, Wendy
Was macht einen Mann gut im Bett?
(3854) DM 5,80
Was macht eine Frau gut im Bett?
(3742) DM 5,80

Große Reihe

Preisänderungen vorbehalten

Lentz, Mischa
Isabel.
Die Geschichte eines Sommers.
(6351) DM 5,80

Es ist schon sieben und Grischa nicht hier...
Roman. (6337) DM 5,80

Leonhardt, Rudolf Walter (Hrsg.)
Lieder aus dem Krieg.
(3683) DM 6,80

Llewellyn, Richard
Der Judastag.
Roman. (3870) DM 7,80

Lundholm, Anja
Zerreißprobe.
Roman. (3877) DM 5,80

MacLean, Alistair
Rendezvous mit dem Tod.
Roman. (2655) DM 6,80
Das Mörderschiff.
Roman. (2880) DM 5,80

Mally, Anita
Premiere.
Roman. (6354) DM 5,80

Markus
Geschichte, die das Leben schrieb.
Ein stern-Buch.
(6952) DM 7,80

Martin, Hansjörg
Herzschlag.
Roman. (3951) DM 6,80

Maupassant, Guy de
Bel Ami.
Roman. (3411) DM 6,80

McKenna, Richard
Das Kanonenboot vom Yangtse-Kiang.
Roman. (3532) DM 6,80

Meissner, Hans-Otto
Im Zauber des Nordlichts.
Reisen und Abenteuer am Polarkreis.
(6347) DM 8,80
Der Stern von Kalifornien.
Reisen und Abenteuer im Südwesten der USA.
(3974) DM 8,80
Alatna.
Roman. (3857) DM 6,80
Versprechen im Schnee.
Roman. (3719) DM 5,80
Im Eismeer verschollen.
Roman. (2923) DM 4.—
Wildes rauhes Land.
Reisen und Jagen im Norden Kanadas.
(3760) DM 7,80
Gemsen vor meiner Tür.
Jagdgeschichten.
(3956) DM 7,80

Merkel, Max
Geheuert — Gefeiert — Gefeuert.
Die bemerke(l)nswerten Erlebnisse eines Fußballtrainers.
(3948) DM 6,80

Metternich, Tatiana
Bericht eines ungewöhnlichen Lebens.
(3922) DM 8,80

Moore, Robin
Das chinesische Ultimatum.
Roman. (3535) DM 5,80
Big Money.
Roman. (3675) DM 5,80

Moore, Robin / Dempsey, Al
Die Rom-Verschwörung.
Agententhriller.
(3973) DM 5,80
Die roten Falken.
Roman. (3659) DM 5,80
Die London-Falle.
Agententhriller.
(3946) DM 5,80 DE

Moore, Robin / Fuca, Barbara
Ein Leben für die Hölle.
Roman. (3717) DM 4,80

Müller, André
Entblößungen.
Ausgefallene, interessante, literarische Interviews.
(3887) DM 7,80

Munshower, Suzanne
John Travolta.
Disco-Star.
(3835) DM 5,80

Nelken, Dinah
Von ganzem Herzen.
Roman. (6301) DM 6,80

Och, Armin
Zürich
Paradeplatz.
Roman.
(6312) DM 6,80

Otta, Stephan
Nur ein Seitensprung.
Roman. (3919) DM 5,80

Pahlen, Henry
Der Gefangene der Wüste.
Roman. (2545) DM 6,80
In den Klauen des Löwen.
Roman. (2581) DM 5,80
Liebe auf dem Pulverfaß.
Roman. (3402) DM 4,80
Schlüsselspiele für drei Paare.
Roman. (3367) DM 6.—
Schwarzer Nerz auf zarter Haut.
Roman. (2624) DM 5,80

Pahlen, Kurt (Hrsg.)
Mein Engel, mein Alles, mein Ich.
294 Liebesbriefe berühmter Musike
(6320) DM 7,80

Pepin F.
Magic 17.
Erotische Begegnungen.
(3855) DM 5,80

Konsalik

Das Haus der verlorenen Herzen.
Roman. (6315) DM 6,80
Eine glückliche Ehe.
Roman. (3935) DM 6,80
Das Geheimnis der sieben Palmen.
Roman. (3981) DM 6,80
Verliebte Abenteuer.
Heiterer Liebesroman.
(3925) DM 5,80
Auch das Paradies wirft Schatten.
Die Masken der Liebe.
Zwei Romane.
(3873) DM 5,80
Der Fluch der grünen Steine.
Roman.
(3721) DM 5,80
Schicksal aus zweiter Hand.
Roman. (3714) DM 6,80
Die tödliche Heirat.
Kriminalroman.
(3665) DM 5,80
Manöver im Herbst.
Roman. (3653) DM 6,80
Ich gestehe.
Roman.
(3536) DM 5,80
Morgen ist ein neuer Tag.
Roman.
(3517) DM 5,80
Das Schloß der blauen Vögel.
Roman. (3511) DM 6,80
Die schöne Ärztin.
Roman.
(3503) DM 6,80
Das Lied der schwarzen Berge.
Roman. (2889) DM 5,80
Ein Mensch wie du.
Roman. (2688) DM 5,80
Die schweigenden Kanäle.
Roman. (2579) DM 5,80
Stalingrad.
Bilder vom Untergang der 6. Armee.
(3698) DM 7,80

Percha, Igor von
Charlotta, Gräfin von Potsdam.
Roman. (3466) DM 6.—
Christina Maria und die
Petersburger Nächte.
Roman. (3440) DM 4,80
Im Auftrag der Königin.
Roman. (3670) DM 4,80

Perrin, Elula
Nur Frauen können Frauen lieben.
Roman. (3926) DM 5,80

Marcel Pagnol
Der Dichter der Provence

Marius — Fanny — César.
Szenen aus Marseille.
(3972) DM 7,80
Marcel.
Eine Kindheit in der Provence.
(3750) DM 5,80
Marcel und Isabelle.
Die Zeit der Geheimnisse.
(3759) DM 5,80
Die Zeit der Liebe.
Kindheitserinnerungen.
(3878) DM 6,80
Die Wasser der Hügel.
Roman. (3766) DM 6,80
Die eiserne Maske.
Der Sonnenkönig und das
Geheim nis des großen Unbek.
(3862) DM 6,80

Piechota, Ulrike
Traumkonzert
Roman. (6355) DM 5,80

Plievier, Theodor
Stalingrad.
Roman. (3643) DM 6,80

Poe, Edgar Allan
Der Doppelmord in der Rue
Morgue (523) DM 4,80
Der Untergang des Hauses Usher.
Erzählungen. (3410) DM 4,80

Poyer, Joe
Der Milliarden-Terror.
Polit-Thriller.
(3992) DM 6,80

Preute, Michael und Gabriele
Deutschlands Kriminalfall Nr. 1
Vera Brühne — ein Justizirrtum?
(3891) DM 5,80

Preute, Michael / Guldner, Renate
Elvis Presley. The King.
Mit 28 Illustrationen sowie vollst
Disco- und Filmographie.
(3597) DM 4,80

Raab, Fritz
Das Denkmal.
Roman. (6317) DM 7,80

Rampa, Lobsang
Das dritte Auge.
Ein tibetanischer Lama erzählt
sein Leben.
(3744) DM 6,80

Rand, Ayn
Der ewige Quell.
Roman. (3700) DM 9,80

Rattay, Arno / Chiczewski, Andrzej
Narben.
Wege zur Versöhnung
zwischen Deutschen und Polen.
(6365) DM 7,80

Rezzori, Gregor von
Die Toten auf ihre Plätze!
Ein Filmtagebuch.
(3541) DM 5,80

Rosendorfer, Herbert
Stephanie und das vorige Leben.
Roman. (3823) DM 5,80

Rothenberger, Anneliese
Melodie meines Lebens.
Ein Weltstar erzählt.
(2990) DM 4,80

Ruark, Robert
Die schwarze Haut.
Roman. (6304) DM 8,80
Nie mehr arm. Roman.
1. Teil: (6333) DM 6,80
2. Teil: (6334) DM 6,80

Schaake, Ursula
Zwölf Tage im August.
Roman. (3666) DM 4,80

Schönthan, Gaby von
So nah der Liebe.
Roman. (3890) DM 5,80

Schrobsdorff, Angelika
Die kurze Stunde zwischen
Tag und Nacht.
Roman. (3964) DM 9,80
Der Geliebte.
Roman. (3525) DM 6,80
Die Herren.
Roman. (3471) DM 7,80

Schulberg, Budd
Der Entzauberte.
Roman. (3986) DM 7,80
Die Faust im Nacken.
Roman. (3762) DM 6,80

Sebastian, Peter
Schwester Carola.
Roman. (6322) DM 5,80

Stop, Dr. von Menasse!
Arztroman. (6346) DM 5,80
Als die letzte Maske fiel.
Arztroman.
(3993) DM 5,80
Der Chefarzt.
Roman. (3662) DM 4,80
Kaserne Krankenhaus.
Roman. (3822) DM 4,80

Segal, Erich
Oliver's Story.
Roman. (3709) DM 4,80

Seymour, Gerald
Der Ruf des Eisvogels.
Roman. (3930) DM 6,80

Sheldon, Sydney
Ein Fremder im Spiegel.
Roman. (6314) DM 6,80
Jenseits von Mitternacht.
Roman. (6325) DM 7,80
Blutspur.
Roman. (6342) DM 6,80

Sing mit Fischer.
Die schönsten Lieder der
Fischer-Chöre.
(3942) DM 6,80

Sinn, Dieter
Rom zu meinen Füßen.
Cesare Borgia. Ein Roman der Macht.
(6340) DM 7,80

Slaughter, Frank G.
Intensivstation.
Roman. (3506) DM 6,80

Sommer, Siegfried
Meine 99 Bräute.
Roman. (3871) DM 5,80

Steffens, Günter
Die Annäherung an das Glück.
Roman. (3988) DM 9,80

Steinbeck, John
Die wunderlichen Schelme von
Tortilla Flat.
Roman. (3923) DM 5,80
Wonniger Donnerstag.
Roman. (3931) DM 6,80

Stevens, Robert Tyler
Sommer in Livadia.
Roman. (6339)

Stromberger, Robert
(Hrsg.)
Tod eines Schülers.
Wer ist schuld am Selbstmord von
Claus Wagner?
(3950) DM 7,80

Tessin, Brigitte von
Der Bastard.
Roman. (3932) DM 9,80

Stone, Irving
Die Träume leben.
Die Karriere des Heizers D.
Roman. (6326) DM 6,80

Tetsche
Neues aus Kalau.
Ein stern-Buch.
(6953) DM 9,80

Tolstoi, Leo N.
Krieg und Frieden.
Roman. (430) DM 9,80

Troll, Thaddäus
Herrliche Aussichten.
Satirische Feststellungen.
(3734) DM 3,80

Troy, Una
Der Brückenheilige.
Roman. (3676) DM 5,80
Sommer der Versuchung.
Roman. (3380) DM 5,80

Trudeau, Margaret
Ich pfeif' auf die Vernunft.
Erinnerungen.
(3864) DM 7,80

Große Reihe

Preisänderungen vorbehalten

Vialar, Paul
Madame de Viborne.
Roman. (3704) DM 9,80

Wagner, F.J.
Das Ding.
Roman. (3921) DM 6,80

Walker, Margaret
Die Sklavin.
Roman. (3568) DM 6,80

Wallace, Lewis
Ben Hur.
Roman. (645) DM 5,80

Warden, Robert
Steiner II. Das Eiserne Kreuz.
Roman nach Motiven von
Willi Heinrich.
(3884) DM 6,80

Wiseman, Thomas
Der Tag vor Sonnenaufgang.
Roman. (6330) DM 7,80

Woodiwiss, Kathleen E.
Wohin der Sturm uns trägt.
Roman. (6341) DM 7,80
Shana.
Roman. (3939) DM 8,80

Zola, Emile
Nana.
Roman. (3996) DM 8,80

Zwerenz, Gerhard
Der chinesische Hund.
Roman. (6323) DM 5,80
Salut für einen alten Poeten.
(3937) DM 5,80
Die 25. Stunde der Liebe.
Roman. (3971) DM 5,80
Schöne Geschichten.
Erotische Streifzüge.
(3987) DM 5,80
Die Quadriga des Mischa Wolf.
Roman. (3652) DM 6,80
Die schrecklichen Folgen der Legende, ein Liebhaber gewesen zu sein.
Erotische Geschichten.
(3674) DM 4,80
Die Ehe der Maria Braun.
Roman nach dem gleichnamigen Film von Rainer Werner Fassbinder.
(3841) DM 5,80
Wozu das ganze Theater?
Roman. (3824) DM 6,80
Eine Liebe in Schweden.
Roman. (3907) DM 5,80
Ungezogene Geschichten.
(3928) DM 5,80

Heitere Romane und Humor

Böttcher, Maximilian
Krach im Hinterhaus.
Roman. (6348) DM 6,80

Gallico, Paul
Kleine Mouche — Pepino — Die Schneeganz. Erzählungen.
(902) DM 3,80

Geißler, Horst Wolfram
Die Glasharmonika.
Roman. (2717) DM 4,80
Der unheilige Florian.
Roman. (1712) DM 4,80
Das Lied vom Wind.
Roman. (3641) DM 5,80

Gilbreth, Frank B. / Gilbreth Carey, Ernestine
Im Dutzend billiger.
Roman. (3929) DM 4,80

Heimeran, Ernst (Hrsg.)
Unfreiwilliger Humor.
(3381) DM 4,80

Holm, Sven (Hrsg.)
Bettfreuden.
Dänische Liebesgeschichten.
Erste Folge. (3531) DM 4,80
Zweite Folge. (3649) DM 4,80
Dritte Folge. (3975) DM 4,80

Lembke, Robert
Die besten, die größten, die schlimmsten.
Rekorde reihenweise.
(3836) DM 5,80
Robert Lembkes Witzauslese.
(3355) DM 3,80
Zynisches Wörterbuch.
Mit 20 Zeichnungen von Franziska Bilek.
(3437) DM 3,80

Lohmeier, Georg
Geschichten für den Komödienstadel.
(3456) DM 4.—
Neue Geschichten für den Komödienstadel.
(3470) DM 4.—

Nicklisch, Hans
Familienalbum.
(6335) DM 5,80

Rösler, Jo Hanns
An meine Mutter...
(3467) DM 3,80
Kitty und Johannes.
Erzählungen.
(3537) DM 4,80
Lachen Sie mit Jo Hanns Rösler.
(3484) DM 3,80
Wohin sind all die Jahre...
(3398) DM 4,80
Wohin sind all die Tage...
(3407) DM 4,80
Wohin sind all die Stunden...
(3421) DM 4,80

Scott, Mary
Übernachtung — Frühstück ausgeschlossen.
Roman. (6316) DM 4,80
Fremde Gäste.
Roman. (3866) DM 4,80 DE
Das Jahr auf dem Lande.
Roman. (3882) DM 4,80 DE
Ja, Liebling.
Roman. (2740) DM 4,80
Geliebtes Landleben.
Roman. (3705) DM 4,80
Das waren schöne Zeiten.
Mary Scott erzählt aus ihrem Leben.
Es ist ja so einfach.
Roman. (1904) DM 4,80
Es tut sich was im Paradies.
Roman. (730) DM 5,80
Flitterwochen.
Roman. (3482) DM 5,80
Fröhliche Ferien am Meer.
Roman. (3361) DM 4,80
Frühstück um Sechs.
Roman. (1310) DM 5,80
Hilfe, ich bin berühmt!
Roman. (3455) DM 4,80
Kopf hoch, Freddie!
Roman. (3390) DM 4,80
Macht nichts, Darling.
Roman. (2589) DM 4,80
Mittagessen Nebensache.
Roman. (1636) DM 4,80
Onkel ist der Beste.
Roman. (3373) DM 4,80
Tee und Toast.
Roman. (1718) DM 4,80
Truthahn um Zwölf.
Roman. (2452) DM 4,80
Und abends etwas Liebe.
Roman. (2377) DM 4,80
Verlieb dich nie in einen Tierarzt.
Roman. (3516) DM 4,80
Wann heiraten wir, Freddie?
Roman. (2421) DM 5,80
Zum Weißen Elefanten.
Roman. (2381) DM 5,80
Oh, diese Verwandtschaft.
Roman. (3663) DM 4,80
Zärtliche Wildnis.
Roman. (3677) DM 4,80
Das Teehaus im Grünen.
Roman. (3758) DM 5,80
Na endlich, Liebling.
Roman. (3913) DM 5,80

Scott, Mary / West, Joyce
Das Geheimnis der Mangroven-Bucht.
Roman. (3354) DM 4,80
Lauter reizende Menschen.
Roman. (1465) DM 4,80
Das Rätsel der Hibiskus-Brosche.
Roman. (3492) DM 4,80
Tod auf der Koppel.
Roman. (3419) DM 4,80
Der Tote im Kofferraum.
Roman. (3369) DM 4,80

Seeliger, Ewald Gerhard
Peter Voß, der Millionendieb.
Roman. (1826) DM 4,80

Smith, Richard
Schlank durch Sex.
Mit Kalorienangaben.
(3741) DM 4,80 DE

Spoerl, Alexander
Matthäi am letzten.
Roman. (2968) DM 3,80
Unter der Schulbank geschrieben.
(2957) DM 3,80

Spoerl, Heinrich
Die Hochzeitsreise.
Roman. (2754) DM 3,80

Tibber, Robert
Auch sonntags Sprechstunde.
Roman. (3328) DM 3,80
Heirate keinen Arzt.
Roman. (1912) DM 3,80
Ob das wohl gut geht...
Roman. (2908) DM 3,80
Kleiner Kummer, großer Kummer.
Roman. (1950) DM 3,80
Die lieben Patienten.
Roman. (1996) DM 3,80

Troy, Una
Die Pforte zum Himmelreich.
Roman. (2643) DM 4,80
Maggie und ihr Doktor.
Roman. (2354) DM 4,80
Meine drei Ehemänner.
Roman. (2390) DM 5,80

Wodehouse, P.G.
Fünf vor zwölf, Jeeves!
Roman. (3962) DM 5,80
Stets zu Diensten.
Roman. (3860) DM 4,80
Das Mädchen in Blau.
Roman. (3718) DM 4,80
Die Feuerprobe und andere Geschichten.
(2339) DM 4,80
Herr auf Schloß Blandings.
Geschichten. (3418) DM 3,80
Keine Ferien für Jeeves.
Roman. (3658) DM 3,80
Ohne Butler geht es nicht.
Roman. (3500) DM 3,80
Terry lebt verschwenderisch.
Roman. (3349) DM 4.—
Was tun, Jeeves?
Roman. (3947) DM 4,80
Der Junggesellen-Club.
Roman. (3924) DM 4,80

Wolfe, Winifried
Gefrühstückt wird zu Hause.
Roman. (1594) DM 4,80

Märchen und Sagen

Andersen, Hans Christian
Gesammelte Märchen.
(510) DM 5.—

Grimm, Brüder
Märchen der Brüder Grimm.
Nach der Ausgabe von 1857.
(412) DM 9,80

Mark, Herbert
Die schönsten Heldensagen der Welt.
(3748) DM 9,80

Schwab, Gustav
Die schönsten Sagen des klassischen Altertums.
(500) DM 5,80